New Wun Ching Developmental Publishing Co., Ltd.

New Age · New Choice · The Best Selected Educational Publications — NEW WCDP

總體經濟學
理論與實務

楊德源 著

MACROECONOMICS
Theory and Practice

　　二十一世紀的第一個十年為全球經濟帶來極大的衝擊。先是 2001 年的 911 恐怖攻擊事件，讓整個世界陷入恐慌，接下來則是新興國家崛起帶來的榮景。原本大家還在擔心通貨緊縮，一轉眼變成通貨膨脹近在眼前。次級房貸的風暴則終結眾人對經濟學的樂觀期待，驗證經濟學是名副其實悲觀的科學(dismal science)。事實上，景氣循環確實是令人疑惑的現象，至今仍無解決之道。此外，新金融商品隱含難以預測的風險，人類的狂野本性(animal spirits)執著於獲利，失去理智的結果終於鑄成大禍。世界各國的經濟命脈緊密相連，牽一髮而動全身。尤其是金融市場在全球經濟的地位日益重要，影響更是無遠弗屆。2008 年金融海嘯的衝擊，遠遠超過 1990 年代末期的網路泡沫和 1987 年的美國股市崩盤，其嚴重性直追 1929 年的經濟大恐慌。沒有想到 2019 年底遇到更大的挑戰，百年難得一見的新冠肺炎(COVID-19)，導致全球經濟急遽萎縮，而且超過一年的時間，疫情不見緩和。

　　然而，經濟問題的本質並沒有改變。至少就金融海嘯而言，世界各國記取經濟大恐慌的教訓，同心協力積極推出財政政策及貨幣政策，刺激經濟、撙節開支及減少負債，景氣恢復的速度比想像中要快。數年之後，在此期間美國大幅調降公司稅，造成聯邦政府赤字急速增加，美中貿易戰更影響市場的信心，潛在的危機持續在醞釀之中，未來經濟前景令人憂心。不過，熟悉總體經濟學的基本概念和理論，有助於瞭解景氣動向及尋求因應之道。

　　對總體經濟的瞭解，要從國民所得會計帳著手。配合凱因斯模型及總合需求、總合供給理論，以分析各變數對總體經濟的影響。除此之外，還要考慮貨幣市場對貨物市場的衝擊。主要的政策工具，不外貨幣政策及財政政策，在 2008~2009 年時廣泛為各國運用。IS/LM 模型則結合了貨幣市場及貨物市場，分析二者之間的互動，及其對經濟體系的影響。至於經濟成長理論、國際貿易、國際金融，在全球化的潮流之下，也是不可或缺的經濟常識。

　　本書還提供「經濟現象探索」及「歷史回顧」等專欄，解析若干歷史事件的來龍去脈及其處理經過，讓讀者有身歷其境的機會，體驗如何應用總體經濟理論。特別感謝新文京開發出版股份有限公司對臺灣高等教育的重視，並協助出版事宜。書中錯漏在所難免，懇請讀者不吝賜教。

楊德源

將此書獻給雙親－楊山、楊林完

目錄
CONTENTS

導　論

01
CHAPTER

MACROECONOMICS
Theory and Practice

自亞當‧斯密 1776 年出版《國富論》至今，數百年之間，世界經濟面臨各種創新、發明所帶來的挑戰。17~18 世紀時全球貿易方興未艾，開發殖民地需要不同的商業模式。引進聯合股份公司(joint-stock company)的結果，英國在 1720 年為人類帶來第一輪股市崩盤：密西西比泡沫(Mississippi Bubble)和南海泡沫(The South Sea Bubble)。同時的法國則因為擴張的貨幣政策及人類的狂野本性，創造了百萬富翁一詞(millionaire)。景氣循環從此增加了金融因素。

　　技術創新、科學研究帶給人類投資熱潮及繁榮景象，一旦氣氛改變，經濟困頓在所難免。承繼第一次世界大戰後眾人對經濟的期盼，1920 年代確實相當繁榮，也有不少新發明。1927 年林白(Charles Augustus Lindbergh)完成人類首度飛越大西洋的壯舉，開創飛行新時代。只是好景不常，1930 年代發生經濟大恐慌(Great Depression)，此後波折不斷。1970 年代有能源危機、1980 年代的金融危機、1990 年代的網路泡沫。2008 年的金融海嘯則被冠上經濟大衰退(Great Recession)的惡名。此外，資本在經濟的地位越來越重要，並慢慢集中在少數人手中，間接影響社會階層的流動。2010 年代歐洲、亞洲、美國等全球各地社會動盪不安的趨勢，一部分是貧富差距日益擴大的結果。充分瞭解此一情勢發展，才能擬定解決之道。當眾人樂觀期盼經濟榮景之時，新冠肺炎(COVID-19)卻重創全球經濟。各國實施社交距離及半封城的情況之下，真正解救經濟的辦法是盡快發展安全而又有效的疫苗。

　　個體經濟學和總體經濟學的區分，大約出現在 1930 年代左右。當時發生了華爾街股市崩盤，造成全球經濟不景氣，各國失業率高升，加上關稅壁壘，經濟衰退的現象每況愈下，發生前所未有的經濟蕭條。如果不是第二次世界大戰發生，一般的經濟政策，能否讓全球經濟脫離困境，目前尚無定論。傳統的經濟理論認為，市場可以自行調整，重回到均衡點。古典經濟學派的理論顯然無法解釋，為何經濟不景氣持續如此之久，美國的失業率甚至一度高達 25%。

　　傳統的經濟學說備受挑戰，凱因斯的學說因應而生，為經濟學營造出另一番新氣象。不過，不少學者對凱因斯的學說提出批判。不僅如此，在 21 世紀第一個經濟大衰退中，相同的刺激政策，似乎也沒有特別明顯的效果。發大財的口號人人會喊，真正能促進經濟成長的政策，則必須經過深思熟慮及審慎的評估。本書提供基本的總體經濟理論素材，討論財政政策及貨幣政策等工具，並分享若干案例，幫助讀者應用總體經濟理論，並瞭解政策的運作。在基本理論下功夫，或許有助於破解空洞的政治語言。請讀者慢慢品味。

一・百年經濟縱橫談

如前所述，經濟學區分成個體經濟學、總體經濟學，至今大約只有一百年的歷史。在這段時間內，人類的經濟發展，有許多嶄新的面貌，同時也經歷不少波折及泡沫。經濟困頓沒有人喜歡，但是要每個人都發大財，那也是天方夜譚。經濟時好時壞似乎是必然的。從未見過哪一個地區或國家，完全沒有經歷過經濟衰退的。回顧過去的經濟發展，除了學習重要的歷史經驗之外，也可以體驗總體經濟學還有很大的成長空間。

1930 年代大家關心的是破紀錄的高失業率，而且持續好幾年。當時的重要課題是，如何刺激就業及促進經濟成長。1930 年代初期，美國採取新政(New Deal)及社會安全政策，並整頓金融市場秩序。到了 1930 年代末期，全世界捲入第二次世界大戰，經濟的焦點在如何增加生產、滿足戰爭引發的各種需求，呼籲大眾購買政府公債，並應付戰時的通貨膨脹。

1940~50 年代，眾人在為和平奮鬥，準備迎接另一個繁榮的光明遠景。歐洲在美國的馬歇爾計畫(The Marshall Plan)資助之下，逐步走向復興之路。德國和法國發起歐洲煤鋼共同體(European Coal and Steel Community, ECSC)，化解第二次世界大戰時的仇恨，以合作的方式面對挑戰，聯合其他歐洲國家共同為經濟復甦努力。歷史教訓是：發展經濟確實需要資本。但是，當時的歐洲在大戰之後，百廢待舉又缺乏資金。幸好美國願意協助並投入資源，讓歐洲經濟很快步上正軌。不過，其主要目的之一，是為了抗衡蘇聯共產勢力的擴張。

1960 年代美國國力到達顛峰，在經濟及軍事上獨霸世界。但是，蘇聯異軍突起，在太空和軍備發展上超越美國。美國倍感壓力，舉國上下同心協力大舉投資，甘迺迪總統宣示在 1970 年前完成登陸月球任務，趕上蘇聯的太空發展。為了達成此一目標，觸發一連串的發明。電晶體取代真空管，成為電視及電腦的主要配件，引導日後的科技發展。這個時候電視取代收音機，成為人類娛樂及家庭的重心。投資製作電視節目，比製造電視機更有利可圖，間接顯示開發軟體的重要性。不過，此時世界也進入冷戰的思維之中。1962 年 10 月發生古巴飛彈危機，民主、共產二大集團互相衝擊，在核子毀滅的恐怖中求生存。1973~1974 年發生石油危機，所有人開始關注通貨膨脹的影響。日本省油的汽車及優異的生產管理，使其經濟地位逐漸崛起，臺灣也在此危機中，找到脫胎換骨的契機。

　　1980 年代之後，能源危機不斷發生，並導致通貨膨脹及美金大幅貶值。美國總統雷根繼承卡特時代衰退的經濟，採用供給面(supply side)的政策，強調減稅及增加政府支出，以解決當時的經濟蕭條及石油危機，後人稱之為雷根經濟(Reaganomics)。另一方面，美國的金融市場出現新勢力，邁可‧米爾肯(Michael Milken)把垃圾債券(junk bond)炒熱，留下不少後遺症。1987 年 10 月 19 日，一天之內道瓊工業指數狂跌 22.6%。除此之外，能源危機也埋下金融危機的種子。

　　1980 年代發生第三世界債務危機，其中一個重要的原因是，石油輸出國家組織(Organization of Petroleum Exporting Countries, OPEC)因為油價大漲而增加收入，不知該如何運用這筆錢，只得將之轉往美國。美國的金融業也不知道如何處置，正好遇到第三世界國家在開發當中急需用錢，使這些油元(oil dollar)有處可去。但是，許多第三世界國家的政治腐敗，錢沒有用在國家建設上，反而投入炒作美國的房地產市場。美國的政治人物對此不無所悉，美國銀行業更是幫兇。間接顯示，在全球貿易不均衡發展之下，對世界經濟可能產生的惡果。更驗證制度才是經濟成長最重要的因素。許多人在 1960 年代看好菲律賓及拉丁美洲國家的經濟前景，只可惜政治腐敗、制度不健全，資源沒有用在基礎建設之上，生產力沒有增加，如何還錢？遲早會出問題。

　　1980 年代的根源是，石油輸出國家賺得大量美金，這些資金四處流竄造成危機。在這段期間，家庭娛樂的商品，塑膠唱片逐漸由錄音帶取代，收音機、隨身聽也越來越小、越精緻。另外，雷射唱片已經出現，但是還沒有成為市場主流。蘋果電腦(Apple)及微軟(Microsoft)也在這個時候發跡，半導體產業主導此後的世界經濟。個人電腦增加了生產力，隨之而來的金融市場發展，帶來另一層隱憂。新發明帶來新的投資熱潮，引導經濟走向榮景，卻也為下一個經濟衰退埋下伏筆。

　　1990 年代由波斯灣戰爭掀開序幕，導火線是中東石油。能源問題一直是全球政治、經濟的重心。當時關心的是，何時會耗盡地球有限的能源。大戰結束之後，油價開始下跌。最精彩的則是網際網路(Internet)所引發的網路泡沫。1990 年代末期，許多虧損的網路公司，市場價值竟然超過營業收入穩定的傳統老牌企業。Yahoo 的價值超過紐約時報(New York Times)，而且追價者不乏其人。華爾街股市分析師大力鼓吹，並指出舊的評價模式已經不適用，衡量網路公司的價值需要新模型。最後才發現，原來這完全是一場惡夢。

2000 年代美國的證管會(Securities Exchange Commission, SEC)追查之後，發現許多股市分析師根本在說謊，欺騙無辜的投資人。Enron 及 WorldCom 創下二個當時最大的破產紀錄。有不少知名的銀行，在背後助紂為虐。曾經有美國的媒體批評臺灣的股市不健全。不過，網路泡沫的經驗顯示，美國的股票市場的投機風氣和臺灣比較，是有過之而無不及。此時 DVD 出現，逐漸取代以錄影帶為主的娛樂媒體。雖然金融業日益重要，卻也同時埋下日後全球金融危機的禍根。

美國在 21 世紀遇到前所未有的恐怖攻擊，為了救經濟採取一連串的刺激政策。過度寬鬆的政策，加上新興國家和中國的興起，另一次危機潛伏其中。國際貿易興盛，新興國家大賺外匯，又刻意壓低本國貨幣的價值來刺激出口。結果讓美國有便宜的資金可用，刺激美國房地產市場的熱潮。適逢美國的中央銀行調升利率，情勢開始翻轉。2008 年金融海嘯的情節，如同 1980 年代的翻版，都是源自國際收支不平衡。前者是新興國家貿易順差引起的，後者則是能源危機中，石油生產國和消費國的貿易不平衡所致。

石油價格曾經左右世界經濟發展。1990~1991 年的波斯灣戰爭讓石油價格狂跌，2003 年的伊拉克戰事的結局則完全相反，油價大漲。21 世紀的第一個 10 年，為世界經濟帶來另一個重大挑戰。各種原物料大漲，原油價格的漲勢尤其猛烈。2008 年 7 月，一桶原油的價格超過 140 美元。21 世紀的人很難想像，1998 年時的原油價格，一桶只有 10 美元左右。不過，頁岩油的開發和再生能源的利用，改變原油在世界經濟的地位。雖然石油仍然是用油人心中永遠的痛，但是油價對經濟的影響，已經大不如前。

參照圖 1-1，讀者可以看出石油價格，從 1861~2014 年實質及名目油價的大致趨勢。過去的油價看起來雖然便宜，相對於當時的物價水準，可能是不小的負擔。油價最大的變化出現在 2008 年的時候，每日最高價曾經超過 140 美元一桶。為了因應石油價格狂漲以及美國農民的利益，美國政府急病亂投醫，鼓勵以玉米提煉酒精。事實上此一政策毫無節能減碳效益，甚至浪費更多能源。巴西用蔗糖製造酒精有成本優勢，美國其實應該直接由巴西進口酒精才對。但是，美國政府為了選票及照顧美國農民，制訂此一錯誤政策，導致世界糧食價格上漲。間接促使越南、泰國等國家，禁止稻米出口。這個案例也告訴大家，政治因素經常干擾市場運作。若單純考量市場供需，沒有其他不當干預，經濟的波動或許不會那麼大。

圖1-1　1861~2014 年之年平均原油價格

資料來源：Wikipedia

　　由以上的論述，讀者可以發現，20 世紀前半決定世界經濟命運的，大概是各種基本商品的價格及科技的發明。但是，到了 1980 年代末期，金融市場的地位越來越重要。至於 2010 年之後，機器人的使用、人工智慧的發展、自駕車的引進等，加深資本在經濟體系所扮演的角色。另一方面，再生能源的開發，使其成本已經能夠和石化燃料抗衡。太陽能和風力發電間接促進電動車引領風騷，內燃機引擎被取代的日子似乎不遠。現代歷史的巨輪，似乎是由資本推動的。

　　後人在評論 21 世紀的第一個 10 年時，可能會把它叫作恐怖年代或者是金融風暴年代。恐怖分子的攻擊行動，首次在美國本土造成重大傷亡。2001 年 9 月 11 日，位於美國紐約的世界貿易中心(World Trade Center)遭到攻擊。在此次事件中的傷亡人數，比珍珠港事件中的還多，並促使美國直接對阿富汗、伊拉克動武。雖然軍事行動非常成功，但是重建工作乏善可陳。美國原來期望藉由軍事行動，解決中東和平及石油危機。沒想到事與願違，反而必須面對世界各國的指責。

　　「時代在變，潮流也在變。」隨著經濟情勢的轉變，眾人關切的角度也隨之改變。其重點不外乎經濟是否成長、就業是否增加、所得是否提高、物價是否平穩。由以上簡單的回顧，讀者也可以審視，臺灣由 1945 年至今，確實經歷不少衝擊，對中國的政策變化更是出人意料之外。蔣介石敵視中國，主張漢賊不兩立，一心一意要反攻復國，可惜壯志未酬身先死。蔣經國繼承父業，雖然不再強調光復大陸國土、三民主義統一中國的口號，反應依舊念念不忘失去的中國大陸政權。面對中國通郵、通商、通航的訴求，則是一概拒絕。然而，中國所隱含的龐大市場，眾人垂涎。1979 年美國終於承認中國並與臺灣斷交。臺灣面對孤立情勢，繼續發展經濟實力。然而，1980 年代中國開放市場之後，經濟突飛猛進，其發展潛力吸引世界關注。為抗拒中國的誘惑，李登輝的戒急用忍政策，終究抵擋不住臺灣商人的獲利需求。2008 年馬英九全面對中開放。只是中國對臺敵意不減，把通商、觀光當作政治工具。2019~2021 年香港局勢惡化、中共軍機／軍艦不斷擾臺，海峽兩岸關係再度冷卻。

中國的躍升讓美國倍感威脅。在無法充分介入中國市場的情況下，美國在 2010 年代採取強硬態度，以高關稅政策逼迫中國購買更多美國商品、加速開放中國國內市場，並節制中國剽竊先進科技的行徑。雖然中國是個極有潛力的市場。但是，夾在美中貿易戰的衝突之中，臺灣應該如何迎接挑戰？總體經濟學是否能夠協助我們找到合理的解決方法？臺灣的經濟何去何從，值得大家深思。

即使是經濟高度開發的國家，也要面對後起之秀，無情的競爭壓力。世界主要工業先進國家，一般稱作 G7，是 Group of Seven 的簡稱。其成員包括美、英、法、日、德、加、義等國，這些國家的經濟發展高於其他國家。但是，「工業先進」這個名詞，可能不再適用。以美國為例，服務業的產值早已超過工業的產值；由人工智慧發展的趨勢看，21 世紀將是服務業掛帥的世紀。再者，開發中國家的地位日益重要，其中以中國、印度、巴西、俄羅斯等國最具潛力，而中國及印度的表現首屈一指。由於英語之使用普遍，印度是歐美公司競相轉移投資的陣地，印度的口號是 make in India，用意在吸引外資把印度作為生產基地，日後自然有許多產品是 made in India。能否成功尚待驗證。

21 世紀初，巴西、俄羅斯、印度、中國 (Brazil, Russia, India, China, BRIC) 金磚四國的名號曾經響徹雲霄。[1]後來還加上南非(South Africa)，變成 BRICS 金磚五國。當時報導指出：依近年的成長速度來看，中國的經濟勢力將在 2015 年超越日本，在 2041 年超越美國，名列世界經濟強權之首。[2]中國的平均國民所得雖然很低，但是國民生產的總值則十分驚人。[3]傳統上，大家還是把美國看成是

---

[1] O'Neil, Jim, 2001, "Building Better Global Economics BRICs," Global Economics Paper No. 66, Goldman Sachs.
[2] The Economist, Oct 9, 2003, "Follow the Yellow Bric Road."
[3] The Economist, Sep 30, 2004, "GDP per Person."

世界經濟龍頭。事實上，2000 年代的經濟成長，大多是由中國經濟需求帶動的。世界在變，各國的發展也在變；中國未來的發展，任何人都不能忽視。2020 年的新冠肺炎疫情和水災，似乎讓中國的情勢不再看好。不過數十年後的發展，沒有人能夠未卜先知。

　　時間會告訴我們答案，經濟成長的關鍵是制度。若沒有適當的體制導引，經濟榮景可能是一時的。南非的政治制度不健全，加上政治人物的操弄，經濟難上軌道。巴西、印度、中國、俄國的經濟及金融市場的表現，也是不如預期。雖然擁有雄厚的資源，經濟成長潛力更是公認的無與倫比。制度不改，一切都是枉然。事實證明，仰賴單一市場或商品的榮景是無法長久的。無法考慮全民利益的政治體制，不均衡的經濟發展，又沒有社會其他力量制衡，這些國家的前景可能就像 1960 年代，當時眾人看好的拉丁美洲國家。

二 • 總體經濟學的主要課題

　　個體經濟學討論的是個別消費者及廠商的行為，二者有明確的目標。一個在追求最大效用，另一個在追求最大利潤，引申出來的社會目標是公平(equity)與效率(efficiency)。公平的法則是「各盡所能，各取所值」，實際的作法則是讓市場充分發揮功能，消費者支付的價格，和廠商的邊際成本相當，買方或賣方都沒有吃虧或佔便宜。最有效率的作法，則是讓廠商充分發揮產能，在長期平均成本的最低點生產。同樣的，這個目標要透過市場機能才可以達到。

　　由總體經濟學的角度看，整個經濟體系的走向，並沒有明確的目標。成長(growth)及穩定(stability)固然是每個人嚮往的，但是，多高的經濟成長率才能令人滿意？而穩定的結果是否代表停滯不前？這些議題，很難找到遵循的法則。總體經濟學關注的是經濟體系的整體表現，包括就業水準、通貨膨脹率、產能利用率等。每個人都在工作，對社會未必是好事；一旦有其他新產業出現，要吸引另一批人投入這個行業時，勞動成本可能會增加。通貨膨脹率高，雖然對經濟未必有利，但是通貨膨脹率太低，對經濟也會有相當程度的傷害。日本在 1989 年的東京股市崩盤之後，直到 2010 年為止，一直被通貨緊縮困擾著。產能利用率也是一樣，太高可能表示景氣過熱，對經濟未必有利。

　　由以上簡要說明，讀者可以發現，在總體經濟學裡，沒有很明確的極大化目標。曾經有學者發展以個體經濟學為基礎的總體經濟理論，提供另一個觀察總體經濟運作的方式，但是成效有限。因為由每個個體看起來似乎合理的事，從整個經濟體系的角度觀察，則未必可行。金融市場的運作，也是總體經濟重要的一環，尤其是國際金融、國際貿易的金額日益增加。全世界的外匯市場推波助瀾，2020 年代，每天的外匯交易量已經超過 3 兆美元，聯繫全球各地的經濟動能，其潛在的影響力不可忽視。此外，WTO 的推動，改變了國際貿易的模式。雖然美國在自身利益考量之下，單方面用關稅威脅各國，WTO 本身也有令人不甚滿意的地方，但是世界自由貿易的走向，應該是不會改變的。2016 年英國公民投票決定退出歐洲共同市場，對世界經濟及金融市場的衝擊，尚待觀察。

　　圖 1-2 至圖 1-5 是 1990、2000、2009 及 2019 全球前十大 GDP 的國家。最明顯的是中國急速竄起。參照圖 1-2，1990 年全球 GDP 排名前十大的國家。美國排名第一，GDP 約 6 兆美元。中國排名第十。1970 年代的時候，中國的 GDP 比臺灣的還低。十幾億人口，廣大的土地和無窮的資源，GDP 竟然比不上一個只有二千萬人口的小島，證明共產制度的問題不少。然而實施開放政策之後，1990 年代中國的經濟快速發展，表現驚人。

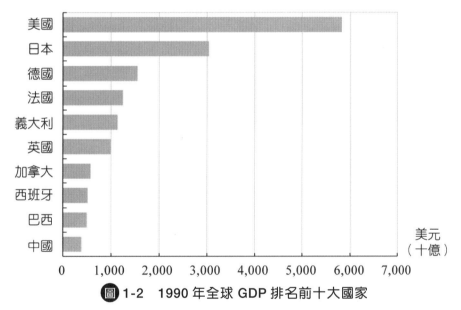

圖 1-2　1990 年全球 GDP 排名前十大國家

資料來源：IMF，http://www.imf.org/external/pubs/ft/weo/2008/01/weodata/index.aspx

　　參照圖 1-3，2000 年全球 GDP 排名前十大的國家。美國還是排名第一，GDP 由 1990 年的 6 兆多美元，增加到約 10 兆美元。中國在改革開放之後，不少國家受到龐大市場的誘惑，積極到中國設廠，中國的 GDP 世界排名，已經進步到第五名。

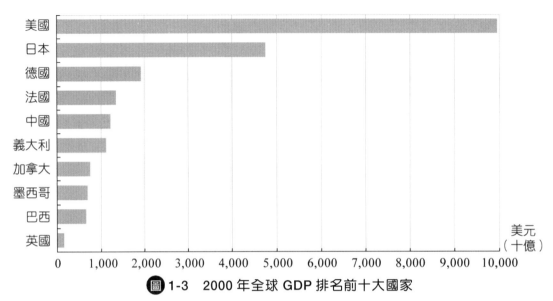

圖1-3　2000年全球 GDP 排名前十大國家

資料來源： IMF，http://www.imf.org/external/pubs/ft/weo/2009/02/weodata/weoselgr.aspx，數值為 IMF staff 估計值

　　圖 1-4 則是 2009 年的狀況。中國已經進步到第三名。美國依舊是全球的 GDP 最大國，總額達到 14 兆美元，中國的則有 4 兆多美元，和 1990 年相比，成長速度驚人，並已經超越統一後的德國。

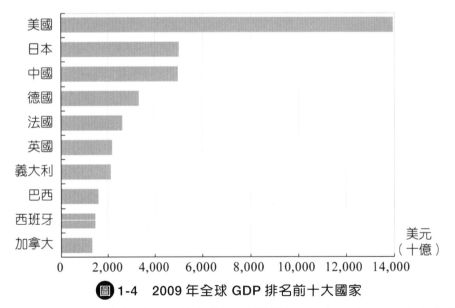

圖1-4　2009年全球 GDP 排名前十大國家

資料來源： IMF，http://www.imf.org/external/pubs/ft/weo/2009/02/weodata/weoselgr.aspx，數值為 IMF staff 估計值

　　圖 1-5 則是 2019 年的狀況。中國終於超越日本成為全球 GDP 第二大國。美國依舊是全球的 GDP 最大國，總額超過 20 兆美元，中國則將近 15 兆美元，巴西則退居第九名。

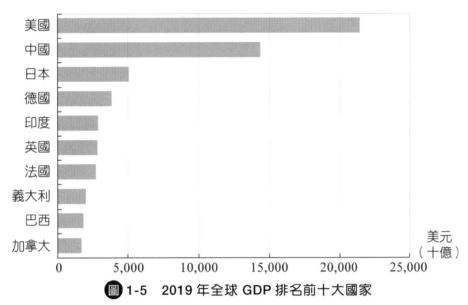

圖 1-5　2019 年全球 GDP 排名前十大國家

資料來源：IMF，http://www.imf.org/external/pubs/ft/weo/2019/02/weoselgr.aspx，數值為 IMF staff 估計值

　　數十年來世界各國經濟實力的轉變，也影響國際政治。1980 年時，俄羅斯（當時稱為蘇聯）的 GDP 比中國的還高。2000 年時，中國的 GDP 超越俄羅斯。2020 年時，則已經是俄羅斯的 4 倍以上。中國和俄羅斯結盟其實是中國在利用俄羅斯的天然資源。俄羅斯對中國的崛起，毫無招架之力。同理，中國與臺灣在 1992 年舉行會談，當時中國的 GDP 不到臺灣的二倍，經濟實力不足才可能有會談。2021 年的中國，其 GDP 已經是臺灣的十倍以上，兩岸實力差距懸殊，中國態度自然強硬。軍機、軍艦繞臺航行，正是經濟實力轉變的結果。

　　圖 1-6 至圖 1-9 是 1990、2000、2009 及 2019 全球前十大平均每人 GDP 的國家。之前提到中國的 GDP 快速增加，但是平均每人的所得水準還是差強人意，因為人口眾多之故。所以在平均每人 GDP 的排名都看不到中國的蹤影。參照圖 1-6，美國雖然是 GDP 排名第一，但是人口眾多，平均每人的排名大都在十名之末。冰島雖然是物產有限的小國，平均每人 GDP 的排名卻有優異的表現。

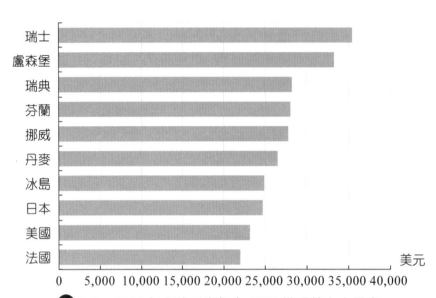

圖 1-6　1990 年全球平均每人 GDP 排名前十大國家

資料來源：IMF，http://www.imf.org/external/pubs/ft/weo/2008/01/weodata/index.aspx

　　參照圖 1-7，2000 年的排名有一些是名不見經傳的小國，還把一些 1990 年富有的北歐國家擠下來。

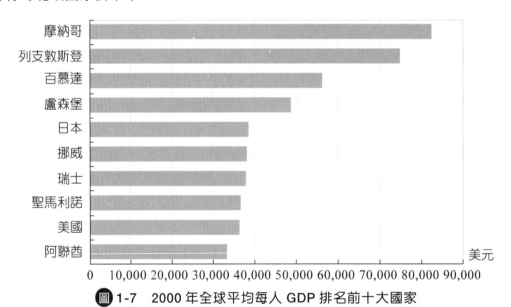

圖 1-7　2000 年全球平均每人 GDP 排名前十大國家

資料來源：IMF，http://www.imf.org/external/pubs/ft/weo/2009/02/weodata/weoselgr.aspx，數值為 IMF staff
　　　　　估計值

參照圖 1-8，2008 年的金融風暴，讓冰島幾乎遭遇國家破產的命運，所以沒有出現在 2009 年的世界平均每人 GDP 排名之中。2009 年全球平均每人 GDP 排名前十大的國家，大多是位於中東的能源生產國或是位於歐洲的國家。

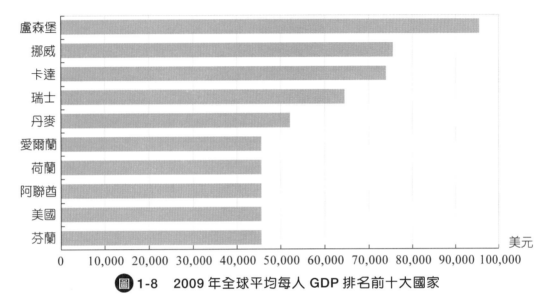

圖 1-8　2009 年全球平均每人 GDP 排名前十大國家

資料來源： IMF，http://www.imf.org/external/pubs/ft/weo/2009/02/weodata/weoselgr.aspx，數值為 IMF staff 估計值

參照圖 1-9，2019 年冰島平均每人 GDP 排名又再度回到前十大。新加坡也有傑出表現，進入前十名。

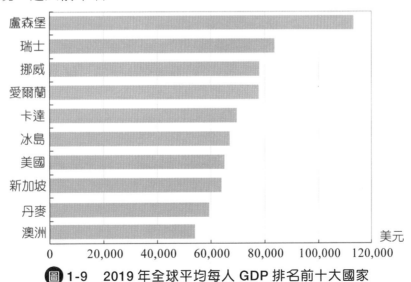

圖 1-9　2019 年全球平均每人 GDP 排名前十大國家

資料來源： IMF，http://www.imf.org/external/pubs/ft/weo/2009/02/weodata/weoselgr.aspx，數值為 IMF staff 估計值

三 · 牽一髮而動全身

任何一個總體經濟變數的改變，都會引起連鎖反應，這也造成課程編排的困擾。即使只是討論國民所得會計帳，難免要提到通貨膨脹的概念。大多數的教科書卻要等到討論景氣循環的章節，才介紹通貨膨脹。貨幣市場的討論，也有相同的顧慮。有關貨幣市場的討論，大多數的教科書，通常安排在期中考之後的章節。但是，貨幣供給變化是造成景氣循環的主因之一。由這一點看，把貨幣市場放在後面，似乎輕忽此一市場的存在，也無法充分解釋景氣循環。總之，總體經濟課程章節的安排，實在不是一件容易的事。尤其是總體經濟學，可能還會涉及派別之爭。筆者在攻讀博士時，發現某些學校對某一派別的說法是匆匆帶過，根本沒有詳細解說。說實在話，每一個理論、派別，都有它可取的地方，未必要如此嚴格劃分。

在介紹這本書的結構之前，先以美國的雙赤字(twin deficits)為例，分析一個重要的總體經濟課題。這裡所指的雙赤字，包括貿易赤字(trade deficit)及聯邦政府預算赤字(federal budget deficit)。現在先從總體經濟理論下手。假設 Y 代表所得，C 是消費，I 是投資，S 是儲蓄。在沒有政府的情況之下，經濟體系可以分成家計單位及企業二個部門。家計單位的所得可以用來儲蓄或消費。企業的支出則有消費或投資。

$$Y = C + S = C + I \qquad (1.1)$$

式(1.1)表示的是，就個人而言，所得的用途是消費及儲蓄。就企業而言，則為消費及投資。由式(1.1)可以知道，經濟體系達到均衡時，儲蓄等於投資。

$$S = I \qquad (1.2)$$

如果政府存在的話，每個人就必須繳稅(T)，而政府也會有支出(G)，則上式可以改寫成

$$Y = C + S + T = C + I + G \qquad (1.3)$$

上式可以再整理成

$$S + T = I + G \qquad (1.4)$$

由式(1.4)知道，在有政府的情況下，經濟體系的均衡條件是：儲蓄加稅等於投資加政府支出。式(1.4)還可以再作整理

$$S + (T - G) = I \tag{1.5}$$

式(1.5)中的(T － G)代表公共部門的儲蓄，S 則為私人部門的儲蓄。換言之，在有政府的情況下，經濟體系的均衡條件仍然是儲蓄等於投資，只是現在考慮的儲蓄分成二部分：私人及政府。若 T ＞ G，代表政府的稅收大於支出，表示政府有預算盈餘(budget surplus)。反之，若 T ＜ G，則政府有預算赤字(budget deficit)。前者代表政府有儲蓄，後者則相反，政府在舉債度日。

現在再加入國際貿易的狀況，X 為出口，M 為進口，(X － M)為淨出口，則式(1.3)可以改寫成

$$Y = C + S + T = C + I + G + (X - M) \tag{1.6}$$

式(1.6)整理之後

$$S + (T - G) = I + (X - M) \tag{1.7}$$

考慮了國際貿易之後，經濟體系的均衡條件成為：儲蓄等於投資加上淨出口。其中，淨出口若是正的代表有貿易順差。若為負的，則有貿易逆差。美國的雙赤字，常常引起大家的熱烈討論，更是世界金融市場不可或缺的話題，到底雙赤字對美國及其他世界各地的經濟，有何關連？純粹由經濟學的角度看，該花的錢就必須花，政府的預算是盈餘或赤字，不是重點。相同的，一個國家的貿易是順差或逆差也無關緊要。如果其他國家生產的商品，價格便宜、品質又不錯，進口大於出口而有貿易逆差又何妨。一般人也可能負債，或花的比賺的多。例如：買車子或買房子，很少人用現金交易，大多以貸款購買，分期攤還本金、利息。國家未嘗不能如此。不過，欠債還錢是無可避免的義務，一旦負債就必須努力儲蓄，設法還債。美國的問題就在政府借太多錢、負債太高，連帶地使貿易赤字居高不下。以下是一個簡單例題。

例 1-1 ─────────────────────────────────

假設私人部門的儲蓄為 168，投資為 200，淨出口為–80，則公共部門的儲蓄為何？若稅收為 150，則政府支出為何？

解 根據式(1.7) 　　S + (T – G) = I + (X – M) 　　168 + (T – G) = 200 – 80

因此，(T – G) = –48 代表公共部門的儲蓄為–48

因為 (T – G) = 150 – G = –48 　所以， G = 198

　　請參照圖 1-10，讀者就可以發現美國的貿易赤字非常嚴重，半個多世紀以來，一直沒有改善的跡象。對美國而言，還債實在是不容易的事。首先，美國人的儲蓄率很低，甚至曾經出現負的儲蓄率。網路泡沫之後，不少美國人的退休金投資全部付之一炬，而嬰兒潮(baby boomers)退休金缺口，可能會造成嚴重的社會問題[4]。貿易包括二部分：貨物(goods)和勞務(services)。和一般刻板印象不同的是，美國的勞務出口大於進口。換言之，美國在生產勞務的部分表現非凡。貿易赤字主因是進口貨物太多。另外，每年有上千萬觀光客到美國旅遊，數百萬留學生到美國進修，對美國的 GDP 貢獻無數。

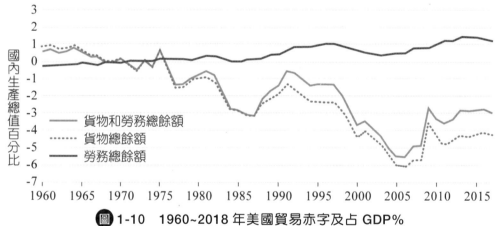

圖 1-10 1960~2018 年美國貿易赤字及占 GDP%

注意事項： 儘管商品長期存在貿易赤字，但美國在旅遊和金融等服務業的盈餘不斷增加，這緩和了整體貿易赤字的規模。

資料來源： U.S. Census Bureau, Economic Indicator Division U.S. Trade in Goods and Services-Balance of Payments (BOP) Basis U.S. Trade in Goods and Services-Balance of Payments (BOP) Basis

---

[4] 如果完全提列退休金的相關財務責任，許多著名的公司，例如：GM, Boeing, Ford 等，事實上都應該宣告破產，因為其資產不足以償付未來員工退休金的支出，詳見 The Economist, Oct 30, 2004, "Pension Accounting: Murk in the Gloom."。歐洲地區的公司的情況，也好不到那裡。British Airway, Rolls-Royce, Volkswagen 等公司，退休準備金都出現很大的缺口，詳見 The Economist, Nov 13, 2004, "European Pension Accounting."。

　　美國人的負債嚴重，美國政府的狀況也好不到哪裡去。在 2010 年 3 月 18 日的時候，美國政府的國債累積將近 12.6 兆美元[5]。每年光利息的支出，就要好幾千億美元。本來在柯林頓(Bill Clinton)執政之時，美國財政漸有改善。但是布希(George W. Bush)時期遇到恐怖分子攻擊，反恐戰爭使財政日益惡化，而布希依舊堅持減稅，更使美國財政雪上加霜。

　　參照圖 1-11，讀者可以發現，除了二次世界大戰後的幾年，及 2000 年代初期之外，美國聯邦政府一直處於赤字狀態。新的借款加上舊債，不知道美國經濟還能撐多久？2008~2009 年的經濟衰退，迫使美國大幅增加支出，以解救經濟危機。聯邦政府及各州政府的預算大幅增加，加上經濟衰退使稅收減少，恐怕下一代的美國人有還不完的債。2017 年美國通過的減稅法案，只會讓美國國債持續惡化。[6]2020 年為了解決新冠肺炎所造成的經濟蕭條，美國政府因此而增加的赤字預算，還在發酵當中。2021 年 2 月，美國的國債超過 27 兆美元，將近 GDP 的 1.4 倍。美國國會通過 1.9 兆美元的振興方案，財政狀況更加不樂觀。

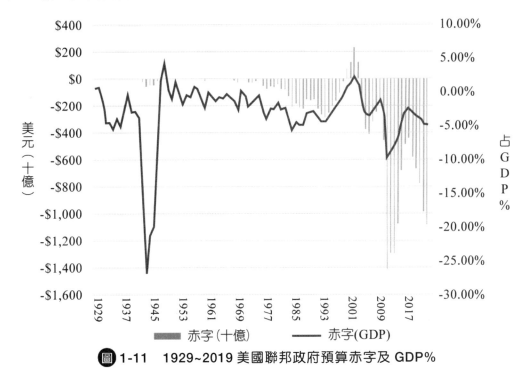

圖 1-11　1929~2019 美國聯邦政府預算赤字及 GDP%

資料來源：Congressional Budget Office，http://www.cbo.gov/budget/historical.shtml

---

[5] 資料來源：U.S. National Debt Clock, http://brillig.com/debt_clock/。
[6] 不過，讀者若察看希臘的負債資訊，可能會有疑問：為什麼美國、日本負債額度更多，占 GDP 的百分比更高，卻沒有發生債務危機？

由以上分析，配合式(1.7)可以發現：若固定 S, I 不變，則(T − G)和(X − M)為正相關[7]。換言之，政府預算赤字越多，貿易赤字也越多。這個例子同時證明，在總體經濟之中，牽一髮而動全身的現象十分普遍。美國人及美國政府大筆花錢的行為，看似和其他國家無關。事實上，如此的揮霍行徑，若干學者批評為不負責任，而且會嚴重影響國際資金動向，及全球各地的金融市場。另有一個 1934 年美國闖大禍的買銀政策，衝擊當時的東亞政治發展，請讀者參照本書第七章的歷史回顧。

美元之所以長期看貶，和美國的雙赤字有密切關係。有部分專家指出，長期以來，世界上某些國家一直在累積負債，另外一些國家卻一直在累積儲蓄。此一不均衡發展，是 2008 年發生金融風暴的主要原因之一。

四 • 總體經濟分析話從頭

總體經濟學的鼻祖要算是凱因斯(John Maynard Keynes, 1883~1946)及顧志奈(Simon Kuznets, 1901~1985)。後者在 1971 年時獲得諾貝爾經濟學獎，首創國民所得會計帳，為許多經濟學家創造就業機會。凱因斯則提出在經濟蕭條時，如何利用政策讓經濟迅速復甦。因此，本書首先將介紹國民所得會計帳的由來，及其計算方式，並引進凱因斯基本模型。然而，凱因斯基本模型沒有討論價格，這是非常重大的缺陷。價格是每日生活不可或缺的資訊，此一模型卻沒有交代價格是怎麼來的。故緊接著討論總合供給、總合需求(AS/AD)模型，探討價格水準的決定。以上這些章節，建立分析景氣循環的理論基礎。

凱因斯基本模型觀察的是貨物市場，只看到經濟體系的一面，另一個重要的環節是貨幣市場。討論貨幣市場，必須介紹貨幣供給、貨幣需求及貨幣市場的運作。前面討論的凱因斯基本模型或 AS/AD 模型，都沒有考慮貨幣市場。IS/LM 的分析，則融合了貨物市場及貨幣市場。對這二個市場有基本的認識之後，將再次說明財政政策及貨幣政策，對經濟體系的影響。經濟政策的目的在促進經濟成長，成長的動力何在，本書也有專章說明。最後的主題是國際貿易和國際金融，這是潮流所趨。臺灣的金融業朝金控發展，也是全球化之下的必然結果。自由貿易應該會為人類帶來更美好的遠景。詳情如何，且閱本書各章分曉。

---

[7] 政府預算赤字和金融市場也有密切關連，赤字太高可能引起排擠效果(crowding out effect)，減少民間投資。式(1.7)只是觀察政府預算赤字的眾多觀點之一。

重要名詞及摘要

AS/AD	IS/LM	WTO
出口	進口	投資
消費	儲蓄	嬰兒潮
凱因斯	顧志奈	雙赤字
淨出口	全球化	通貨膨脹
通貨緊縮	景氣循環	經濟成長
國民所得	預算赤字	預算盈餘
貿易赤字	貿易逆差	貿易順差
貨幣需求	貨幣供給	貨幣市場
國際貿易	排擠效果	貨幣政策
財政政策	總合供給	總合需求
垃圾債券	雷根經濟	美國證管會
經濟大恐慌	經濟大蕭條	個體經濟學
總體經濟學	世界貿易組織	次級房貸風暴

　　總體經濟學的理論，在推導上比個體經濟學的簡單許多，但是總體經濟變數常有錯綜複雜的關係，牽一髮而動全身。2007 年 8 月爆發的美國次級房貸風暴，竟然引發全球的經濟衰退，就是最明顯的例子。因此，作總體經濟分析時，分析時更應該謹慎從事，詳細考察各種因素之關連。本書將依序介紹國民所得之計算、凱因斯基本模型、AS/AD 模型、景氣循環、貨幣市場、IS/LM 模型、財政政策、貨幣政策、成長模型、國際貿易及國際金融。

問題與討論

1-1. 請簡述總體經濟學的發展背景。

1-2. 請簡要回顧 1960 年代的世界經濟情勢。

1-3. 請簡要回顧 1970 年代的世界經濟情勢。

1-4. 請簡要回顧 1980 年代的世界經濟情勢。

1-5. 請簡要回顧 1990 年代的世界經濟情勢。

1-6. 請簡要回顧 21 世紀第一個 10 年的經濟狀況。

1-7. 貿易逆差和政府預算赤字的關連如何？

1-8. 貿易赤字太大，對國家有何影響？

1-9. 在沒有政府的情況下，經濟體系的均衡條件為何？若包括政府部門，則經濟體系的均衡條件為何？若包括政府部門及國際貿易，則經濟體系的均衡條件為何？

1-10. 假設私人部門的儲蓄的儲蓄為 5,500，投資為 6,000，淨出口為–800，則公共部門的儲蓄為何？其他條件不變，若貿易逆差變成 1,200，則公共部門的儲蓄為何？

1-11. 假設 Y = 10,000, C = 6,000, T = 1,500, G = 1,700，則私人部門的儲蓄為何？投資是多少？

〰️ 經濟現象探索 -1

股市與匯市：讓人看不懂的臺灣股市

臺灣的股票市場有一些怪異的現象，違背一般的經濟理論。在 2003~2004 年之間，新臺幣貶值時，股市經常出現低迷氣氛，新臺幣升值，反而造成股市上漲。臺灣是以輸出為導向的經濟，新臺幣升值將會降低競爭力。新臺幣貶值的話，出口商所賺的外匯，可以換取更多的新臺幣，利潤會因此而增加。所以，新臺幣貶值對大多數公司而言，是利潤增加的訊息，新臺幣升值則是壞消息。但是臺灣股市對匯率的反應，卻適得其反，實在讓人疑惑。投資人到底對臺灣的經濟有多少瞭解？

多數投資人似乎對匯率變動有不同的解讀。新臺幣之所以升值，大多是因為外資匯入臺灣，而外資的目的似乎是在股市賺錢，故新臺幣升值變成外資買入股票的領先指標。如此觀察臺灣股市，不免有本末倒置之嫌。2004 年夏天，亞洲各地的股市低迷，主因是外資撤離亞洲。股市成也是外資，敗也是外資，投資人若不瞭解經濟的基本面，只憑消息面進出股市，不深究消息背後的經濟意涵，早晚會吃悶虧。

Q1 請記錄臺灣的外匯市場及股票市場各一個月，觀察匯率升貶和股市漲跌的關係。

Q2 請查閱最近一個月的新聞，觀察財經分析師的匯率及股市的預測，並分析二者間的關連。

Q3 純就經濟理論的角度看，新臺幣升值對股市的影響為何？

天氣、太陽、月亮、股票價格

天氣會影響人的心情，大概不是新聞。臺北的冬天經常下雨，溼冷的天氣，常使人的心情，跟著老天一起沮喪。人是股票市場中的主體，如果天氣、天體運行、星象會影響人的行為，那麼股票市場是否也受這些外在因素的影響？

David Hirshleifer 及 Tyler Shumway[8]觀察 26 個股票市場，觀察的期間為 1982~1997。他們發現，如果早上陽光比平常更為普照的話，股市的上漲在平均水準之上。如果比平時更為陰沉的時候，則股市的上漲幅度有限。考慮了陽光的因素之後，其他的天氣狀況，例如：下雨或下雪，對股市沒有明顯的影響。太陽對股市的影響相當大。以紐約為例，陽光普照的日子，股市的投資報酬率有 24.8%，陰天則只有 8.7%。雖然經濟學家也曾經發現，其他股市異常的現象。但是，太陽是比較明顯的指標；若以太陽作為進場投資的參考，在扣除交易成本之後，所得的投資報酬率，比股市指數的表現還好。不過這是過去經驗歸納的結果，並不保證未來這個太陽效應，仍然會持續下去。再者，若日後投資人都以太陽作指標，眾人套利的結果，獲利的空間也會減少。

Saunders 指出，紐約市的天氣與股市的表現有密切關連。[9]市場的主要參與者是人，人有情緒而且會受到天氣等因素的影響。所以，既然市場是投資人集體行為的表現，市場會受到天氣影響是頗為自然的結果。因此，股票市場不完全是理性的。也有人觀察月亮對股市的影響，Yuan, Zheng 及 Zhu[10]觀察 48 個國家，期間則由 1965 年至 2001 年 7 月。他們發現，在新月的時候，股市的投資報酬率比滿月的時候高。在滿月的那一週的投資報酬率，平均比新月時少 8.3%。觀察 48 個國家中，43 個有上述月亮效應，即使扣除交易成本之後，以月亮為指標，也可以有相當獲利。

Ilia Dichev 及 Troy Janes[11]則研究美國一百年的股市表現，及另外 24 個國家 15 年的資料。他們發現，新月時的每日投資報酬率，大約是滿月時的二倍。在

[8]　Hirshleifer, David, and Tyler Shumway, August 2001, "Good Day Sunshine: Stock Returns and the Weather," working paper, Ohio State University.

[9]　Saunders, E. M. J., 1993, "*Stock Price and Wall Street Weather*," American Economic Review, Vol. 83, No. 5, 1337-1345.

[10]　Yuan, Kathy, Lu Zheng, and Qiaoqiao Zhu, September 2001, "Are Investors Moonstruck？ Lunar Phases and Stock Returns," working paper, Department of Finance, University of Michigan.

[11]　Dichev, Ilia and Troy Janes, August 2001, "Lunar Cycle Effects in Stock Returns," working paper, Department of Accounting, University of Michigan.

美國以外的國家，這個月亮效應更明顯。自古以來，各種星象學早就預言，太陽、月亮、星辰，會影響人類的行為。但是到目前為止，心理學家並沒有一套理論，解釋或證明相關現象。行為經濟學家則嘗試由股市的表現，尋找市場受相關影響的模式。如果這些模式成立的話，陰天的時候買股票，晴天的時候賣股票。農曆十五買股票，初一賣股票，應該可以小賺一筆。如果每個投資人都這麼做的話，套利空間可能會隨之減少。讀者不妨一試。不過，盈虧責任自負，與筆者一概無關。

Q1 晴天、雨天的投資策略有何不同？

Q2 農曆初一及十五的投資策略有何不同？

Q3 請依據所述，追蹤臺灣股市的表現，檢驗是否與研究結果相符。

▶ 歷史回顧 -1

驚人的通貨膨脹：9 萬舊臺幣換 2.25 新臺幣

　　一般人都是喜新厭舊，面對新臺幣和舊臺幣，各位讀者會選哪一個？臺幣券也就是所謂的舊臺幣，在 1946 年 5 月 22 日首次發行時，面額有 1 元、5 元、10 元等。發行當時的政治經濟情勢混亂，國民政府在中國發行的金圓券大貶，臺幣券也是江河日下，只好發行大面額的鈔票因應，有 50 元、100 元、500 元，甚至到 1 萬、10 萬、100 萬。在 1980 年代，臺灣銀行準備發行新臺幣 500 元、1,000 元鈔票的時候，許多人聯想到舊臺幣的經驗，擔心發行大面額鈔票會引發通貨膨脹。事實上，通貨膨脹和鈔票的面額無關，而是貨幣發行的總數量。原本臺幣券預定發行 30 億元，1946 年 11 月時增加為 53 億元，到了改制之前則為 5,270 億元，比開始發行的時候，多了 175 倍。1949 年的最大面額是 100 萬元。1946~1949 這三年半，每年平均物價上漲幅度是 922%，而且價格一日數變。到餐廳吃飯最好先付錢，要不然結帳時價格又變高。[12]

　　1946 年中國情勢持續惡化，而國民政府不但將臺灣物資運往大陸，也招募了不少臺灣人到中國去作戰。國民政府的腐敗，在接收臺灣不久就發生 228 事件。政府無能、經濟政策又毫無章法，種種原因使臺灣的物價一發不可收拾，主因則是臺幣券過量發行。1948 年金圓券改革失敗，對臺幣造成更大的壓力，最

---

[12] 自由時報財經網：全球通膨史 1 四萬元換一元 臺灣人心中永遠的痛
https://ec.ltn.com.tw/article/breakingnews/3286646。

後兵敗如山倒。發行三年多的臺幣券在 1949 年 6 月 15 日改制為新臺幣。新臺幣緊盯美元，以 5 新臺幣兌換 1 美元的匯率，重建民眾對新臺幣的信心，其貨幣發行準備，有一部分是國民黨從中國偷運來臺的黃金。

記得這段歷史的人已經不多了。2002 年 4 月的時候，因為一個案例，讓大家有機會重回歷史現場。1949 年 4 月的時候，有一位臺南人從高雄匯了 9 萬舊臺幣到福建。錢匯出之後，廈門淪陷，收款人無法領取這筆錢。後來才發現，其實廈門的銀行是因為沒有收到這筆錢而拒絕提領。這位仁兄找出原來的匯款單據之後，向高雄地方法院提起訴訟，要求銀行比照當時的物價水準，賠償新臺幣 540 萬。

法官判決銀行只須賠新臺幣 2.25 元。因為舊臺幣已經不再流通，而且舊臺幣和新臺幣的兌換比例是 4 萬比 1，銀行不需負擔外在環境所引發的匯兌損失。各位讀者可以由這個案例，觀察到通貨膨脹驚人的一面。話說回來，當時距離幣制改革還有二個多月的時間，9 萬舊臺幣有多少價值，也頗令人懷疑。若以通貨膨脹的速度倒推，這 9 萬舊臺幣可能還有相當價值。法院判決的結果卻只值 2.25 新臺幣，這位仁兄難免會因此吐血。這位苦主其實也可以主張，當時只要新臺幣 5 元就可以兌換 1 美元，因此他可以拿到更多相應的美元才對。不過，早知如此，他可能也不會向法院提出告訴。

問題 ❶

法官的判決合理嗎？

⏺ 歷史回顧 -2

誰是明日之星？

在 1970 年代左右，眾人眼中世界發展的明日之星，包括巴西、阿根廷、墨西哥、菲律賓、泰國等國家。這些國家人口眾多、資源豐富。位於拉丁美洲的，則更是擁有土地面積的優勢。參照圖 1-12，從 GDP 看，臺灣和菲律賓的總額在 1980 年代時不相上下，在 1985 年臺灣逐漸超越菲律賓，在 1990 年時已經大幅領先菲律賓。巴西、阿根廷、墨西哥等這幾個大國，GDP 都比臺灣高，似乎是理所當然的。

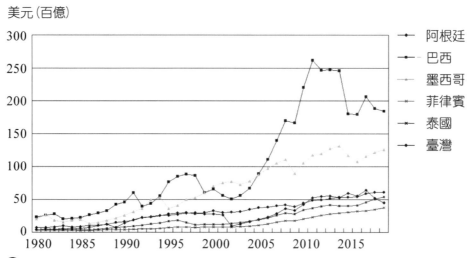

圖 1-12　1980~2019 阿根廷、巴西、墨西哥、菲律賓、泰國、臺灣之 GDP

　　臺灣在當時雖然不被看好，十大建設完成之後，1980 年代之後開始一路成長。在 1990 年時遠遠將其他被看好的國家拋在腦後。參照圖 1-13，臺灣的平均每人 GDP 在 1985 年之後，大幅超越其他被世界專家看好的國家。事實證明經濟成長最重要的關鍵是制度。公平合理的制度才是經濟成長的動力。此外，民主制度確保資源不會被少數人操弄，這也是經濟發展不可或缺的一環。所以 Milton Friedman 曾說，要有經濟自由必須先有政治自由，其中道理值得深思。

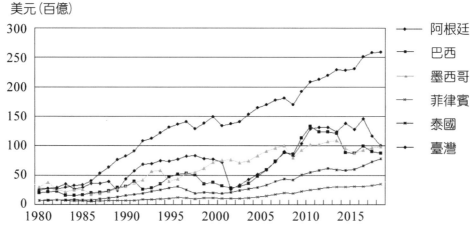

圖 1-13　1980~2019 阿根廷、巴西、墨西哥、菲律賓、泰國、臺灣之平均每人 GDP

參照圖 1-14，從經濟的波動來看，阿根廷、巴西、墨西哥、菲律賓、泰國等國家，經濟成長率的變動相當大，勢必對民生、產業發展帶來衝擊。相較之下，臺灣的變動幅度小一點，對產業投資及擴張相較之下，比較有利。

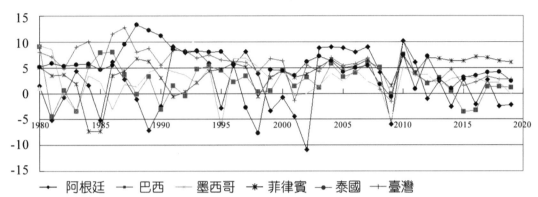

圖 1-14　1980~2019 阿根廷、巴西、墨西哥、菲律賓、泰國、臺灣之經濟成長率

通貨膨脹對國家經濟有重大影響。長期物價大幅上漲，會衝擊一國的消費與投資，間接阻礙經濟的發展，參照圖 1-15。阿根廷、巴西、墨西哥、菲律賓長期為通貨膨脹所苦，加上政府支出沒有維持適當的紀律，亂花錢、亂印鈔票的結果，經濟成長因此停滯。如果不是資源豐富、人口眾多，經濟恐怕更不樂觀。其中又以阿根廷的情況最惡劣，甚至在 2010 年代發生偽造通貨膨脹數據的情事，經濟頹勢要更久才能恢復。

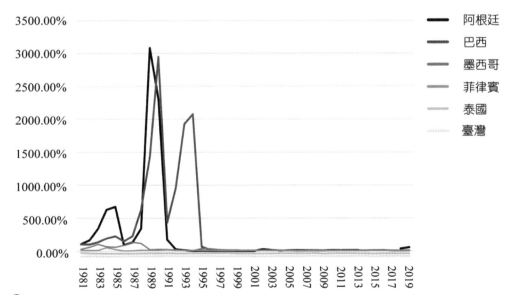

圖 1-15　1981~2019 阿根廷、巴西、墨西哥、菲律賓、泰國、臺灣之通貨膨脹率

參照本章圖 1-2 至 1-5，巴西因為領土面積龐大、人口眾多、資源豐富，GDP 全世界排名一直在前 10 名之內。但是政治不甚清明，加上必須時時面對難以掌控的通貨膨脹，經濟表現差強人意。若經濟發展要能脫胎換骨，可能要徹底檢討制度，才可能充分發揮經濟實力。

前述拉丁美洲國家的諸多混亂現象，在泰國雖然沒有那麼明顯，但是長久以來軍人干政，政策離人民越來越遙遠。施政的重點在滿足軍方及皇室利益，完全不顧人民權益或國家福祉。新繼位的泰國國王在景氣惡化的情況之下，依舊揮霍無度，完全不顧民眾觀感。多年累積的不滿終於爆發，2020 年 10 月，許多泰國年輕人站出來示威、抗議。然而，泰國的法律仍然禁止批評皇室，軍人政府還是不願意改選，情勢發展不太樂觀。[13]

問題 ❶

本文所討論的國家，除了臺灣之外，有何共同特徵？

問題 ❷

為何臺灣的經濟發展優於上述國家？

---

[13] 新加坡政府也是竭盡所能箝制言論。但是，新加坡人民行動黨比其他國家或政黨稍微聰明一點，懂得將部分利益分給人民。不過，遲早會有人發現此一分配機制不太公平。

02 CHAPTER

國民所得會計帳

MACROECONOMICS
Theory and Practice

國民所得(national income)幾乎是現代人生活的一部分，每天看電視新聞、讀報紙，都會接觸到這個名詞。國民所得的使用，從創始到現在大概已有一個世紀的歷史。相關的概念還有平均每人 GDP(GDP per capita)。大國的 GDP 可能很高，但是如果人口眾多的話，平均生活水準可能沒有想像中的亮眼。相對的，小國的 GDP 可能不高，卻可能因為人口少而有比較高的生活品質。此外，所得分配是否平均也會影響一國的治安和社會秩序。總之，雖然國民所得是非常重要的概念，但是只觀察國民所得無法瞭解一個國家的經濟，或社會發展的全貌。有許多人對這個衡量指標提出批判。雖然國民所得的概念，有不如人意之處，它確實提供一個明確的指標，衡量一個國家或地區的經濟活動及生產概況。

一 · 國民所得

平常談到的國民所得，其完整的名稱是國民生產毛額(gross national product, GNP)。總體經濟學的討論中，比較通用的是國內生產毛額(gross domestic product, GDP)。二者的差別是，前者以國籍為衡量標準，後者則以地區為準。一個美籍英語教師在臺灣工作，他的勞務所得算作美國的 GNP，因為他是美國人，成為美國的要素在國外的所得。但是他的勞務所得，卻算作臺灣的 GDP，因為工作地點在臺灣。也就是說臺灣的

GNP = GDP + 臺灣人或公司在海外的所得 － 外國人或公司在臺灣的所得

到底 GDP 是什麼呢？GDP 的定義是：在某一時間內，某一地區或國家所生產出來的最終財貨的市場價值。根據以上的定義，只有在市場交易的，才能計入 GDP。偉大的母親為家人洗衣、料理三餐、整理家務，但是在 GDP 上的貢獻，卻比不上菲傭。因為僱用菲傭必須付薪水，母親的辛勞雖然可貴，卻沒有在市場上交易，不計入 GDP。家用電氣產品的發明及使用，除了生活上的便利之外，也增加不少 GDP。煮飯、炒菜、帶小孩、洗衣等家事，過去都是由母親一手包辦，不計入 GDP。用了洗衣機、電鍋、烤麵包機、烤箱等之後，這些產品的交易都計入 GDP，使 GDP 增加許多。前述這種現象無端的增加 GDP，其實也不全都是壞事，偉大的母親也因此得到更多的休閒時間。

另外，當期生產出來的才計入 GDP。換句話說，二手貨的買賣不計入 GDP。不過，因買賣二手貨所引發的仲介費用，則是當期的勞務，列入 GDP 之

中。金融資產交易，包括股票、債券等，這些買賣因為不涉及生產，不計入 GDP。但是，證券商提供的證券交易服務，其價值則計入 GDP。因此，在計算 GDP 時，必須加上證券商收取的佣金。不動產交易的熱絡程度，對經濟影響相當大。但是，就 GDP 而言，二手房屋、土地等不動產的交易，除了仲介費之外，對 GDP 的增加有限。

另外，只有最終的財貨或勞務，才能算作 GDP，以免發生重複計算。鋼鐵是生產汽車的原料之一，如果鋼鐵在出廠的時候計算一次市場價值，而製造汽車的原料之一是鋼鐵，在汽車出廠的時候，這部分的鋼鐵會被重複計算，高估了鋼鐵的實際產值。蔬菜、水果若是在家中消費，算是 GDP 的一部分。若是餐廳購買的話，賣給消費者之後才能算作 GDP。在計算 GDP 時，必須設算已經生產未交易之貨物，並以市場價格作為計算基準，例如：農夫留下自行消費之農產品，還有自有住宅的房租設算。

二·國民所得概念美中不足之處

許多學者認為 GDP 所提供的資訊，必須做適當的改革。GDP 想要衡量的是實際生產的財貨或勞務的數量，其計算基準卻是貨幣，無可避免的，二者可能發生很大的落差。2003 年底的時候，一桶石油的價格不到 30 美元。在 2008 年夏天卻漲了四倍以上。因此，在解讀 GDP 數字時，必須留意物價水準。價值 1650 美元的 GDP，在 2003 年代表 55 桶石油的生產，到了 2008 年時只有 12 桶左右。由此可以明顯看出，物價波動造成 GDP 衡量失真的狀況。

此外，有人開玩笑說，GDP 中的 P 代表的是 pollution。從某個角度看，生產越多確實會造成更多的汙染。所以 GDP 越高，未必是令人興奮的事。1970~1990 年代臺灣的經濟起飛，固然令人欣喜，但是在環境上所付出的代價，也是非常的可觀。筆者在高雄居住，深深感受到高雄人，為臺灣的石化、水泥、鋼鐵等工業，所付出的慘痛代價。然而，環境品質不是金錢可以衡量的，不計入 GDP。

GDP 只衡量有市場價值的交易，休閒時間增加，沒有市場價值。雖然生活品質變得更好，GDP 卻無法顯示上述差異。美國的平均國民所得可能比德、法的高。不過，法國人、德國人的工作時數比美國人的少。從福利的角度看，法國人、德國人的福利，不一定比美國人的差。只看 GDP 沒有辦法看到經濟體系的全面。

圖 2-1 列了世界若干國家的 GDP 資料，圖 2-2 則是平均每人 GDP。挪威的 GDP 及平均每人 GDP 都很高。歐洲國家的平均每人所得水準大都有不凡的表現。臺灣的 GDP 雖然比以色列、芬蘭、香港、新加坡等國家的要高，但是平均每人 GDP，臺灣都比這些國家還要來得低。臺灣和南韓還有邦交的時候，經常互稱為兄弟之邦。南韓經常質疑誰是兄，不無道理。因為南韓的 GDP 不只大幅超前臺灣，連平均每人 GDP 也是領先不少。除此之外，南韓還有世界著名的科技公司三星及重工業現代集團。另外，人口因素會影響平均生活水準。美國和中國的 GDP 都很高。但是，美國的人口只有 3 億，中國的則有 14 億。因此，平均每人 GDP 的表現有極大的差異。

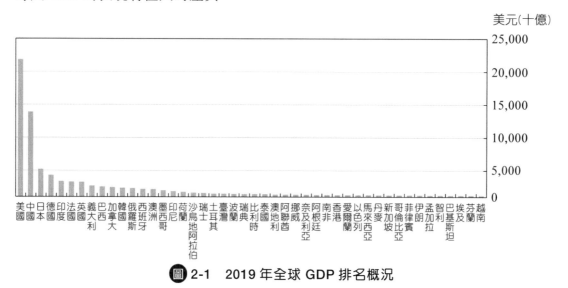

圖 2-1　2019 年全球 GDP 排名概況

資料來源： IMF，http://www.imf.org/external/pubs/ft/weo/2019/02/weodata/weoselgr.aspx

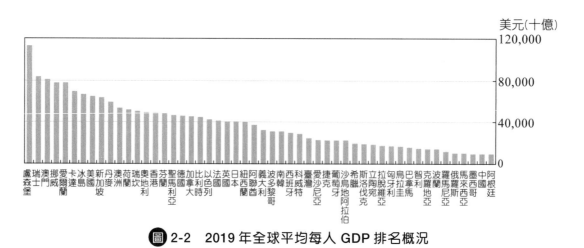

圖 2-2　2019 年全球平均每人 GDP 排名概況

資料來源： IMF，http://www.imf.org/external/pubs/ft/weo/2014/02/weodata/weoselgr.aspx

前面已經說明，一個國家的 GDP 可能很高，但是因為人口眾多，從每個人的角度看，可能非常貧窮。中國及印度就是明顯的例子。因此，除了看一個國家的 GDP 之外，還要看平均每人 GDP (GDP per capita)。參照圖 2-2，讀者可以看到相關的統計數據。臺灣 GDP 的總額，比香港及新加坡的都要來的高。就土地面積而言，也是臺灣比較大。但是，香港及新加坡的平均每人 GDP 卻比臺灣高。證明這二個地區的競爭力，高出臺灣許多。至於生活水準的比較就複雜一點。臺灣的平均每人 GDP 雖然比香港及新加坡的低，但是臺灣的房價和物價水準相對更低。實際的生活品質，或許沒有想像中的差。

所得分配是否平均，也是經濟體系的一項重要指標。所得分配不均的國家，常常會有社會動亂，政治也比較不穩定。在 2004 年秋冬之際，中國經常發生暴動，其原因除了貪汙嚴重之外，所得分配不均也是重要原因之一。印度也有類似現象，抗議示威頻傳。除了宗教、種族之爭外，所得分配不均也是重要原因之一。不過，光看一個國家的 GDP，看不出所得分配的狀況。

由 GDP 也看不出產品性能的好壞。同樣是新臺幣 30,000 元，在 1993 年的時候，頂多只能買到 Pentium 66 Mhz 的電腦，硬碟只有 6G、記憶體 64MB。同樣的花費，2005 年則可以買到速度高達 2.4Ghz 的電腦，配備 LCD 螢幕。2020 年時，這個價碼的電腦，記憶體有 8G、1T 硬碟、256G 固態硬碟等配備，這是 1980 年代的人難以想像的夢幻組合。品質的改變，很難從 GDP 的數字中顯示出來。

汽車的情形也是如此；現在的車子，比起 10 年前的安全設備更好，馬力更大卻更省油，但是此一現象無法顯示在 GDP 之上。現在的人很難想像，1997 年時的網路速度只有 16K。想要加倍速度必須再接另一支電話線，得到的頻寬也只有 32K 而已。一般的熾熱燈泡一個不到 20 元。21 世紀流行的 LED 雖然要 200 元左右，但是省電 90%、壽命又長，這些變化都無法顯現在 GDP 之中。地下經濟的項目，包括色情業、販毒等，都不計入 GDP。除了上述非法的行業，一般人擺地攤，逃稅的兼差、兼職，也不計入 GDP。通常法律制度越健全的社會，地下經濟的活動，不具重要地位。經濟不好的時候，一方面是正式的工作難找，另一方面是想逃避政府管制的經濟活動會增加，地下經濟活動隨之猖獗。移轉性支出，沒有涉及對等的勞務或財貨的交換，也不列入 GDP。例如：老人福利津貼或中低收入戶的補助等。

綜合以上所述，GDP 的缺點大致包括：1.會受通貨膨脹影響；2.無法反應沒有明確市場價值的事物，例如：休閒、產品品質、環境品質；3.無法看出每人平均所得或所得分配；4.不計入地下經濟活動或移轉性支出等。GDP 雖然有以上這些缺點，但是在沒有找到更好的替代指標之前，還是得用它。曾經有學者提出看法，要將母親做家事的價值，設算為 GDP 的一部分。此一作法雖然能夠增加 GDP 的額度，但是對實質生活品質及所得的改善，似乎幫助不大。接下來要介紹 GDP 的計算。

三・國民所得的計算

國民所得的計算，是將經濟體系在一定期間內，所生產的財貨或勞務的數量，和其相應價格相乘的總和，表現成公式如下：

$$GDP = \sum P_i X_i \tag{2.1}$$

式(2.1)中，X_i 是第 i 種財貨或勞務的產量，P_i 則是其相應的價格。以下將分別介紹另外三種計算國民所得的方法：附加價值法、所得法及支出法。

（一）附加價值法(value added approach)

以附加價值法計算 GDP，是按各生產階段的附加價值計算。是否列為最終貨物，則以是否轉售為區分標準。假設農夫生產價值$10,000 的小麥，並將其中價值$2,000 的小麥，留下自己用，其餘的轉賣給碾麥廠，製成麵粉出售。麵粉的總值為$12,000，轉售出去的只有$10,000。麵包廠將收購的麵粉，全部製成麵包，其價值為$14,000，賣給消費者的有$13,000。則此一生產過程的 GDP 一共有多少？

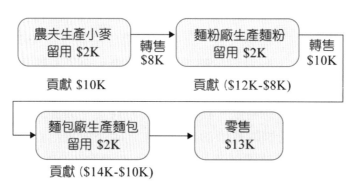

依照最終產品的市場價值，此一過程所生產出的 GDP，應該是最後賣給消費者的麵包價值$13,000，加上農夫留下的價值$2,000 的小麥，麵粉廠留下的價值$2,000 的麵粉，麵包廠留下的價值$1,000 的麵包，一共是$18,000。

$$GDP = \$13,000 + \$2,000 + \$2,000 + \$1,000 = \$18,000 \tag{2.2}$$

若依照附加價值計算，農夫貢獻的附加價值有$10,000，麵粉廠的貢獻有$4,000($12,000 − $8,000)，麵包廠的貢獻則為$4,000($14,000 − $10,000)，參照式(2.3)。所以，不論由附加價值法，或最終市場價值計算，二者的結果完全一樣。

$$GDP = \$10,000 + \$4,000 + \$4,000 = \$18,000 \tag{2.3}$$

（二）所得法(income approach)

依據 GDP 的定義，凡是在市場交易的，必定會成為某些人或企業的所得。故由各種可能所得的總和，也可以求得 GDP。所得大略可以分成四項：薪資(W)、 利息(i)、租金(r)、利潤(π)。薪資顧名思義就是勞動所得。利息則是利息支出淨額，也就是利息支出減掉利息收入。租金則包括租金收入及自有房屋租金設算。利潤則是企業的所得，等於收入減去成本。

$$GDP = W + i + r + \pi \tag{2.4}$$

式(2.4)所求出的值，嚴格的說，是以要素成本估計的生產水準，和 GDP 還有一些差距。必須再加上折舊和間接稅。在計算企業利潤時，如果是國營企業，應該加計政府的補助，減去繳納國庫的部分，也就是說，實際到人民手中的所得，才是合理的數字。圖 2-3 及 2-4 是 1981~2018 年臺灣工資及企業利潤的總額及其占 GDP 的百分比。[1]臺灣的工資占 GDP 比例大都在 20%以上，但是 2000 年之後，有下降的趨勢。世界各地也有類似的發展趨勢。反觀企業利潤占 GDP 的比例，除了金融海嘯期間之外，似乎日益增加。

---

[1]　除了特別聲明之外，本章的資料取自中華民國統計資訊網，及財政部相關網站。

新臺幣（兆元）

圖 2-3　1980~2018 年工資及其占 GDP 的比例

新臺幣（兆元）

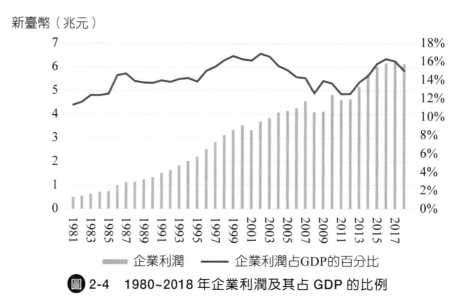

圖 2-4　1980~2018 年企業利潤及其占 GDP 的比例

（三）支出法(expenditure approach)

　　凡是在市場交易的，必定會成為某些人或企業的所得，也必定是某些人或企業的支出。支出大略可以分成四項：消費(C)、投資(I)、政府支出(G)、淨出口(net export, X – M)。家計單位的支出，除了住宅算作投資之外，其餘全部列為消費。投資則包括購買機械設備、廠房建築及存貨變動。所有政府的採購，都列入政府支出。至於淨出口則為出口(export, X)減去進口(import, M)。若淨出口為

正,代表有貿易順差;相反的,若為負值,則有貿易逆差。上述這四項中,消費
所占的比例最大。投資所占的比例雖然不是最大,其變動卻是經濟波動的主因之
一。以支出法計算 GDP,展現成公式如下:

$$GDP = C + I + G + (X - M) \qquad\qquad (2.5)$$

以下的幾個圖可以觀察到,臺灣由 1960 年代到 21 世紀初的經濟表現。1950
年代的臺灣經濟尚待開發,GDP 的總額有限,所得有 70%以上花在一般消費
上。1980 年代之後 GDP 才有明顯的成長,消費占 GDP 的比例略為下降。參照
圖 2-5a,2019 年時,消費占 GDP 的比例略高於 50%。

圖 2-5a　臺灣消費與其占 GDP 百分比(1951~2019)

參照圖 2-5b,投資占臺灣 GDP 的比例大約有 12~20%之間。在 1970 年代中
葉有增加的趨勢,或許與政府大力推動的十大建設有關。1990 年代看到另一波
增加趨勢,此後維持在 12~15%左右。

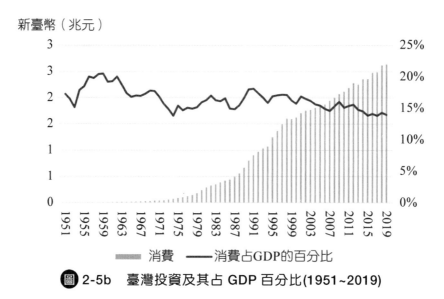

圖 2-5b　臺灣投資及其占 GDP 百分比(1951~2019)

　　參照圖 2-5c，政府支出占 GDP 的比例，大多在 15~40%之間。1970 年代是一個高峰，可能和能源危機有關。為了解決經濟困境政府帶頭大筆投入基礎建設。近來則有下降的趨勢，大致在 20%左右。2009 年因為消費券等政策的影響，政府支出再度大幅成長。2020 年的新冠肺炎影響，百業蕭條之下，振興政策的支出應該會讓政府支出再創新高。

圖 2-5c　臺灣政府支出及其占 GDP 百分比(1951~2019)

由圖 2-6a~2-6c 可以觀察到，進出口占臺灣 GDP 的比重相當高，近年來甚至高達 GDP 的 80%以上。由此可見，貿易對臺灣經濟成長的重要性。至於貿易順差，在 1975 年前並非常態。在 1980 年代之後，臺灣出超越來越多，以致在 1980 年代末期，發生熱錢湧入、新臺幣大幅升值，房地產市場、股票市場狂飆。不過 1990 年代臺灣的經濟成長較弱，出超隨之減少。2008 年 7 月因石油價格高漲，臺灣的貿易出現入超。[2]

新臺幣（兆元）

輸出 —— 輸出占GDP的百分比

圖 2-6a 臺灣出口及其占 GDP 百分比(1951~2019)

新臺幣（兆元）

輸入 —— 輸入占GDP的百分比

圖 2-6b 臺灣進口及其占 GDP 百分比(1951~2019)

---

[2] 自由時報 2008-8-8。

新臺幣（兆元）

淨出口　　—— 淨出口占GDP的百分比

圖 2-6c　臺灣淨進口及其占 GDP 百分比(1951~2019)

　　臺灣的出超太多也會造成困擾。過去一直以出口能賺外匯而自豪，外匯存底太多，沒有好好運用，不但浪費資源，還會造成新臺幣升值的壓力。再者，美國持續擴大的貿易逆差，造成美金貶值及其他衍生的問題，不利全球金融穩定，當然也不是好現象。

　　接下來要看二個計算 GDP 的例子。

 2-1

　　李媽媽到東海岸旅遊，適巧發現一塊外形奇特的珊瑚，隨手帶回家作為紀念。其藝術雕刻家友人以二千元買走，作為創作素材，雕刻成藝品並以二萬元賣給阿波羅藝廊。在某次藝術展示中。郭老闆甚為欣賞，以十萬元買下，作為貴賓室擺飾。請問：

(i)　此案例的過程中，增加了多少 GNP？

(ii)　十年後，該珊瑚雕刻輾轉流落到另一古董店，且以一百萬元拍賣給某富商。請問該年的 GNP 增加多少？　　　　　　　　（交大傳播所入學考題）

(i) 以最終市場價值計算 GDP = $100,000。

若以附加價值法計算，撿到奇特的珊瑚，勞務貢獻有$2,000，雕刻家的勞務貢獻有$18,000，藝廊的貢獻服務加上利潤，其貢獻有$80,000，故

GDP = $2,000 + ($20,000 − $2,000) + ($100,000 − $20,000) = $100,000，二種算法的結果都是$100,000。

(ii) 此一藝品售出之後，已是二手貨，不論以多高的價值出售，其市場交易價值不能再計入 GDP。但是古董店的服務費用，則應計入當年度的 GDP。

 2-2

農夫進口$10,000 之肥料，生產$500,000 小麥，全部售予麵粉廠，政府當年發放農夫老人年金$80,000。麵粉廠以年薪$100,000 僱用外勞，留下$200,000 小麥供下年度使用，其餘小麥則製成$1,000,000 麵粉，其中$300,000 出口，$50,000 直接售予家庭，其餘製成$900,000 麵包；麵包$100,000 售予國防部作為軍人口糧，外勞亦購買$20,000，其餘則售予家庭。麵粉廠老闆當年繳營業稅$50,000，所得稅$40,000，其海外投資收入有$100,000。請計算當年國民所得帳中 C, G, I, X − M 及要素在國外所得淨額？ （中山財管所入學考題）

 這個問題包含很多項目，一項一項列清楚才能確保計算無誤。

進口肥料 = M = $10,000

老人年金 = 移轉性支出 = $80,000

小麥存貨的變動 = I = $200,000

麵粉出口 = X = $300,000

麵粉零售 = $50,000

麵包售國防部 = G = $100,000

麵包零售 = C = $800,000不論麵包賣給誰，在市場零售給消費者都是 C。

依以上分析 C = $50,000 + $800,000 = $850,000 I = $200,000 G = $100,000

X – M = $300,000 – $10,000 = $290,000

要素在國外淨所得 ＝ 本國要素之外國所得 － 外國要素在本國所得 ＝ 海外投資收入 － 外勞薪資 ＝ $100,000 – $100,000 = 0

四・其他國民所得相關的概念

除了 GDP 之外，還有淨國民所得(NDP)、國民所得(NI)、個人所得(PI)、可支配所得(DI)等的概念。淨國民所得是扣除折舊之後的國民所得，請參照式(2.6)。經濟體系使用不少機器設備，這些資本使用了一段時間之後，性能或效益會減少。扣除折舊之後，才能夠反應一個國家或地區，實際可運用的所得或生產的額度。

$$NDP = GDP － 折舊 \tag{2.6}$$

由以上的區分，衍生出淨投資(net investment)及毛投資(gross investment)的概念。淨投資等於毛投資減去折舊。GDP 中的投資是毛投資，若此一項目不足以彌補資本的折舊，則淨投資是負的。淨國民所得減去間接稅就是國民所得(national income, NI)。

$$NI = NDP － 間接稅 \tag{2.7}$$

如前所述，NI 也等於以要素成本計算的國民所得。NI 扣除掉家計單位沒有分配到的部分，例如：公司的未分配盈餘等。再加上政府的移轉性支出，例如：老人年金、社會福利等，就可以得到個人所得(PI)。

$$PI = NI － 未分配之要素所得 ＋ 移轉性支出 \tag{2.8}$$

個人所得扣除各種稅賦之後，就可以得到個人可支配所得(disposable income, DI)，這一部分可以用來消費或儲蓄，如式(2.9)所示。

$$DI = PI － T = C + S \tag{2.9}$$

　　GDP 用錢來衡量，而錢的價值又時有變化，故衍生出名目 GDP (nominal GDP)及實質 GDP (real GDP)的分別。首先必須選擇一個年份作為基期，以基期貨幣的購買力所算出的 GDP，即為實質 GDP。以當期價格水準衡量出來的 GDP，則稱之為名目 GDP。因為 GDP 想要衡量的是，實際生產的財貨或勞務的數量，所以必須考慮物價的影響，才能知道比較切合實際生產水準的數據。時間一久，所選擇的基期必須再做調整，以免失去比較的意義。實質 GDP 的計算，請參照式(2.10)及例 2-3。

$$實質\ GDP = \frac{名目GDP}{GDP平減指數} \times 100 \tag{2.10}$$

　　圖 2-7 所示，為臺灣 1981~2019 年之名目 GDP 及實質 GDP。

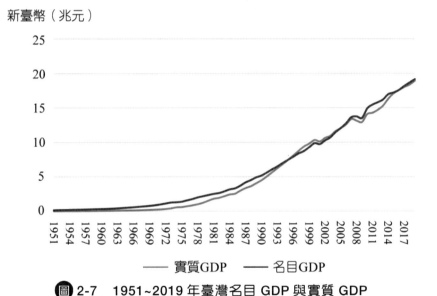

新臺幣（兆元）

—— 實質GDP　　—— 名目GDP

圖 2-7　1951~2019 年臺灣名目 GDP 與實質 GDP

資料來源：中華民國統計網站，歷年各季國內各業生產毛額 (93SNA)，基期為民國 95 年，
http://www.stat.gov.tw/lp.asp?ctNode=3565&CtUnit=1178&BaseDSD=7

 2-3 ────────────────────────────────────

　　2004 年臺灣的名目 GDP 為 10.2 兆臺幣，若實質 GDP 為 9.8 兆臺幣，則 GDP 平減指數為何？

解 依據式(2.10) $9.8 = \dfrac{10.2}{\text{GDP平減指數}} \times 100 \rightarrow$ GDP 平減指數 $= 104.08$

五・物價指數

物價指數(price index)大致可分成三種，消費者物價指數(consumer price index, CPI)，生產者物價指數(producer price index, PPI)及 GDP 平減指數(GDP deflator)。

CPI 衡量家計單位的主要消費品的價格變動，項目包括食衣住行等。一般而言，消費的項目和數量的變動不大，故以基期的數量作為權數。PPI 則衡量生產者所面臨的價格變動狀況，也叫作躉售物價指數(wholesale price index)。GDP 平減指數則是衡量所有財貨或勞務的價格變動，涵蓋生產者、消費者及政府等各部門。GDP 平減指數的公式，可由式(2.10)移項整理得到。

$$\text{GDP 平減指數} = \frac{\text{名目GPD}}{\text{實質GDP}} \times 100\% \tag{2.11}$$

圖 2-8 所示，為臺灣之 GDP 平減指數(1980~2020)、及 1952~2020 年的 PPI 和 CPI。

物價指數的計算公式大致可分成二種：Laspeyres 指數及 Paasche 指數。就物價指數而言，想知道的是物價變動多少，但是每一期的消費量不一定相同，故必須將消費量固定，才能清楚物價的變動。Laspeyres 指數是以基期的消費量作權數，Paasche 指數則是以當期的消費量作權數。以 b 代表基期，t 代表當期。同樣的，假設只有兩種財貨，(P_1^t, P_2^t)代表第 1, 2 種財貨當期的價格，(P_1^b, P_2^b)則是第 1, 2 種財貨基期的價格。(X_1^t, X_2^t), (X_1^b, X_2^b)則分別代表第 1, 2 種財貨，當期及基期的消費量。如果想比較消費者，在各期間的消費狀況有何改變，需要一個指標作為比較基準。要知道一般物價的變動有多少，必須先算出在各個時期物價的平均水準，才能比較。

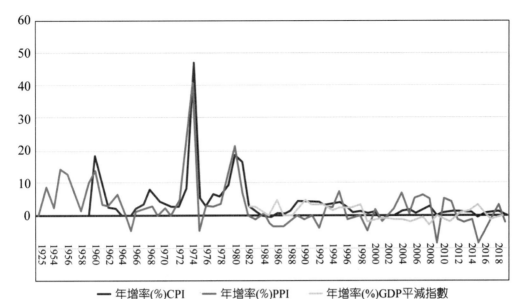

圖 2-8　臺灣 CPI、PPI (1952~2020)與 GDP 平減指數(1980~2020)

資料來源：　行政院主計處，國內生產與支出平減價格指數（定基指數）；中華銀國統計資訊網，臺灣地區物
價統計（定基指數），基期為 95 年，http://61.60.106.82/pxweb/PXfile/PriceStatistics/PriceStat
istics.htm#。

主計總處國民所得統計摘要 https://www.dgbas.gov.tw/ct.asp?xItem=33338&ctNode=3099&mp=1

　　有一個口訣可以幫助讀者，永遠不會忘記這兩個指數的差別。Laspeyres 讀
起來有一點像 last year，基期通常是過去的時間，也就是 last year，而 Laspeyres
指數是以基期數量作權數。有關物價指數的討論，請讀者參考筆者所著的《個體
經濟學》（新文京出版）中的第九章，有更詳盡的解說。

$$\text{Paasche 價格指數} = \frac{P_1^t X_1^t + P_2^t X_2^t}{P_1^b X_1^t + P_2^b X_2^t} \tag{2.12}$$

$$\text{Laspeyres 價格指數} = \frac{P_1^t X_1^b + P_2^t X_2^b}{P_1^b X_1^b + P_2^b X_2^b} \tag{2.13}$$

　　有了物價指數，就可以計算通貨膨脹。通貨膨脹(inflation)的計算公式如
下：

$$\pi_t = \frac{P_t - P_{t-1}}{P_{t-1}} \tag{2.14}$$

其中π_t指的是第 t 期的通貨膨脹率，P_t, P_{t-1} 則分別是第 t 及第 t-1 期的物價。通貨膨脹的定義則是：物價長期、持續地上漲。在 21 世紀初期，通貨膨脹的現象已經不多見。

圖 2-9 是臺灣 1960~2020 年的通貨膨脹概況。1988 年仍有能源危機的影響，物價大幅上升。1991 年波斯灣戰爭結束之後，油價開始下跌。直到 2004 年，因為新興國家的大幅成長，對能源及原物料的需求大增，又再次面臨通貨膨脹上升的壓力。接下來要介紹二個計算通貨膨脹的例子。

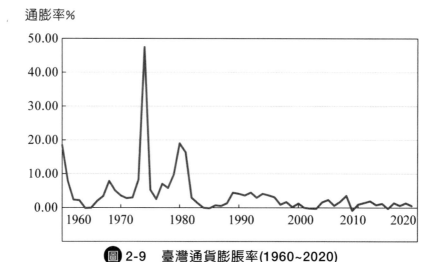

圖 2-9　臺灣通貨膨脹率(1960~2020)

資料來源：(CPI) 中華銀國統計資訊網，臺灣地區物價統計（定基指數），基期為 95 年，
http://61.60.106.82/pxweb/PXfile/PriceStatistics/PriceStatistics.htm#

例 2-4

臺北市主計處 2001 年 4 月公布消費者物價總指數為 105.86，與上月比較，上漲 0.83%，則上月物價指數為何？

解　根據式(2.14)，令上月指數為 X，則

$$0.0083 = \frac{105.86 - X}{X}$$

$$0.0083X = 105.86 - X \quad \Rightarrow \quad 1.0083X = 105.86$$

X = 104.99　因此，上月物價指數為 104.99

2-5

1959 年 1 月時，臺北的物價指數為 850.0，7 月時的物價指數為 792.7，此一期間的通貨膨脹率為何？

解 根據式(2.14) $\quad \pi = \dfrac{792.7 - 850.0}{850.0} = -0.07$

通貨膨脹率為–0.07，也就是實際上發生通貨緊縮的現象。

相對的，GDP 的成長率也可以仿照式(2.14)計算。令 g_t 為第 t 期 GDP 的成長率，則

$$g_t = \frac{GDP_t - GDP_{t-1}}{GDP_{t-1}} \tag{2.15}$$

以下例題綜合之前的討論，提供讀者做簡單的練習。

年	晶片價格	晶片數量	鏡頭價格	鏡頭數量
2017	$20	10	$20	6
2018	$25	15	$22	7
2019	$35	20	$25	8

 2-6

(i) 根據上表計算各年度之名目 GDP 及 GDP 成長率。

(ii) 如果 2017 年為基年，各年度之實質 GDP 及 GDP 成長率。

解 2017 名目 GDP 20×10 + 20×6 = 320

2018 名目 GDP 25×15 + 22×7 = 529

2019 名目 GDP 35×20 + 25×8 = 900

2017~2018 名目 成長率 (529–320)/320 = 65.31%

2018~2019 名目 成長率 (900–529)/529 = 70.13%

2017 實質 GDP 20×10 + 20×6 = 320

2018 實質 GDP 20×15 + 20×7 = 440

2019 實質 GDP 20×20 + 20×8 = 560

2017~2018 實質成長率 (440–320)/320 = 37.5%

2018~2019 實質成長率 (560–440)/440 = 27.27%

參照圖 2-10，臺灣的經濟成長在 1970 年代中期，嚴重受到能源危機的影響。除此之外，在 21 世紀物價受網路泡沫影響，變成負成長；同時，臺灣的經濟成長率減緩，要維持昔日榮景，除了加強投資之外，還要積極創新。

圖 2-10　臺灣 1951~2019 年 GDP 成長率

資料來源：中華民國統計資訊網，國民所得常用統計資料，
　　　　　http://ebas1.ebas.gov.tw/pxweb/Dialog/statfile9L.asp

衡量整個經濟體系的價格變動，是非常模糊的概念，因為每個人購買的財貨或勞務都不太一樣。2004 年油價大漲，航空公司、運輸業大受影響，因為成本增加而獲利重挫，但是對不用車的人，則影響有限。所以一般物價水準和每個人每天所面對的物價，很可能是兩回事。從另一個角度看，價格指數和 GDP 一樣，都有若干類似的缺點。

　　價格指數沒有辦法衡量品質的改變。CD、DVD 剛上市的時候，雖然價格比錄音帶、錄影帶要來得貴，品質則高出許多。價格指數只看到價格上升，沒有看到品質提高的一面。再者，新產品出現，社會大眾的選擇增加，福利也提升。而且若某一種產品的價格上升，消費者可以選擇其他的商品替代，這種調整也沒有辦法反應在價格指數裡。此外，物價指數沒有考慮股票價格及房地產價格的變化。臺灣在 1980 年代末期，股價狂飆、房地產高漲，這些變化卻無法反應在物價水準上面。同樣的情形也發生在 1980 年代的日本，此時雖然一般物價水準沒有太大的變化，但是資產價格的改變，已經對經濟造成相當的衝擊，這是物價指數的另一缺陷。

　　再以 2004 年的油價上漲為例。油價的上漲幅度，由年初的 30 美元左右，上漲到年底最高約 55 美元，上漲幅度高達 80%以上。但是，由於過去石油危機的影響，各國的產業結構都有相當調整。所以，同樣幅度的油價上漲，其影響已經沒有過去嚴重。比較物價的時候，都要選擇一個基期，時間一久這個基期也會變得沒有比較的基準，必須更換基期。然而基期、當期的比較，年代久遠之後，就失去意義。2000 年和 1990 年比較，還有似曾相識的感覺。若要和 1940 年或 1960 年比較，意義實在有限。

　　在威爾・杜蘭(Will Durant)所著的《世界文明史》中，作者經常提到古代的價格，和現在的某一金額相當[3]。這種比較沒有多大意義。杜蘭撰寫此書的年代，與今相距至少超過半個世紀，時空變遷如此之大，即使現在的讀者看到書中的數字，還得再將它轉換成 21 世紀的價格水準，很難由這些數字來觀察昔日盛況。歐美的學者似乎樂此不疲，筆者則認為是畫蛇添足，讀者反而可能因此更覺得困惑。

　　1635~37 年荷蘭發生過一場鬱金香的狂熱事件，一顆鬱金香的球莖曾經貴到 5,200 guilder。這個數字到底有多驚人，把它換算成現在的新臺幣或美金，其實也沒有辦法讓人實際感受，當時鬱金香狂熱的狀況。1630 年代左右的一個荷蘭木工的年薪，大約是 250 guilder。一顆花的球莖，竟然要一個木工將近 21 年的薪水才能買得到，證明荷蘭人確實瘋狂。著名的政治學者薩孟武，在中國社會政治史中[4]，也是以當時的生活水準來換算物價。這種方法比較實際，才能真正反應當時的生活概況。

---

[3]　威爾・杜蘭(Will Durant)，1972，世界文明史，幼獅譯叢。
[4]　薩孟武，1975，中國社會政治史，三民書局。

關於物價水準的衡量，Adam Smith 有獨到的見解[5]。他說衡量物價水準最好的方法是勞動(labor)。不論何時何地，勞動永遠是衡量價值最好的標準。除了勞動之外，衡量長期物價水準最好的媒介則是穀物。因為人的生存必須仰賴一定數量的穀物。短期來看，作物的豐收或欠收，會大幅影響物價。但是長期而言，穀物和提供勞動有密切的關連。因此，衡量長期的物價水準應該用穀物。

短期來看，則銀是比較好的衡量媒介。因為短期而言，銀的供需變動很小，價值穩定。長期而言，銀礦的發現會使供給增加，銀價隨之波動，使其衡量尺度發生變化。Smith 的論點和薩孟武的方法是一致的。他們的方法雖然沒有足以炫耀於人的複雜公式，卻能讓人對古代的生活水準、物價概況，一目了然。

六 • 所得分配

所得分配由市場機能的角度看，要素為何人所有，在所不論。其合理報酬，全看生產力及機會成本。公平的標準在「各盡所能、各取所值」，要素所能拿到的報酬，必須使其發揮應有的生產力及效率，為社會創造更多的資源。但是，這個功利主義的作法，可能引發生活水準差異，甚至貧富不均的問題。市場經濟固然有其優點，所引起的社會問題，必須另外設法解決。

衡量所得分配的方法，大致有三種：1.觀察羅侖茲曲線 (Lorenz Curve)；2.計算奇尼係數 (Gini Coefficient)；3.高低所得倍數。參照圖 2-11，羅侖茲曲線的橫軸，代表全國家戶數累計百分比，縱軸則是各相應家計單位的累計所得，占全國所得的百分比。若羅侖茲曲線為 OD，表示這是最平均的所得分配，每一個家庭的所得，占全國的比例皆相同。

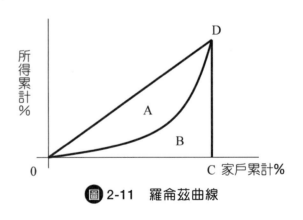

圖 2-11 羅侖茲曲線

若羅侖茲曲線為 OCD，則代表全國的所得為少數人獨占，是所得分配最不平均的狀況。羅侖茲曲線一般介於這二個極端之間，衡量所得分配不均的程度，肉眼觀察面積的大小，不甚精確，必須應用奇尼係數來衡量。

---

[5] Smith, Adam, 1937, *An Inquiry into the Nature and Causes of the Wealth of Nations*, Random House, 36-37.

$$奇尼係數 \ = \ \frac{A}{A+B} \tag{2.15}$$

　　奇尼係數 ＝ 0 時，所得分配最平均。奇尼係數 ＝ 1 時，所得分配最不平均。奇尼係數的值越大，所得分配越不平均。另一個衡量所得分配的方法，是將所得最高 20%的家戶，占全國所得的百分比，除以所得最低 20%的家戶，占全國所得的百分比，稱為高低所得倍數。此一倍數越大，代表所得分配越不平均。臺灣在 2000 年時，受到產業外移及世界經濟不景氣的影響，失業率曾經高達 5%以上，不僅剛畢業的新鮮人找工作不容易，甚至已工作一、二十年的資深職員也被裁員，使臺灣的所得分配的平均程度，受到相當影響。許多人因為沒有工作，承受不了心理及財務壓力，而走上絕路。報章經常報導自殺及犯罪事件，和景氣不好及所得分配惡化，不無關係。

　　由圖 2-12 可以看出來，臺灣的分配狀況持續惡化，尤其是失業人口增加，薪資多年沒有調升，加上通貨膨脹，使眾多中下階層的人，生活日益困難。有些企業家強調富人可以多繳稅，可以減少此一所得分配不均引發的危機。[6]

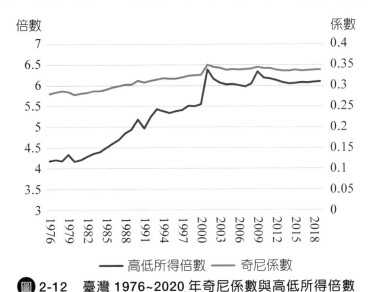

圖 2-12 臺灣 1976~2020 年奇尼係數與高低所得倍數

資料來源：行政院主計處

　　圖 2-13 及圖 2-14 是全球所得分配最不均及最平均的前十國。可以看出來，所得分配不平均的都是落後國家。最平均的則多為先進國家。若干東歐國家的所得分配也很平均，頗令人意外。至於中國的狀況，雖然經濟發展使所得快速增

---

[6] 自由時報 2008-6-18。

加。但是，分配不平均的情形，使其社會動盪不安，未來發展值得關注。參照圖 2-14，香港也名列所得分配不平均的國家，證明香港在 2010 年代的動盪事出有因。年輕人終生辛勤努力，無法買房、成家立業，生活因此失去目標，難免會找其他管道發洩心中的不滿。參照第一章圖 1-6~1-9，所得分配最平均的國家，大多是人口少、領土不大。

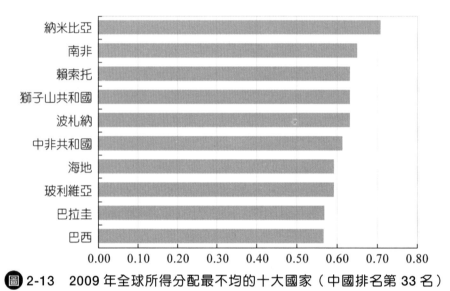

圖 2-13 2009 年全球所得分配最不均的十大國家（中國排名第 33 名）

資料來源： CIA World Factbook 2009，http://www.photius.com/rankings/economy/distribution_of_family_income_gini_index_2009_0.html

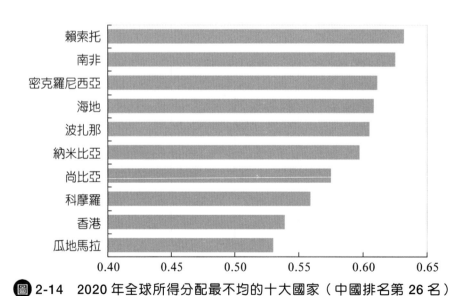

圖 2-14 2020 年全球所得分配最不均的十大國家（中國排名第 26 名）

資料來源： CIA World Factbook 2020，http://www.photius.com/rankings/economy/distribution_of_family_income_gini_index_2020_0.html

在 1980 年代中期，臺灣曾發生超高金額的綁票案。當時股市、房地產狂飆，使不少人工作一輩子買不起房子，卻有人能夠日進斗金。社會財富及所得的分配極不平均，社會問題及犯罪率，因此大幅增加。由上述二個例子來看，不論景氣好或不好，如果社會的貧富差距很大，非常容易造成社會秩序混亂。孔子在數千年前就曾經說過：「不患寡而患不均」，確實有其獨到的智慧。Adam Smith 也提到：No society can surely be flourishing and happy, of which the far greater part of the numbers are poor and miserable.[7]這句話的意思是：如果大多數人的生活貧困潦倒，這個社會不可能繁榮、安康。

重要名詞及摘要

GDP 平減指數	Laspeyres 指數	Paasche 指數
支出法	所得法	毛投資
淨投資	通貨膨脹	國民所得
鬱金香熱	地下經濟	所得分配
物價指數	奇尼係數	個人所得
附加價值法	可支配所得	羅侖茲曲線
實質 GDP	名目 GDP	高低所得倍數
國民生產毛額	國民生產淨額	平均國民所得
國內生產毛額	國內生產淨額	躉售物價指數
生產者物價指數	消費者物價指數	

國民所得此一概念使用至今，雖然只有一個世紀左右，對人類經濟活動的紀錄和探討，已有卓越貢獻。由國民所得衍生出許多其他相關的概念，例如：平均每人國民所得、國民生產淨額、國民生產毛額、個人所得、可支配所得等。國民所得也有一些缺點。沒有辦法由 GDP 看到環境汙染、產品品質、休閒等項目，因為這些都沒有市場價值。另外，物價的改變，尤其是通貨膨脹，會使 GDP 無法傳達經濟體系的實際生產水準。

國民所得的計算方法有附加價值法、支出法和所得法等。由於物價水準會影響生產水準的衡量，所以 GDP 又分成名目、實質二種，前者以當期物價衡量，後者則以基期物價衡量。衡量物價指數的方法大約有三種：GDP 平減指數、Paasche 指

---

[7] Smith, Adam, 1937, *An Inquiry into the Causes and Nature of the Wealth of the Nations*, Random House, 79.

數及 Laspeyres 指數。Adam Smith 和薩孟武提出的方法，似乎比現代的物價指數，更能反應古代的生活狀況。所得分配對瞭解一個經濟體系有重大意義。所得分配越平均的社會，其社會秩序越穩定。衡量所得分配的方法有羅侖茲曲線、奇尼係數及高低所得倍數。

🗨 問題與討論

2-1. GDP 和 GNP 的差別為何？

2-2. GDP 的計算方法有哪幾種？

2-3. 以所得法計算 GDP，包含哪些項目？以所得法計算出的 GDP 和實際的 GDP 有何差異？

2-4. 衡量物價指數的方法有哪些？

2-5. 物價指數的缺點有哪些？

2-6. 1980 年代雷根執政的時候，有學者提議回復過去的金本位，以穩定物價水準。請問這個措施有效嗎？

2-7. （是非題）奇尼係數越高，則所得分配越平均。

2-8. GDP 和 NDP 的差別為何？

2-9. 福特汽車賣出 10 輛 Escape，每輛售價 $ 70 萬，支付員工薪水 $ 450 萬，利息支出成本 $ 200 萬，績效獎金 $ 100 萬。請以所得法計算此一交易之 GDP。

2-10. GDP 衡量經濟體系的生產水準，可能會出現哪些缺點？

2-11. (i)某成衣廠去年底有價值 500 萬成衣未出售，今年底則共有成衣 200 萬未出售。(ii)某飼料工廠所產飼料今年因口蹄疫滯銷，飼料存貨增加 120 萬元，另所進口黃豆原料亦增加 100 萬元存貨。考慮以上事件，在今年國民所得帳中，共若干元計入存貨變動項下？

（中山財管研究所入學考題）

2-12. 下列經濟活動何者屬於國內生產毛額？何者屬於國民生產毛額？

(i) 阿達購買張惠妹演唱會入場券一張。

(ii) 阿達購買麥克傑克森演唱會入場券一張。

(iii) 經紀公司支付麥克傑克森來臺演唱會酬勞一千萬元。

(iv) 老美向華碩公司購買電腦主機板五百萬元。

(v) 阿達出售華碩股票一張,得利二十萬元。

(vi) 阿達購買義大利愛快羅密歐跑車一輛二百萬元。

(vii) 阿達統一發票中獎一千元。

(viii) 阿達拜託老婆為其理髮。

(ix) 阿達上理髮院理髮。

(x) 阿達老婆生產,自己花費八萬元,政府補助三萬元。

(xi) 阿達出國觀光,花費十萬元,其中三萬元為長榮機票。

(xii) 阿達於光華商場購買電腦一臺五萬元。

(xiii) 阿達新購之電腦遭竊。

(xiv) 大膽竊賊竟將上述電腦出售並開立發票三萬元。

（交大經管所入學考題）

2-13. 1983 年 1 月的物價指數為 148.2,同年 6 月的物價指數為 145.4,其間的通貨膨脹率為何?

2-14. 2004 年臺灣的 GDP 為 10.2 兆臺幣,2005 年的則為 10.5 兆臺幣,請問 2004 年到 2005 年的成長率為何?

2-15. 股市大跌,對 GDP 有何影響?

年	晶片價格	晶片數量	鏡頭價格	鏡頭數量
3017	$30	15	$25	12
3018	$25	18	$22	10
3019	$40	20	$30	16

2-16. (i)根據上表計算各年度之名目 GDP 及 GDP 成長率。(ii) 如果 3017 年為基年,各年度之實質 GDP 及 GDP 成長率。

經濟現象探索 -1

超級通貨膨脹(hyperinflation)：德國和中國

生活在 20 世紀末至 21 世紀初的人類，最擔心的是通貨緊縮的問題。但是，20 世紀的經濟問題，最大的挑戰卻是通貨膨脹。20 世紀的時候曾經發生二次重大的超級通貨膨脹。一次在 1920 年代的德國，另一次則是在第二次世界大戰的中國。這二次經濟危機分別拖垮二個國家，並間接促成專制政權的成立，對人類的危害匪淺。所謂的超級通貨膨脹，其程度是超乎一般人想像。

1918 年 12 月 14 日，德國的每週在外流通貨幣數量約有 200 億馬克，到了 1921 年的時候，則有 1.2 兆馬克，1923 年時更高達 116 兆馬克。換算成物價上漲，超過 500 倍以上[8]。其根本原因是德國在第一次世界大戰後，遭遇空前的賠債問題及經濟蕭條。希特勒因而崛起，將人類帶向另一次浩劫。中國在第二次對日戰爭中，雖然戰勝，卻也面臨戰爭的嚴重破壞。另一方面，戰爭已經拖垮中國的財政，又再面臨政府腐敗及共產黨興風作浪。嚴重的通貨膨脹，使國民政府不得不著手金融改革。發行金圓券的結果，反而讓更多貪官汙吏有上下其手的機會，加速國民政府的垮臺。

清朝末年的國民革命之所以能夠成功，漢、滿之爭固然是重要因素之一，經濟才是關鍵所在。當時在列強侵略之下，不但經濟蕭條，更有嚴重的官僚貪汙，引發嚴重的通貨膨脹，甚至發生價格一日數變的情形，真的是民不聊生，官逼民反[9]。Lenin 曾經說過，打敗資本主義的最好辦法，就是從錢下手。雖然 Lenin 是共產主義者，他卻很能看透資本主義的特質。2007 年 8 月開始的金融風暴，就是最佳證明。金錢遊戲幾乎瓦解先進國家的金融體系、眾多公司倒閉以及無數工人失業。果如耶穌所說的，錢是一切罪惡的源頭！

Q1 請回顧中國歷代興衰，朝代將亡之時，其經濟狀況如何？是否都有通貨膨脹？

Q2 古今中外有哪些著名的超級通貨膨脹？

---

[8] Flood, Robert P. and Peter M. Garber, 1994, *Speculative Bubbles, Speculative Attacks, and Policy Switching*, MIT Press, 19-22.

[9] 吳相湘，1984，孫逸仙先生傳，遠東圖書，733-767。

經濟現象探索 -2

小發明立大功：貨櫃輪促進貿易[10]

　　貨櫃輪約在 1960 年代開始流行。在此之前一般用的是散貨輪，一樣都是輪船，但是效率相差非常大。裝卸散貨船的貨物十分費時、沒有效率，增加貨船滯留港口的時間。相較之下，當時的貨櫃輪貿易額約只有 GDP 的 20%，現在的則約有 50%。貨櫃輪的貢獻在簡化裝卸作業。在此之前所有貨物的裝卸，都需要靠人工，而且非常危險。在 1950 年代時的紐約港，每天都有嚴重的意外事件，而紐約港還是比較安全的地方。重點在清運貨物的時間可能長達三個月。小噸位的船就如此費時。噸位更大、貨物更多更費時，不知道卸貨要到何年何月。

　　但是貨櫃輪一啟用，工人的生計大受影響，因為不再需要那麼多工人。貨櫃輪的相關事務，美國政府不願意介入。還有另一個難以解決的困擾：貨櫃的尺寸如何制定跟規範。Malcom McLean 看到潛在商機，又熟悉貨運事務，於是開始掌握船運、卡車貨運公司，結果引發碼頭工人抗議並開始罷工。McLean 趁機將一般貨船改裝成貨櫃輪。情勢發展雖然不順利。他慢慢從波多黎各著手，大砍運費並巧妙地讓紐澤西變成貨櫃運輸中心。最後觸發貨櫃輪成長的因素則是越戰。戰略物資需要從美國快速運到越南，更妙的是回程的空船可以轉到日本載貨回到美國，省去空船的成本。1954 年跨越大西洋的運費是 420 美元一噸，現在則不到 50 美元，證明貨櫃輪的重大貢獻。小發明立大功，貨櫃輪促進貿易功不可沒。若沒有貨櫃輪的發明，今日世界貿易的榮景將難以維持。

　　貨櫃輪雖然增進海運的效率，但是也有衍生的問題。2019 年至 2021 年因為新冠肺炎造成全世界各地海港作業停頓，發生缺櫃危機而使海運價格大漲。其實此一現象，在世界貿易失衡的時候就已經發生。出口多的國家要找貨櫃，而進口多的國家則累積一堆閒置沒有用的貨櫃。如果貿易平衡就不會有這種缺櫃現象。能夠發揮創意，想出閒置貨櫃新用途的人，應該有機會發一筆小財。

Q1 貨櫃輪的主要功用為何？

---

[10] Harford, Tim, January 9, 2017, "The Simple Steel Box That Transformed Global Trade," BBC World Service.

◉ 歷史回顧 -1

拯救英國的煤礦業

　　英國是工業革命的發源地，煤礦的貢獻居功厥偉。早在羅馬時代就有煤礦紀錄。18~19 世紀因應工業生產的能源所需，英國煤礦生產大增，高峰出現在 1913 年的 2 億 847 萬噸。直到 1960 年代初，煤礦一直都是英國能源的主要來源。但是因為礦源日漸枯竭，成本大增又沒有效率，比不上成本低廉的後起之秀。1960 年代末期，不少礦坑宣告停止生產，引發工人的不滿，發起罷工並要求加薪。

　　1984 年時英國保守黨主政，柴契爾夫人宣布大規模關閉礦坑。工人展開長期抗爭，直到 1985 年 3 月才結束為期長達一年多的紛爭。但是，仍然無法改變煤礦的命運。英國煤礦的生產持續下跌，1981 年時還有 1 億 2800 萬噸，2009 年時只剩下 1780 萬噸。英國首相柴契爾夫人的強硬態度，使煤礦工人及公司大為不滿，在柴契爾夫人逝世之時，這些工人依舊對她懷恨在心。但是她的決定是明智而正確的。若當時投入大筆資金更新煤礦設備，到最後只會浪費更多寶貴資源，卻依舊無法挽回煤礦公司倒閉的命運。

問題 ❶

　　英國的煤礦業值得拯救嗎？

問題 ❷

　　在 1980 年代有不少人建議，增加對煤礦的投資，更新設備以因應挑戰，而且可以拯救大量失業工人的命運，請評估此一政策效益。

問題 ❸

　　如果英國政府對進口煤炭課徵關稅，能夠拯救煤礦業嗎？

◉ 歷史回顧 -2

夕陽工業：英國的鋼鐵業

　　1850 年代英國結合鐵礦及煤礦的優勢獨霸全球，產量超過全世界的 40%，產品行銷世界各地。現在英國的鋼鐵業早已被邊緣化，2015 年的鋼鐵產量不到全球的 1%。在 21 世紀的第一個 10 年，中國崛起大肆建設，因為需要大量鋼鐵而興建許多鋼鐵廠，使其鋼鐵產量大幅躍升。2000~2015 年產量成長 4 倍，超過全球產量的一半，達到 8 億噸。但是因為中國內需不振，只得外銷到世界各地，使英國的鋼鐵業受到大衝擊。

Tata Steel 宣布難以承擔轉變所需之龐大支出，大約有 1 萬 5 千人的工人受到影響。其實，包括中國本身在內，有許多沒有效率的鋼鐵工廠都受到打擊。2015 年 10 月有一家泰國鋼鐵廠宣告倒閉，美國則因課徵高額反傾銷稅及便宜的能源價格還能持續運作。為了挽救上萬人的工作機會，英國國會討論是否應該將鋼鐵廠收歸國有。事實上，自 2013 年以來，英國已經花了 20 億英鎊處理虧損問題，若要達到損益平衡至少要再投資 20 億英鎊。然而，歐盟不允許國家以不當手段補貼企業，英國政府難有著力點。最好的方法是提供經費給員工作轉職訓練，而不是花錢在鋼鐵業上。再多的投資也無法改變，它即將成為夕陽工業的命運。

問題 ❶

英國的鋼鐵業值得拯救嗎？

問題 ❷

如果英國政府對鋼鐵課徵關稅，能夠拯救鋼鐵業嗎？

凱因斯基本模型

MACROECONOMICS
Theory and Practice

模型是經濟學用來觀察經濟體系運作的工具。每個模型皆有其獨特之處，反應模型設計者的哲學基礎。凱因斯遇到一個傳統經濟學家沒有辦法解釋的現象：為什麼經濟體系會持續低迷好幾年，還看不到復甦的跡象？顯然傳統的經濟理論有缺點，市場未必能夠充分發揮功能。其後無數人追隨凱因斯，形成凱因斯學派(Keynesian School)。以下將介紹凱因斯基本模型，凱因斯如何看待經濟體系的運作，及對此一模型的批評。

一‧凱因斯的經濟觀

凱因斯面對經濟蕭條的背景，充滿悲天憫人的胸懷，非常希望能有所作為，他把所有的期待放在政府身上。他的基本哲學是：市場機能未必能夠完全發揮，人為的干預有其必要，特別是價格有僵固性(price rigidity)，價格上漲非常容易，價格下降卻極為罕見。在這種不完美的市場結構之下，只有採取干預措施，才能使市場盡速重回均衡。凱因斯相信解決經濟問題的重點在創造需求，加上當時的失業狀況嚴重，需求有多少，供給就會有多少，需求不足是失業及經濟蕭條的主因。

綜合以上所述，凱因斯的哲學有二：1.價格有向下調整的僵固性；2.需求有多少，供給就有多少。由此衍生的概念則是對節儉的批評，著名的「節儉的矛盾」(paradox of thrift)指出：對個人而言，節儉似乎是累積財富的妙方，但是如果每個人都儲蓄的話，其結果是消費量大減，市場交易量萎縮，每個人的所得反而因此下降。其實消費和儲蓄是所得的一體二面，凱因斯只強調消費的重要性，忽視儲蓄在經濟發展的地位，這可能是凱因斯基本模型的一大缺陷。暫且不論凱因斯的看法是否完美，他確實提出一個解決問題的方法。

凱因斯基本模型的核心在需求，也就是所謂的總支出(aggregate expenditure, AE)，項目包括消費、投資、政府支出及淨出口。後三項被視為政策變數，在模型中是常數，消費才是模型的重心。消費函數包括二部分：自發性消費(autonomous consumption) 及誘發性消費(induced consumption)，參照式(3.1)。

$$C = C_0 + MPC \cdot Y^d \tag{3.1}$$

式(3.1)代表的是消費函數。C_0 就是自發性消費，不因所得的改變而改變。一個人即使沒有所得，也必須消費才能生存。再者，有的人繼承祖產或累積財富，消費多寡與所得未必直接相關。總之，自發性消費是和所得無關的消費量。
MPC · Y^d 則是誘發性消費，會因為所得的增加（減少）而增加（減少）。這部分的消費和可支配所得(Y^d)有關，可支配所得是所得減去稅賦(T)，也就是 $Y^d = Y - T$。MPC 則是邊際消費傾向(marginal propensity to consume)，其定義為可支配所得變動一單位，所引起的消費的變動量，公式如下：

$$MPC = \frac{dC}{dY^d} \tag{3.2}$$

另一個相關的概念是邊際儲蓄傾向(marginal propensity to save, MPS)。其定義為可支配所得變動一單位，所引起的儲蓄變動量。公式如下：

$$MPS = \frac{dS}{dY^d} \tag{3.3}$$

可支配所得的用途為儲蓄及消費，故

$$MPC + MPS = 1 \tag{3.4}$$

另二個相關的名詞是平均消費傾向(average propensity to consume, APC)及平均儲蓄傾向(average propensity to save, APS)，公式如下：

$$APC = \frac{C}{Y^d} \tag{3.5}$$

$$APS = \frac{S}{Y^d} \tag{3.6}$$

同理，APC + APS = 1。MPC 和 APC 的差別何在？假設小黃每個月賣滷味賺\$30,000，新年開始每月加薪\$3,000。MPC 看的是這額外的\$3,000 所引起的消費變動狀況。APC 則是看\$33,000 中的平均儲蓄比例。

由圖 3-1 可以看出來臺灣的 APC 在 1974 年時高於 80%，APS 相對比較低，這可能是能源危機所造成的影響。通貨膨脹侵蝕所得的購買力，以至於消費占所得的比例大增。為了應付能源及其他物價高漲的壓力，沒有能力多儲蓄。一般而言，APC 大概在 80%，APS 則為 20%左右。

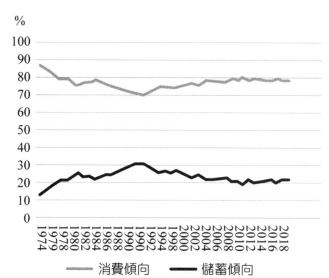

圖 3-1　1974~2018 年臺灣平均消費傾向(APC)與平均儲蓄傾向(APS)

資料來源：行政院主計處

　　經濟體系的均衡如何決定？因為凱因斯認為價格有向下調整的僵固性，價格不是由模型決定，而是外生變數。因此，在討論均衡時，只能從供給量和需求量著手。凱因斯又認為需求決定供給，所以均衡時

$$Y^S = Y^D = Y^* \tag{3.7}$$

　　其中 $Y^D = AE = C + I + G + (X - M)$。接下來的討論將省略淨出口的部分。以圖形分析均衡時，45°線有巧妙的功用。因為在 45°線上，橫軸的值等於縱軸的值。若橫軸為 Y^S，縱軸為 $Y^D(AE)$，則在 AE 和 45°線的交點可以找到均衡，參照圖 3- 2。

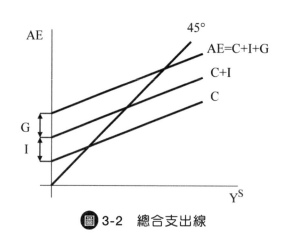

圖 3-2　總合支出線

E 點到底是不是均衡點？參照圖 3-3，當生產水準高於 Y*時，廠商會發現存貨增加，許多產品在架上賣不出去，下一期生產時必須減少產量。如果還有存貨，表示調整還沒有完成，直到 Y*。相反的，當生產水準小於 Y*時，廠商會發現產品一上架就被搶購一空，供不應求，下一期生產時必須增加產量。如果還有供不應求的現象，則廠商必須再調整，直到生產水準為 Y*時才停止。因此，E 點確實是經濟體系的均衡所在，Y*則是均衡的國民所得或生產水準。

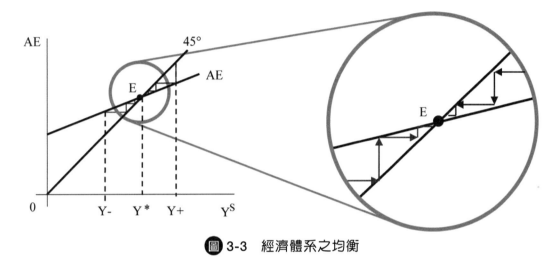

圖 3-3　經濟體系之均衡

當經濟體系受到衝擊時，均衡會如何變化？參照圖 3-4，假設政府增加支出 ΔG，則 AE 立刻增加ΔG，AE 因此上升，變成 AE+ΔG。原來的均衡點在 E_1，現在的需求為 AE+ΔG，需求上升到點 1，大於原有的供給。廠商必須增加生產來滿足市場，調整到點 2。在此調整到點 2 時，需求仍然大於供給，廠商必須持續調整，直到新的均衡點 E_2，需求等於供給時才停止調整。同理，如果總支出減少，均衡所得會下降，引發前述的調整過程，只是方向相反而已。

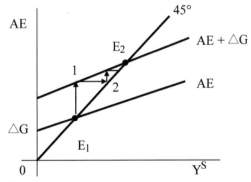

圖 3-4　增加政府支出達到新均衡之過程

總體經濟關心的不只是均衡的國民所得或生產水準，還要維持適當的就業水準及產能利用率。所以接下來要討論生產函數及勞動市場，及其在經濟體系所扮演的角色。

二 · 生產函數及勞動市場

　　這裡討論的生產函數，和個體經濟學中所談的，沒有太大的差別，也是有投入才有生產。以勞動(L)、資本(K)代表生產要素，Y 則代表產量，同時也是所得或 GDP。f(L, K)是一個經濟體系的生產函數，表現在圖形上就是總產量線，如圖 3-5 所示。通常一個經濟體系的資本量是固定的，故 f(L, K)可以看作 f(L)。總產量線的切線斜率代表邊際產量(marginal product, MP)，而且此一生產函數有邊際產量遞減的現象。技術進步也會增加勞動的生產力，當投資增加，使資本量由 K_0 增加到 K_2，勞動的邊際產量會跟著上升。反之，若投資不足以彌補折舊的資本，導致資本量下降，由 K_0 減少到 K_1，勞動的邊際產量也會跟著減少。接著要配合勞動市場來看生產函數。

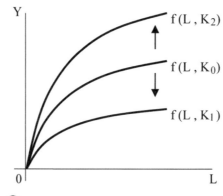

圖 3-5　資本變化對生產函數的影響

　　勞動供給(S^L)和勞動需求(D^L)決定勞動就業量和工資率(L*, W*)。將此勞動量代入 f(L)，即可得到經濟體系的均衡產量，也就是均衡的 GDP。圖 3-6a 的橫軸是勞動就業量，縱軸是工資率。圖 3-6b 的橫軸是勞動就業量，縱軸則是國民所得。在沒有工資僵固性的考慮之下，勞動市場的均衡由市場供需決定。凱因斯基本模型中，強調工資向下調整的僵固性。假設此時的工資為 W_{min}，勞動就業量為 L_{min}。相對的，生產水準為 Y_{min} 也比 Y*小，勞動價格 W_{min} 則比 W*高。接下來要由代數運算來探討凱因斯基本模型。

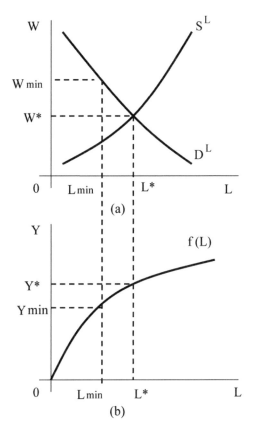

圖 3-6 **(a)** 勞動市場均衡及最低工資率的影響；

(b) 勞動市場結合生產函數之分析

目 • 凱因斯基本模型

第一節已經介紹了凱因斯的經濟觀，現在則要討論凱因斯基本模型的代數運算。假設某一經濟體系的特徵如下：$C = C_0 + MPC \cdot Y^d$，投資為 I，政府支出為 G，則此一經濟體系的均衡所得水準為何？依據供給、需求之均衡法則，$Y^S = Y^D = AE = C + I + G$。令均衡所得為 Y，而 Y^d 為可支配所得等於 $Y - T$，如式(3.8)所示。

$$Y = C_0 + MPC\ (Y - T) + I + G \tag{3.8}$$

移項整理

$$Y = MPC \cdot Y + C_0 + I + G - MPC \cdot T \qquad (3.9)$$

$$(1 - MPC)Y = C_0 + I + G - MPC \cdot T \qquad (3.10)$$

$$Y^* = \frac{C_0 + I + G}{1 - MPC} - \frac{MPC}{1 - MPC} \cdot T \qquad (3.11)$$

由上式觀察知道，如果 C_0, I, G 其中任何一項增加 1，則 Y 會增加 $\frac{1}{1 - MPC}$。因為 $0 < MPC < 1$，所以增加\$1 的支出，所得的增加超過\$1。相對的，如果 T 增加\$1，則所得會減少 $\frac{MPC}{1 - MPC}$，其額度也大於 1，這種現象稱之為乘數效果(multiplier effect)。支出和稅賦的改變，都會引起所得的改變，其額度如下所示：

$$支出乘數 = M_{exp} = \frac{1}{1 - MPC} \qquad (3.12)$$

$$賦稅乘數 = M_{tax} = \frac{-MPC}{1 - MPC} \qquad (3.13)$$

因為 $MPC + MPS = 1$，所以儲蓄率越高，支出乘數越小，對經濟成長反而不利，由此可以證明凱因斯所說的「節儉的矛盾」。此一基本模型假設稅是定額課徵，和實際狀況不盡相符。接下來要討論的是，課徵比例稅的狀況。此時的稅為 $T = t \cdot Y$，t 為邊際稅率，此時前述模型的解，可以由以下步驟求得：

$$Y = C_0 + MPC (Y - T) + I + G \qquad (3.14)$$

以 $T = t \cdot Y$ 代入式(3.14)

$$Y = C_0 + MPC (Y - tY) + I + G \qquad (3.15)$$

$$Y = MPC(1 - t)Y + C_0 + I + G \qquad (3.16)$$

移項整理

$$[1 - MPC(1 - t)]Y = C_0 + I + G \qquad (3.17)$$

$$Y = \frac{C_0 + I + G}{1 - MPC(1 - t)} \tag{3.18}$$

由於稅賦變成比例稅，增加\$1 的支出，所得的增加只有 $\frac{1}{1 - MPC(1 - t)}$，比原先的支出乘數 $\frac{1}{1 - MPC}$ 還要小。賦稅乘數也是如此，只有 $\frac{-MPC}{1 - MPC(1 - t)}$。如果政府支出增加\$1，稅也增加\$1，則在定額稅的情況下，支出、稅賦各增加\$1，所得增加的淨效果為

$$\frac{1}{1 - MPC} - \frac{MPC}{1 - MPC} = 1 \tag{3.19}$$

所以平衡預算乘數為 1。在比例稅的情況下，則為

$$\frac{1}{1 - MPC(1 - t)} - \frac{MPC}{1 - MPC(1 - t)} = \frac{1 - MPC}{1 - MPC(1 - t)} \tag{3.20}$$

因為 MPC > MPC(1 − t)，所以 1 − MPC < 1 − MPC(1 − t)。在比例稅之下，平衡預算乘數小於 1。

四・凱因斯基本模型的批評

　　凱因斯基本模型所預測的乘數效果，給從政者非常大的鼓舞。只要政府增加支出或減少稅收，就可以增加國民所得，而且所得可能增加的額度，是支出或減稅額度的好幾倍。如果想要讓增加的倍數提高，方法也很簡單，刺激消費並提高MPC。美國在羅斯福總統(Franklin Delano Roosevelt, 1932~45)執政之下，推行新政(New Deal)，增加許多公共建設支出。其中著名的例子有田納西流域的整治。工程建設除了提供就業機會之外，也有實質的經濟效益，可以發電、防洪、灌溉，發揮多重功能。新政措施產生的乘數效果有多大，一直有人質疑。因為不久就發生第二次世界大戰，世界的經濟情勢跟著發生劇烈轉變。經濟大恐慌的現象因為戰爭對物資的強烈需求而消失。因此，羅斯福總統的新政或凱因斯學說，對經濟大蕭條到底發揮多少脫困的作用，仍然有不少爭議。

1989 年日本股市崩盤之後，日本政府也採取類似的措施，大手筆增加公共建設，甚至發了一筆退稅給日本國民。不過，直至 2004 年為止，日本景氣的復甦有限，而且此一復甦和上述財政政策，也不見得有多大關係。2009 年臺灣實行的消費券政策，效果也不大。而且，在發放消費券的過程中，浪費不少寶貴的人力資源，還短少了數千萬的金額。

　　凱因斯基本模型中的決策變數，包括自發性消費、投資及政府支出。消費者、企業、政府都不能憑空增加支出。企業或個人想要多花錢，必須有收入來源。因此，在凱因斯基本模型中，增加支出的重責大任，就落在政府的身上。但是政府不是營利機構，政府想要多花錢，只有二種可能：增加稅賦或發行公債。如果增加稅賦，一般社會大眾的可支配所得就會減少，所以整體支出是否增加，頗有疑問。如果發行公債的話，只有短暫的效果。因為政府現在舉債，以後也得還錢，而且除了償還本金，還要再加上利息。所以，政府舉債增加支出，長期來看未必有效。

　　更糟的是，一般而言，政府辦事沒有效率。世界各地的政府都一樣，政府官員花的錢都不是自己的，隨意揮霍的結果，大而無當的建設時有所聞。希望靠政府增加支出來刺激經濟成長，可能是緣木求魚。從另一個觀點看，以增加支出刺激經濟成長，所得增加之後，未必所有的支出都用在本國的產品。如果買的是進口產品，或雇用外勞，則本國產業受到的資助相對有限。再者，依照現行的稅制，所得增加被課徵的稅也會增加。另外，投資具有需求及供給的雙重角色，投資增加除了增加需求之外，也會增加生產力。但是，投資對供給的影響，很難在凱因斯基本模型之中展現。下一節討論的李嘉圖對等原理，是乘數效果不大的另一個原因。

　　著名的經濟學家 Eli F. Heckscher，早在 20 世紀初就對凱因斯的學說提出批判[1]。他提到如果經濟成長真的是依賴消費的話，那麼中古世紀的歐洲，絕對看不到繁榮景象。他在書中還提到許多其他批評。基本上，他認為凱因斯的理論，在歷史上很難得到驗證。1972 年諾貝爾經濟學獎得主 John Hicks，也有類似的看法[2]。有興趣的讀者，不妨找原書品味一下。

[1] Heckscher, Eli F, 1935, *Mercantilism*, Vol. 1, George Allen and Unwin, 340-358.
[2] Hicks 認為，凱因斯的看法頂多只是一個短期理論。在工業革命時代，利潤是儲蓄的來源，利潤增加使儲蓄及經濟快速成長。Hicks, John, 1969, *A Theory of Economic History*, Oxford University Press, 150. 對上述批評，凱因斯有一句反駁的名言：長期之下，我們都死了。"In the long run, we are all dead."

五 • 李嘉圖對等原理(Ricardian Equivalence)

從跨期消費的角度看，政府的經費必須由稅賦(T)和公債(B)來支應。若只考慮二期，則

$$G_1 + \frac{G_2}{1+r} = B_1 + T_1 + \frac{B_2 + T_2}{1+r} \tag{3.21}$$

上面這個公式代表，政府第一期和第二期的支出現值，等於第一期和第二期的稅賦和公債的現值。政府不可能放下債務不管，所以政府以舉債方式增加支出，唯一解決的辦法，是日後增稅以償還債務。所以在第一期增加的支出，可以增加當期的所得；但是一般大眾預期以後的稅會增加，未來的所得和消費都必須減少，這就是李嘉圖對等原理隱含的概念。換言之，凱因斯基本模型所說的，增加消費或政府支出來刺激經濟成長的作法，頂多只有短期的成效。只是把未來的錢挪到現在用，整體經濟總支出的增加是零。在後面的章節討論 AS/AD 模型及 IS/LM 模型時，會再談到物價和利率這二個變數，對凱因斯所預測的支出乘數效果之影響。

不少實證研究探討支出乘數效果，結論似乎都是成效有限，不如教科書簡單模型中預期的那麼大。Christiano, Eichenbaum and Rebelo (2009)指出：在許多狀況下，凱因斯基本模型所預測的支出乘數，可能比 1 要大很多。然而在一般教科書看到的，如果邊際消費傾向是 0.9 的話，支出乘數可能會高到 10。這種狀況在實際生活中難以實現。有的學者認為，即便在運作完美的情況下，支出乘數通常都比 1 來的小。但是如果利率接近 0 的話，支出乘數有可能接近 3。換言之，財政政策要能夠發揮功效，需要適當的貨幣政策配合。

Alesina and Ardagna (2012)提到，以支出為基礎的財政刺激政策，比以稅賦為主的方式來的有效。Auerbach and Gorodnichenko (2010)則認為，經濟蕭條之下的支出乘數比較大，在經濟擴張時支出乘數則會比較小。凱因斯基本模型沒有考慮物價和利率。若從 AS/AD 模型和 IS/LM 模型看，支出乘數大概都不到 0.5。若有適度的貨幣政策配合，維持低利率，則有可能落在 3 到 5 之間。換言之，在此情況下，支出或投資的排擠效果不會存在，因此支出乘數變大。[3]

---

[3] Alesina, Alberto and Silvia Ardagna, 2012, "The Design of Fiscal Adjustments," NBER Working Paper #18423. Auerbach, Alan and Yuriy Gorodnichenko, 2010, "Measuring the Output Responses to Fiscal Policy," NBER Working Paper #16311. Christiano, Lawrence, Martin Eichenbaum and Sergio Rebelo, 2009, "When Is the Government Spending Multiplier Large?," NBER Working Paper #15394.

　　圖 3-7a 列示臺灣政府公債的一般狀況。政府的財務狀況越來越惡化，而且這裡所顯示的數據不包括未來的財政負擔、健保赤字，及人口老化、少子化等因素，可能發生的額外社會福利支出。

新臺幣（百萬元）

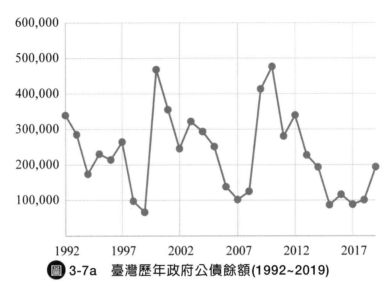

圖 3-7a　臺灣歷年政府公債餘額(1992~2019)

資料來源：行政院主計處

新臺幣（百萬元）

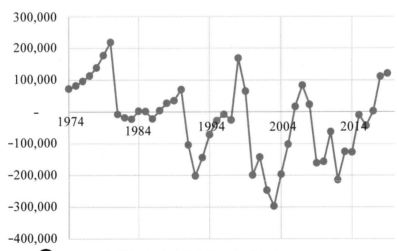

圖 3-7b　臺灣歷年政府預算盈餘／赤字(1974~2019)

資料來源：行政院主計處

　　圖 3-7b 則顯示在 2000 年之後，臺灣政府的財務狀況加速惡化。 2006 年雖略有改善，隨即又面對金融風暴的衝擊。至於 2020 年發生的新冠肺炎，對政府財政危機的影響，可能還要好幾年才能釐清。

　　一般而言，政府的信用比民間的企業要好，舉債的利率比較低。因為利率差異的影響，或許對經濟還是會有一點刺激作用。另一個對政府舉債的批評，是跨世代的公平性。政府現在舉債，這一代的人享受到高所得、高就業的成果，但是下一代的人必須還債，未來的所得、消費都會大幅減少。上一代的人所做的事，卻要下一代的人來承擔後果，實在說不過去。世界各國的老年人口都在不斷增加，政客胡亂開支票以爭取這些老人的選票，忽略了社會的負擔能力。老人福利固然重要，卻不能不顧及下一代的負擔。

　　由於老人越來越多，民主制度中，每一張選票的價值都相等的作法，有可能會提前拖垮社會福利制度。美國的社會安全體系，很可能在 2025 年就瓦解。臺灣的情況也好不到哪裡去，政客一再承諾提高老人年金，健保的龐大赤字則是另一個隱憂，2009 年又開辦國民年金。這些社會福利政策，如果沒有適當控管，恐怕不需要共產黨入侵，臺灣早就自行瓦解。屆時中國對負債累累的臺灣，大概也不會有興趣。

六 • 膨脹缺口與緊縮缺口

　　理論上，每一個經濟體系都可以找出充分就業下的支出水準 AE_f。參照圖 3-8，若實際的支出水準比 AE_f 下的少，就有緊縮缺口(deflationary gap)。因為在此情況下，生產比應有的少，沒有辦法維持充分就業。反之，若實際的支出水準，比 AE_f 多，則有膨脹缺口(inflationary gap)，參照圖 3-9。因為實際的支出比潛在的產能還要高，可能造成通貨膨脹壓力。此處所指的缺口，是支出水準的差異，而不是實際生產水準的差距。

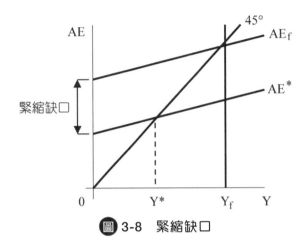

圖 3-8　緊縮缺口

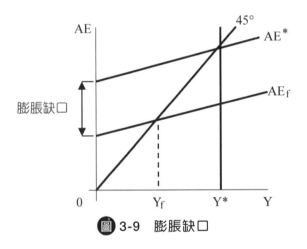

圖 3-9　膨脹缺口

 3-1

假設在定額稅的狀況下，充分就業下的生產水準為 8,000，現在的均衡水準則為 7,800。請問：

(i)　此時經濟有膨脹缺口或緊縮缺口？

(ii)　若 MPC 為 0.9，則此一缺口有多大？

(iii) 若 MPC 為 0.9，則要達到充分就業水準下的生產，應增加或減少支出多少？

(i) 因為 $Y^* = 7,800$，而 $Y_f = 8,000$，故此時有緊縮缺口。

(ii) 因為 MPC = 0.9，故支出乘數 $= \dfrac{1}{1 - \text{MPC}} = 10$

$(8,000-7,800) \div 10 = 20$ 由實際生產水準的差，除以支出乘數，可以得到緊縮缺口為 20

(iii) 應增加支出 20，彌補上述的緊縮缺口，才能達到充分就業下的生產水準。

七 · 內建安定機制

　　由以上的討論可以得知，乘數效果似乎會使經濟體系的波動加大。支出或賦稅增減一點點，生產或所得就會有很大的變動。其實不然，政府的課稅猶如內建的安定機制(built-in stabilizer)，使經濟體系達到安定的效果。當景氣好轉的時候，因為累進稅的關係，政府的稅收也會增加。如此一來，消費會略微下降，使總合需求增加的幅度減少。反之，若景氣變壞的時候，所得下降，政府的稅收也隨之減少。消費者的可支配所得減少的幅度，因此而比較平緩，對經濟體系產生若干正面效應。所以政府的課稅，從某個角度看，具有緩和景氣循環的作用。失業救濟也有類似的作用。在 2008 年的金融海嘯發生時，美國政府發放失業救濟金超過一年，2021 年的疫情延燒中，也比照辦理，維持基本消費水準，有助於經濟的復甦。在經濟好的時候，對失業保險的貢獻增加，減少部分所得，對總合需求的壓力會略微減輕。相反的，在經濟不好的時候，發放失業津貼讓沒有工作的人，仍然有能力消費，減少所得下降的影響。不過，失業津貼的發放大都是短期的。

重要名詞及摘要

新政	凱因斯	總支出
比例稅	定額稅	生產函數
賦稅乘數	勞動市場	邊際產量
支出乘數	緊縮缺口	膨脹缺口
自發性消費	誘發性消費	節儉的矛盾
價格僵固性	經濟大恐慌	凱因斯學派
邊際消費傾向	平均消費傾向	平均儲蓄傾向
邊際儲蓄傾向	平衡預算乘數	凱因斯基本模型
李嘉圖對等原理		

　　凱因斯對經濟體系有獨到的見解。在經濟蕭條的情況下,他認為市場的均衡由需求決定;需求有多少,供給就有多少。市場之所以會出現長期失衡的現象,是因為價格有向下僵固性。在此情況下,政府應該擴大支出以增加就業,並採取措施刺激消費。儲蓄雖然會累積個人財富,但是對整個社會而言,卻可能發生景氣衰退的惡果,此即節儉的矛盾。

　　由凱因斯基本模型,可以導出支出乘數、賦稅乘數及平衡預算乘數。上述概念以邊際消費傾向為主軸,其餘相關的概念還有邊際儲蓄傾向、平均消費傾向及平均儲蓄傾向。不過,凱因斯可能只看到經濟體系的若干層面。早在 20 世紀初,就有學者批評凱因斯的學說。政府增加支出能否刺激經濟,由李嘉圖對等原理來看,頗有疑問。在充分就業水準下的生產水準,和實際的需求水準若有不同,會造成膨脹缺口或緊縮缺口。此時可採取適當的政策,使經濟體系達到充分就業水準。

問題與討論

3-1. 凱因斯基本模型中,當稅由定額稅改成比例稅時,支出乘數如何改變?

3-2. 一個經濟體系有如下的特徵:$C = 80 + 0.8Y^d$,$I = 100$,$G = 100$,$T = 80$,請回答以下問題:(i)Y^*為何?(ii)現在政府有預算赤字或盈餘?(iii)支出乘數為何?(iv)賦稅乘數為何?

3-3. 何謂膨脹缺口?何謂緊縮缺口?

3-4. 何謂邊際消費傾向?何謂邊際儲蓄傾向?二者有何關係?

3-5. （是非題）凱因斯模型中的平衡預算乘數必定等於 1。

3-6. 何謂李嘉圖對等原理？

3-7. 凱因斯基本模型的二項基本假設為何？

3-8. 凱因斯提到需求有多少供給就有多少，代表價格供給彈性為何？

3-9. 何謂節儉的矛盾？

3-10. 節儉的矛盾的缺點為何？

3-11. 為何凱因斯模型預期的乘數效果，實際上很少看到成效？

3-12. 試證明凱因斯基本模型中，稅賦改成比例稅時，稅賦乘數變成 $\dfrac{-MPC}{1-MPC(1-t)}$。

3-13. 就效率而言，2008 年的消費券、2020 年的振興券、發現金、直接退稅，哪一種比較有效率？哪一種比較能夠刺激經濟？

∿ 經濟現象探索

乘數效果的由來：一千個人做的蛋糕

為什麼會有乘數效果的現象發生？相信小時候許多人都聽過一個一千個人做的蛋糕的故事。小孩子過生日，母親說要給他一個驚喜，買一個一千人做的蛋糕。一般人大概會以為，那將是一個超級大蛋糕。結果母親端出來的是一個普通蛋糕，看不出來是一千個人做的，倒像是母親自己在家裡做的。母親解釋說，蛋糕的製作需要很多原料，麵粉、牛奶、雞蛋、糖等等，必須許多人生產，而農人使用的肥料、農藥、工具，需要更多其他人的配合。所以製作一個蛋糕，其實要成千上萬人的分工合作才能夠完成。這個例子的重要啟示是，小小的消費，可以讓許多人有工作機會，他們因此而有所得及消費能力，可以再使無數其他的人有工作機會，有所得而有能力消費。如此循環不斷，小小的消費，真的能夠發揮刺激經濟成長的功效。

除了消費之外，網路傳播也有很明顯的乘數效果，這正是許多網紅瘋狂追求按讚數目的原因。Instagram 曾經提出要隱藏追蹤數目的資訊，引發眾人反對。因為對網紅而言，這是廣告價碼的依據，追蹤的人數越多，價碼越高。至於電腦病毒的傳播速度，真的是一傳十，十傳百，比網紅的直播更厲害。新冠肺炎的傳播速度也是非常驚人，不輸電腦病毒。如果單就消費而言，支出乘數的效果似乎沒有那麼大，遠遠比不上網紅追星、電腦病毒的散布或新冠肺炎的感染幅度。

Q1 試觀察日常生活中，還有哪些現象也有乘數效果？

Q2 高所得的消費群和低所得消費群，對國民所得或生產的影響相同嗎？

▶ 歷史回顧

小條碼大便利：萬用商品碼(Universal Product Code, UPC)[4]

萬用商品碼也叫作 barcode，是由 Norman Joseph Woodland 發明的。1948 年在費城讀研究所時，一個零售店的老闆問他，如何讓交易自動化，省去挑選貨物及結帳的繁雜程序，他一時也想不到好方法。後來他模仿摩斯密碼，發明類似斑馬身上的粗細條紋，做成圓形標靶狀來辨識物品。雖然想法行得通，但是還必須有雷射和電腦的發展來配合。

1950 年代 David Collins 也想出相同的方法，並應用在火車上。1970 年代，IBM 的工程師 George Laurer 則應用比較簡單的長方形條碼，而不是 Woodland 設計的圓形，並且利用電腦或雷射掃描器來處理貨物。此時美國的散貨商也在考量使用通用商品碼的可行性，但是零售商和生產者幾經會議折衝不得要領。終於在 1974 年 6 月才開始啟用，讓超級市場的經營更有效率。若配合存貨管理系統，還可以讓管理階層即時掌握銷售、存貨及其他物流的資訊。演變至今，Amazon 能夠推出無人超市，部分也是托 UPC 的福。

雖然是小小發明，卻改變零售業者的經營模式。對生產者而言，也是如此。各種零組件的進貨、庫存、裝配都變得更便利，並能即時掌握生產資訊。物流業者則發明了無線頻率辨識(Radio Frequency Identification, RFID)，讓托運業者能夠提供貨物現在何處的資訊。若 RFID 的價格再大幅下降，還可能置入鈔票之中。到時候搶銀行的事件，可能就不會再發生。因為搶了不是自己的鈔票，立刻就會暴露行蹤。現在不管是哪裡生產，要賣到何處，商品只要有 UPC 就可以行銷全世界。小小發明對促進商業發展和國際貿易，功勞無限。

問題 ❶

試觀察日常生活中，還有哪些小發明可能改變我們的生活，並促進經濟發展、提升效率？

---

[4] Harford, Tim, January 23, 2017, "How the Barcode Changed Retailing and Manufacturing," BBC World Service.

04
CHAPTER

總合供給／總合需求(AS/AD)模型

MACROECONOMICS
Theory and Practice

如前所述，凱因斯基本模型把價格當作外生變數，甚至認為價格有僵固性。由於這個缺點，催生 AS/AD 模型的出現。各種產品或勞務的供給和需求，在個體經濟學已有討論。在概念上，整個經濟體系也有其相應的供給和需求，稱之為總合供給(aggregate supply, AS)及總合需求(aggregate demand, AD)。AS/AD 是否和一般財貨的供需一樣，及其如何應用在總體經濟，且看本章分析。

一・總合供給及總合需求

一般財貨或勞務的供給，和生產的邊際成本有關。邊際成本有遞增的現象，故供給線為正斜率的曲線。至於整個經濟體系的財貨或勞務的供給，不同的學者有不同的看法。參照圖 4-1，橫軸是生產或所得，縱軸則是價格水準。一般可以把總合供給曲線分成三部分：

1. 水平的部分：根據凱因斯的觀察，在資本、勞動大量失業的狀況下，增加資源的使用，不會對價格水準產生任何壓力。需求有多少，供給就有多少，故這一部分的 AS 為水平線。

2. 正斜率的部分：一般而言，增加資源的使用，不論是資本、勞動或土地，都會使物價水準上升。故產量增加，價格水準也會增加。

3. 垂直部分：任何一個經濟體系的資源有限，若產能充分發揮，並達到充分就業時，其生產有一定的極限。

圖 4-1 所標示的 Y_f，即為充分就業下的生產水準，也就是經濟體系產能的極限。任何情況下，經濟體系的生產都不可能超過這個水準。如果市場的需求超過這個水準，只會引起通貨膨脹，實質生產水準不會增加。

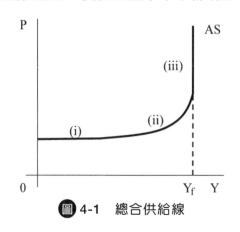

圖 4-1　總合供給線

　　AS 不是固定不變的。若生產成本增加，或發生大地震、大海嘯，使資本大量損壞或使用成本增加，則 AS 減少，AS 曲線向左移，參照圖 4-2。反之，若有技術進步，則會使 AS 增加，AS 曲線向右移，參照圖 4-3。水平的 AS 曲線，應該是歷史上的特例，很難再遇到這樣的情況，故本書在描畫 AS 曲線時，略去水平的部分，只呈現正斜率及垂直的部分。

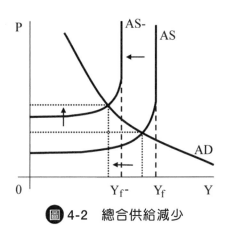

圖 4-2　總合供給減少

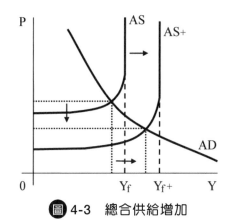

圖 4-3　總合供給增加

　　一般財貨或勞務的需求，和消費者的邊際效用有關。負斜率的需求線，反應的是邊際效用遞減律。整個經濟體系的財貨或勞務的需求，其關鍵在平均物價水準，反應的不是個別商品或勞務的價格。貨物的價格可以用貨幣來衡量，相對的，貨幣的價格也可以用能夠買多少貨物來衡量。當價格水準上升時，同一單位貨幣可以買到的貨物數量加速減少。反之，當價格水準下降時，同一單位貨幣可以買到的貨物數量增加。名目貨幣數量是 M，實質貨幣數量是 M/P。因此，總合需求線的斜率是負的，與實質貨幣數量(M/P)，有密切關連。

　　名目貨幣數量若持續增加，會引發通貨膨脹。長此以往，名目利率會上升。一般人會因此減少持有貨幣，導致貨幣需求下降，並會設法把身邊的錢盡快花掉。在此一調整過程中，通貨膨脹率增加的幅度將大於名目貨幣數量的增加，導致實質貨幣數量減少。若考慮貨幣流通速度的增加，通貨膨脹會更加嚴重。以上這些因素都會減少實質貨幣數量，也部分說明總合需求曲線是負斜率。

　　總合需求對市場的影響，和一般財貨的需求類似。當總合需求增加時，價格水準會上升，生產水準也上升。反之，總合需求減少時，價格水準會下降，生產水準也下降。此外，也可以藉由凱因斯基本模型來推導 AD 曲線。

凱因斯基本模型中並沒有考慮價格變數，所以要用價格作外生變數，連結所得(Y)和價格(P)的關係。參照圖 4-4 及圖 4-5，價格水準越高，相同的 AE 所能購買的實質財貨或勞務越少，相應的均衡所得或生產水準也會下降。如此可以找到二個所得和價格的組合，(Y_1, P_1) 及 (Y_2, P_2)，連接這二點就可以找到 AD 曲線。如果可以找到更多所得和價格的組合，就可以描畫更平滑的 AD 曲線。

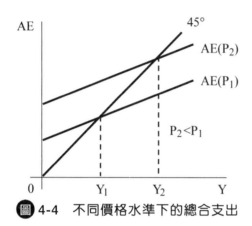
圖 4-4　不同價格水準下的總合支出

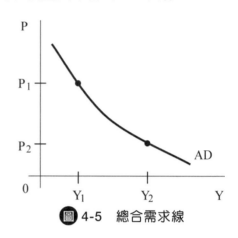
圖 4-5　總合需求線

　　如果價格水準變動的話，對 AE 而言，是整條線的移動。對 AD 而言，則是在同一條線上移動。因為價格對 AE 而言是外生變數，對 AD 則是內生變數。任何刺激消費、投資的因素，都會使 AD 上升，也就是使 AD 移向右邊，參照圖 4-6。同理，政府支出增加也會使 AD 增加。相反的，若消費、投資或政府支出減少，則 AD 會下降，AD 曲線向左移，參照圖 4-7。

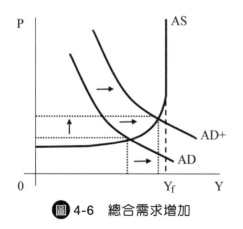
圖 4-6　總合需求增加

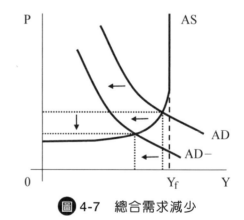
圖 4-7　總合需求減少

二 · 經濟體系的均衡

　　配合生產函數、勞動市場及 AS/AD，就可以得到整個經濟體系的均衡就業水準、物價水準、生產及所得。AS/AD 互動之下的均衡，和一般供需互動的市場均衡，有若干相似之處。AS 增加，則所得增加，價格水準下降。反之，AS 減少，則所得減少，價格水準上升。AD 減少則價格水準及所得都會下降。反之，AD 增加則價格水準及所得都會上升。不過，如果 AD 超過了整個經濟體系的生產極限 Y_f，則 AD 的增加只會使物價持續上漲，實質的生產及所得都不會改變。

　　影響 AS 的因素很多，包括一切可能衝擊勞動市場、生產函數的變化。當天災發生的時候，機器設備毀損、人員傷亡，使 AS 受到影響。重大的疾病也會有同樣的效應，使 AS 減少。2003 年發生的 SARS 風暴就是明顯的例子。14 世紀的歐洲曾經發生過嚴重的黑死病，四分之一的人口因此死亡，勞動大減，工資因而大漲。不過若干資本卻因而變得便宜，例如：馬匹的價格大跌。使用馬的人，因疾病死亡而銳減，導致對馬匹的需求減少。從某個角度看，平均每個人所分配到的資本反而增加。所以歷史上所記載的工資率上漲，未必不合理。因為平均每人資本增加，生產力上升。技術進步對 AS 則是正面的影響。

　　現在以 AS/AD 配合勞動市場，分析 2005 年初發生的南亞大海嘯。參照圖 4-8a、圖 4-8b 及圖 4-9。首先，海嘯造成大量人員傷亡，使勞動供給減少，由 S^L 變成 S^L-，導致工資率上漲。觀察當地的勞動市場，確實發生工資率上升的狀況，而且這些地區原本輸出勞動，海嘯發生之後則發生勞動不足的現象。另一方面，大海嘯毀壞了許多房舍及基礎建設，所以資本量減少，使生產函數也跟著衰退，由 $f_0(L)$ 變成 $f_1(L)$，供給受到負面影響。結果是所得、生產都下降。關於 AD 的影響則不確定。眾多人員傷亡會使消費減少，但是災後復甦的工作需要大筆投資。再者，有來自世界各地的鉅額捐款協助救災，整體的效果若包括災後重建，可能會使 AD 上升。綜合以上分析，受海嘯影響的地區，其物價水準會上升、勞動就業量下降、生產下降，而工資率則是上升。

　　2019 年底發生的新冠肺炎，大幅減少總合需求，航空客運減少 90%，觀光、旅遊業重創。雖然各國都提出振興方案、提供抒困低利融資、中央銀行大量購買資產等，在疫情沒有緩和之前，經濟難有起色。十四世紀的黑死病是前車之鑑。期盼疫苗早日出現，或許能夠及時解決困頓的經濟。

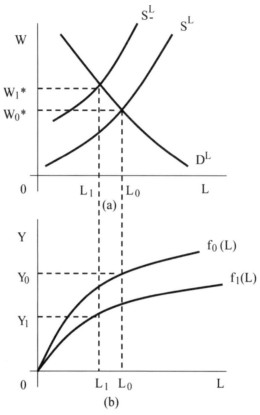

圖 4-8　(a) 勞動供給減少；(b) 生產函數因資本減少而下降

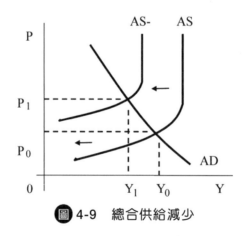

圖 4-9　總合供給減少

　　地震、海嘯及其他天然災害，對經濟的影響很大。大流行的疾病也會有類似的影響，最著名的疾病是 14 世紀歐洲發生的黑死病，流行時間約在 1343~1353 年。據說，歐洲人口因此減少三分之一。很明顯的，AS 會因為勞動力減少而受到衝擊。除此之外，AD 也會因為人口大幅減少而疲弱不振。市場行情慘澹的情況下，也不會有積極的投資活動。2003 年發生的嚴重急性呼吸道症候群(Severe Acute Respiratory Syndrome, SARS)，歷時約 8 個月。臺灣和香港之間的班機曾經發生，乘客只有三個人的情況。一般人也不敢外出消費，逛街或逛夜市都是可能造成感染的危險行為，AD 受到重創。因為運輸、消費的停滯，社區封鎖、隔離讓很多人無法上班，AS 也因此大幅減少。和黑死病不同的是，因為死亡人數有限，工資並沒有大漲，反而因為經濟活動停滯而造成工資減少。

　　SARS 發生的時候，中國在全球經濟的地位有限，因此對全世界的衝擊相對不大。2019 年底中國武漢爆發肺炎疫情蔓延全球，此時的情況完全不同。中國已經是全球第二大經濟體，占全球約 16%的 GDP 產能。南韓汽車工業曾經因為零件短缺而停止運作，武漢更是半導體生產重鎮，影響無遠弗屆。除此之外，中國人到海外觀光曾經是眾多國家的寶貴財源。疫情發生之後，一切改觀。多數國家禁止中國人入境，航空、運輸業大受打擊。由於疫情一再擴散，歐洲、美國相繼採取限制入境政策，觀光、航空業持續不振，航空公司及飛機製造公司宣布大幅裁員。AS、AD 都大幅減少。因為消費大減，除了衛生必需品之外，物價大致平穩。各國中央銀行為了刺激經濟持續採取寬鬆政策，利率也保持低檔。美國甚至將利率降到 0。

　　雖然有不少人因為新冠肺炎死亡，但是人數相對有限，對勞動市場的供給影響有限。反而是因為封城、封鎖邊境的結果，生產大幅衰退，許多人被迫放無薪假。雖然臺灣政府投入不少資金，用於生產衛生用品以及醫療防疫措施，和整個經濟體系相比，其實是微不足道。臺灣、美國、日本、歐洲各國也相繼推出振興產業方案。再怎麼強力推行貨幣政策，也沒有辦法消滅病毒。各國也提出龐大的政府預算案，只是總合需求減少的額度實在超乎預期，規模更是大到遍及全球。在人員、物資等難以流通的情況下，財政政策和貨幣政策雙管齊下，成效依舊有限。主要原因是，和 2008 年之金融海嘯不同，此次危機並非金融市場所引起的。

　　自從實施全民健保之後，臺灣政府投資醫療不遺餘力。疫情的影響，相較之下，比其他國家要來得小。幸好重大流行疾病的發生不是很頻繁，不過若一旦發生，經濟學家能做的似乎不多。疫情所引發的經濟危機，和經濟因素無關。要徹底解決經濟停滯的困境，還是得等有效的疫苗來控制病毒的擴散。

　　以上是 AS/AD 模型的簡單應用。一般而言，影響 AD 的因素包括所有會影響 AE 的變數。所以消費、投資、政府支出、淨出口等項目，和 AD 有密切的關連。詳細的政策討論及應用，本書另有章節介紹。

三 • AS/AD 與凱因斯基本模型

　　總合需求或總合支出增加，會對價格產生壓力。不過，在凱因斯基本模型中，價格是外生變數，無法展現價格的影響。如果總合需求增加不會對價格產生壓力，則二個模型所預測的支出乘數效果是相同的。參照圖 4-10，如果 AD 增加而 AS 仍處於水平狀態，則不會對物價造成壓力。反之，若總合需求增加而 AS 處於正斜率狀態，對價格水準就會產生壓力，則乘數效果會因此減少。因為價格水準上升，會讓實際能夠買到的商品數量減少，參照圖 4-11。

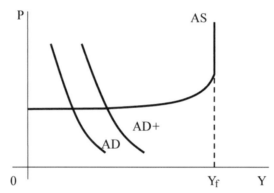

圖 4-10　在 AS 水平線段中發生的 AD 增加

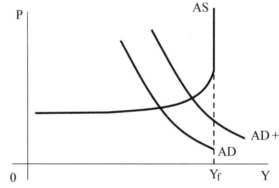

圖 4-11　在 AS 正斜率線段中發生的 AD 增加

重要名詞及摘要

AS/AD	總合供給	總合需求

　　凱因斯基本模型沒有討論價格的決定，於是有 AS/AD 模型彌補上述缺陷。AS/AD 和個體經濟中所討論的供給/需求，有很大的不同。AS 為總合供給，共可以分成三部分：水平、正斜率、垂直部分。AD 為總合需求，其斜率雖然為負，但是其理由並非邊際效用遞減，而是物價水準和財貨或勞務之間的評價關係所致，重點則在實質貨幣數量。AS/AD 的互動，決定市場價格水準及國民所得，其互動模式和一般市場的供需略有不同。疫情引發的經濟危機，必須有效控制病毒擴散才能根本解決。一般的財政政策、貨幣政策，只能治標不能治本。

問題與討論

4-1. 請導出 AD 曲線。

4-2. 請說明 AS 曲線的由來。

4-3. 總合供給下降而且總合需求上升，則均衡國民所得及物價水準會有何變化？

4-4. 若經濟體系已經達到充分就業水準，此時總合需求上升，則對均衡國民所得及物價水準會有何影響？

4-5. 價格水準改變對 AE 和 AD 各有何影響？

4-6. 若 AD 上升，仍處於 AS 線之水平狀態之下，則生產及價格水準有何變化？

4-7. 若 AD 上升，而 AS 線處於正斜率狀態之下，則生產及價格水準有何變化？

4-8. 請以 AS/AD 模型解釋，何以總合需求上升會引起通貨膨脹？

4-9. 請以 AS/AD 模型解釋，何以成本上升會引起通貨膨脹？

4-10. 有哪些因素會使 AD 曲線向左移？

經濟現象探索

加薪救經濟？

最能保證政治人物連任的是振興經濟、促進就業。因此，只要想得到的辦法都值得嘗試。重點是經濟好、就業高，他們才有可能贏得選票。2015 年時臺灣政府曾提出加薪救經濟的辦法。安倍晉三領導下的日本政府，也曾要求日本企業加薪 3%。同樣的主張在 2016 年的總統大選再次出現。

就事論事，如果加薪可以救經濟，那麼世界上大概不會有經濟蕭條。問題是：經濟不景氣之下，企業獲利衰退或甚至賠錢，加薪的錢要從哪裡來？再者，政府沒有權力干預私人企業的薪資結構。要求企業給員工支付更高的薪資，等於干預勞動市場。臺灣工業總會立刻反駁，指出臺灣的薪資結構過高，不利企業發展。臺灣勞工陣線則要求，如果企業不替勞工加薪，就應該加稅懲罰不加薪的企業。顯然同一件事情勞資雙方看法不同。

企業如何為勞工加薪？若沒有多賺錢，哪來利潤多分配給勞工？政府確實可以透過調整最低工資給勞工加薪。但是若增加過多，企業的成本增加、獲利減少，反而會影響企業的營運。若企業因此而退出市場，就業機會反而減少，對勞工不見得有利。

就如同凱因斯所主張的，在不景氣時，政府要增加支出，一般人要增加消費，如此就可以拯救衰退的經濟。如果這樣做真的有效，歷史上不會有經濟蕭條。問題的癥結在，當經濟不好時，政府哪會有經費增加支出？一般人失業怎麼會有錢消費？經濟不好的原因，不正是因為大家都沒錢花嗎？

政府若借錢來增加支出，遲早要還。本金加利息的重擔，完全由老百姓繳稅來支應，他們以後如何增加消費？同理，加薪如何救經濟？如果企業賺大錢有能力加薪，基本上也不會有振興經濟的問題。Milton Friedman 曾經有個比喻，派一架直升機到市區灑錢，相信大家都會很高興，拿到錢立刻去消費。大家同時做這件事情，得到的結果是通貨膨脹、東西變貴了。

刺激經濟成長最根本的方法是要增加生產力。要求企業加薪，勞工生產力卻沒有相應增加，這種政策只會讓經濟陷入更深的困境，無法為經濟不景氣解危。同樣的道理，以股市長紅為口號，無法挽回股市下跌的趨勢。若政府真的花大筆錢進場護盤，結果只是浪費寶貴的資源。只是單純加薪，多支付薪水給勞工，很難期待經濟就會因此復甦。

Q1 加薪能夠救經濟嗎？

歷史回顧 -1

哪裡都去不了的橋(bridge to nowhere)

凱因斯強調在景氣不好的時候，政府增加支出能夠增加就業，減稅也有相同的效果。就減稅而言，事實上是富人被減的稅多，窮人受益的少。減稅可能有些許刺激經濟的效果，但是卻加劇貧富差距。至於增加政府支出則問題更大。以中國為例，為了拯救失業，中共大力鼓吹投資及造鎮計畫。結果蓋了一堆沒有人住的城鎮，浪費資源有餘，刺激經濟不足。

美國阿拉斯加州曾經想蓋一座哪裡也去不了的橋，也是花冤枉錢的經典案例。阿拉斯加州曾經計畫建造格拉維納島橋(Gravina Island Bridge)，來連接可奇干(Ketchikan)和格拉維納島。當地渡輪只需要大約 10 分鐘的時間就可抵達對岸。島上人口大概只有 50 人，估計橋的造價約 4 億美元。阿拉斯加州的國會議員大力支持，外界則多數反對，稱之為典型的豬肉桶(pork barrel)，消耗預算又大而無當的支出計畫，並因此被揶揄為哪裡都去不了的橋(bridge to nowhere)。2004 年規劃之後，經過不少波折，終於在 2015 年被完全否決。

當地的交通本來由渡輪解決。當日往返的話，每人票價為 6 美元，車子則為 7 美元，15~30 分鐘一班，算起來既便宜又便利。多數是提供觀光客使用。當地的機場每年服務 20 萬人，換算約每天 550 人，渡輪則是每年約 35 萬人。原先計畫的橋，有一部分將高達 61 公尺，以便利豪華郵輪通過。2005 年發生卡崔娜颶風，有國會議員提議將此經費用於重建工作，阿拉斯加州的國會議員抵死不從。對整體國家利益而言，救災不是更重要的事嗎？而且，受益的民眾將是格拉維納島居民的無數倍。

2006 年培玲(Sarah Palin)競選州長，大力支持建橋計畫，並讚許建橋的經濟效益。但是，培玲當選州長之後卻不願意撥經費。選前騙票是錯的，選後不亂花錢是對的。然而，她要怎麼跟選民交代？2008 年她成為共和黨的副總統候選人，橋的議題再次被拿來炒作。倒是總統候選人麥肯(John McCain)的正直個性解決紛爭。他不願為了騙選票而亂花錢。即使當地居民不滿培玲的反覆無常，最後整座橋計畫還是被取消。

建橋計畫雖然被取消，培玲卻花了 2600 萬美元鋪了用來連結橋的道路。各位讀者注意，橋不蓋了為什麼要鋪路？因為經費來自聯邦政府，不用的話就要繳回國庫。不用白不用，於是哪裡都去不了的橋不建了，卻鋪了一條哪裡也去不了的路(road to nowhere)。CNN 曾經到現場報導，路上真的一個人也沒有。大家可以想像一下，日後道路損壞，雖然不需要花錢維修，但是整條路毀了，對環境難免還是有衝擊，這真是名副其實的花錢找罪受。

世界各國政府都有類似的事情發生。經費爭取到之後，若局勢轉變，經費沒有辦法彈性利用，要不然就是原封不動上繳國庫。這樣做會影響下次爭取經費的機會。上級政府可能質疑，既然上一次經費用不完，或是用不到，這次為什麼要核准經費？所以大多數的情況，就莫名其妙地把錢花掉。凱因斯的理論固然有吸引力，並且有其說服力。但是他若對政府處理經費過程略知一二，大概對政府增加支出刺激經濟的效益，會多一點保留。德國重要的政治人物俾斯麥曾說，國會議案的討論就像做香腸一樣，只能夠看結果，不能夠看過程。事實上則是連結果都難以入目。雖然花了 2,600 萬美元，鋪了一條沒有用的路，幸好 4 億美元的橋沒有蓋，要不然在天氣嚴寒多變，地震頻繁的阿拉斯加，橋梁每年的維修費可能就不只 2,600 萬美元，更糟的是一整年沒有多少人使用橋梁。

事實上，這些錢若用來修現有道路，可能還有一點用處，或用在路易斯安那州的災後重建。其實還有更慘的，除了哪裡也都去不了的橋、哪裡也都去不了的路，還有哪裡也都去不了的機場(airport to nowhere)。2009 年正值金融海嘯的低潮，美國政府財政刺激政策，撥款給阿拉斯加州興建許多地區小機場。動輒數千萬美元的機場建設，居民人數不超過 200 人，附近可能用的人少於 1 千人。有的地方到機場要坐船。就算建好了，如果天氣不好，風浪過大，想搭機的人，可能無法搭船到機場，造成機場的使用時間不多。這樣子花錢，到底有多少經濟復甦的功效？凱因斯親眼目睹，也要感慨再三吧？！

問題 ❶

觀察周遭有哪些大而無當的建設，思考有無發揮更大功效的方法？

問題 ❷

觀察臺灣人口老化、少子化，造成許多校舍因為停止招生而荒廢，某些村落少有人居住。這些校舍、村落有何利用價值？

歷史回顧 -2

女權、勞動參與率、戰爭、黑人平權

人類社會自進入以農耕為主的發展階段之後，男尊女卑的趨勢逐漸確立。這個現象到 20 世紀初，才有些許轉變。第一次世界大戰則是最重要的轉捩點。

1914 年 8 月 4 日開打之後，歐洲各國投入龐大的人力、物力參與戰爭，至 1918 年 11 月 11 日大戰結束為止，各國死傷慘重，而且多數是年輕力壯的男性。英國的傷亡比例占動員人數的 35.8%，法、俄二國則在 75%以上。死亡人數中，英國有將近 91 萬人，法、俄則各為 130 萬及 170 萬人。[1]死了這麼多壯丁，日常工作還是要有人完成，婦女同胞正好可以彌補上述空缺。

　　婦女同胞跨出家門參與工作之後，得到經濟自主權，不必再依賴丈夫，社會風氣開始轉變。1920 年美國婦女終於爭取到投票權。第二次世界大戰時，女權伸張的現象更為明顯。整個世界的勞動參與率增加，生產力大增。在這個過程當中，離婚率增加。有人認為是社會風氣敗壞；事實上，過去的婦女同胞，一切都要仰賴丈夫，才能獲得生活上的資助。不想離婚並不代表生活美滿。在享有經濟自主權之後，婦女同胞才有能力說出自己的心聲，才有勇氣說不。此一轉變應該是一種好現象，不必再忍受不合理的待遇。世界各地仍有不少婦女沒有辦法突破風俗的限制。對人類社會而言是一大損失。沒想到戰爭對社會轉型也有如此重大的貢獻。

　　同樣的道理，美國忽視黑人及其他有色人種的權益，也造成生產力的重大損失。電影關鍵少數(Hidden Figures)[2]，描述專精數學的黑人婦女凱薩琳‧強生(Katherine Johnson)，其聰明才智對太空計畫的重大貢獻。非裔族群在美國長期遭到歧視，在教育、經濟、政治等各方面之表現，皆落後白人非常多。對美國而言，等於斷送寶貴的人力資源。結果和忽視婦女同胞權益一樣，對社會而言是重大損失。民族大熔爐的口號，1970 年代曾經在美國流行一段時間，然而它就是一個口號而已。由 2010 年代所發生的諸多事件顯示，黑人的想法、命運或前途，並未受到平等對待，才會出現黑人的命也是命的運動(Black Lives Matter)。

問題❶

試舉出若干對社會轉變有重大影響的戰爭？

問題❷

社會不同族群受到不公平待遇，對經濟、社會可能會有何影響？

---

[1]　World Book Encyclopedia, 2000, IBM Standard Edition.

[2]　Hidden Figures 的意思是隱藏的數字或人物，一語雙關點出凱薩琳‧強生的角色，是計算出太空船飛行軌跡數據的靈魂人物。如果加上電影所描述的，其他有卓越貢獻的黑人婦女同胞，將電影翻譯成臥虎藏龍，也頗為貼切。

( ) 1. 我們常討論關於美國的「雙赤字」，其主要是在探討美國的哪二個赤字問題？ (a)貿易赤字與金融赤字 (b)聯邦政府預算赤字與貿易赤字 (c)聯邦政府預算赤字與金融赤字 (d)投資赤字與生產赤字 (e)貿易赤字與投資赤字。

( ) 2. 「節儉是美德」，但是凱因斯卻認為節儉不利於國家的經濟發展，而有「節儉的矛盾」之說，主要是因為 (a)節儉對於國民的品格會有不好的影響 (b)把儲蓄下來的錢進行投資，投資增加，使得市場過度熱絡，造成通貨膨脹 (c)如果大家都一直儲蓄，消費量會大減，使得市場交易量萎縮，反而造成生產及所得下降 (d)節儉會造成價格具有向下僵固性，使得價格無法有效反應市場供需情形 (e)當時的政府主張民眾要節儉，累積資產，結果卻使得個人所得反而下降。

( ) 3. 某一國家的所得分配極端不均等，則其 Gini 係數 (a)為 1 (b)大於 1 (c)等於零 (d)小於零 (e)為−1。

( ) 4. 凱因斯基本模型包含以下變數：$C = 50 + 0.5 (Y - T)$；$I = 60$；$G = 100$；$T = 0.4Y$，則均衡所得為 (a) 500 (b) 400 (c) 300 (d) 200 (e) 100。

( ) 5. 假如充分就業所得水準為 $Y_f = 500$，則上題所描述的經濟體系處於 (a)衰退現象 (b)緊縮缺口 (c)復甦現象 (d)膨脹缺口 (e)以上皆非。

( ) 6. 承上題，試問當政府支出多 100 時，所得會增加或減少多少？ (a)減少 200 (b)增加 1000/7 (c)減少 100 (d)增加 100 (e)無法計算。

( ) 7. 承上題，試問稅賦的乘數效果為 (a)−2 (b)1 (c)2 (d)−5/7 (e)1/2。

( ) 8. 若用 GDP 來衡量福利變化之增減，其中會忽略下列哪項？ (a)忽略物價變化 (b)忽略休閒價值 (c)忽略地下經濟 (d)忽略所得分配 (e)以上皆是。

( ) 9. 衡量所得分配，以下哪種方法不適用？ (a)羅侖茲曲線 (b)奇尼係數 (c)李嘉圖對等原理 (d)高低所得倍數 (e)以上皆可。

( ) 10. 某一經濟體系包含以下變數：$C = 80 + 0.2 (Y - T)$；$I = 90$；$G = 150$；$T = 40$，試求均衡所得？ (a)420 (b)390 (c)410 (d)380 (e)500。

（　）11. 承上題，若政府此時增加稅收至 100 元，試問所得會增加或減少多少？
(a) 增加 30 元　(b)減少 30 元　(c)增加 25 元　(d)減少 15 元　(e)無法計算。

（　）12. 承上題，試問政府支出的乘數效果為何？　(a)–1　(b)1.25　(c)1.5
(d)–1/2　(e)1/2。

（　）13. 小強在某次出國遊玩時，碰巧撿到一塊顏色非常奇特的石頭，後來回國時被某藝術家以 30,000 元將石頭買走，將其做成石雕，以 100,000 元賣給店家，最後此石雕被一個有錢人以 150,000 元買回家收藏，試問此案例若以最終市場價值法來計算，對該年的 GNP 貢獻為　(a)0 元　(b)100,000 元　(c)150,000 元　(d)130,000 元　(e)280,000 元

（　）14. 承上題，若以附加價值法來計算，對 GNP 的貢獻為　(a)20,000 元　(b)70,000 元　(c)120,000 元　(d)150,000 元　(e)0 元。

（　）15. 承上題，此石雕在 20 年後，由於有錢人事業失敗，以 50,000 元賣給藝術家以求現金，試問對該年的 GNP 貢獻為　(a)50,000 元　(b)0 元　(c)100,000 元　(d)200,000 元　(e)150,000 元。

（　）16. 「一隻看不見的手」指的是市場上所存在的　(a)所得分配　(b)供需平衡　(c)消費者主權　(d)物價水準　(e)價格機能。

（　）17. 關於凱因斯所提出來的消費與儲蓄函數，下列何者錯誤？　(a)APC 為平均消費傾向　(b)MPS 為邊際儲蓄傾向　(c)APC + APS = 1　(d)MPC + MPS = 1　(e)MPC >1。

（　）18. 課徵定額稅時，凱因斯基本模型下的平衡預算乘數會　(a)等於 1　(b)大於 1　(c)小於 1　(d)等於 0　(e)大於 0。

（　）19. 下列何項主要用來衡量生產者所面臨的價格變動狀況？　(a)GDP 平減指數　(b)消費者物價指數　(c)Laspeyres 指數　(d)躉售物價指數　(e)Paasche 指數。

（　）20. 李嘉圖對等定理主要是在說明　(a)政府現在增加支出或減稅，代表著未來所得與消費的減少　(b)所得分配的平均程度　(c)供需分配的均衡程度　(d)如何找出經濟體系中的均衡所得　(e)各盡所能，各取所需。

（　）21. 凱因斯認為下列何者是經濟大恐慌時發生長期失業的主要因素？　(a)供給太少　(b)供給太多　(c)需求太多　(d)需求不足　(e)供需不平衡。

（　）22. 凱因斯學派對於總合供給與總合需求的解釋，試問下列敘述何者正確？　(a)當總合需求超過了整個經濟體系的生產極限，增加需求，對供給不會造成任何影響，此時，總合供給線為水平狀態　(b)需求增加，產量增加，相對的，價格水準也會隨之上升，此時，總合供給線為垂直狀態　(c)生產有極限，當產能被充分發揮之後，增加需求只會使價格水準不斷地上升，供給仍然不變，此時，總合供給線為垂直狀態　(d)總合供給線分為兩種狀態，水平線與垂直線　(e)總合供給線分為三種狀態，水平線、負斜率與垂直線。

（　）23. 下列何者會使得總合需求線左移？　(a)消費減少　(b)投資增加　(c)技術退步　(d)稅賦減少　(e)技術進步。

（　）24. 下列何者正確？　(a)技術進步會造成總合需求線右移　(b)物價上升造成總合需求線左移　(c)原料價格上漲會使得總合供給線右移　(d)技術進步會造成總合供給線左移　(e)以上皆非。

05
CHAPTER

通貨膨脹、失業、景氣循環

MACROECONOMICS
Theory and Practice

在美國有一個說法：If your neighbor is unemployed, that is recession. If you are unemployed, that is depression.。大意是：別人失業讓人沮喪，自己失業可就像經濟蕭條一樣慘。經濟體系似乎每隔一段時間就會出現波動，經濟時好時壞的現象，稱之為景氣循環(business cycle)。景氣太好，不見得是好事；若景氣太差，則許多人會失業，絕對不是任何人所樂見的。如何預知景氣循環，以便採取措施防止，是許多經濟學家努力的目標。不過，不要說預測經濟體系的表現，連預測股價或者股票市場的表現，都沒有人能夠做到。讀者也不必太失望，本章將介紹若干和景氣循環有關的概念，在讀完本章之後，至少會有能力以簡單的理論，說明景氣循環形成的原因。

一 · 景氣循環

經濟的表現似乎有週而復始的情形，有時候衰退、有時候繁榮，這種現象稱之為景氣循環(business cycle)。參照圖 5-1，當經濟達到高峰時，稱之為峰頂(peak)。接著景氣開始衰退(recession)，然後到了最低點稱之為谷底(trough)，接著景氣開始翻升，稱之為復甦(recovery)，然後再達到峰頂，一直循環下去。各個循環階段的長短並不一定，1930 年代的經濟衰退不但嚴重，而且時間很長。1990 年代初期的衰退通常比較短暫，降低利率之後，就能享有好幾年的榮景。2008 年的金融海嘯和 2020 年的新冠肺炎疫情，是例外中的例外。

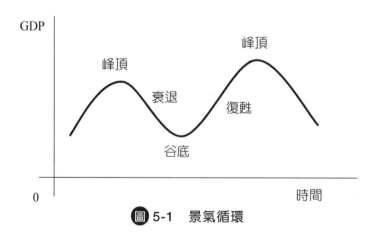

圖 5-1　景氣循環

繁榮的經濟是眾人共同的目標，所以討論景氣循環的時候，多半是研究如何減緩景氣衰退的程度。從 18 世紀末期到 20 世紀初的景氣循環，大多是由投資變動所引起的，持續的時間比較長。1960 年代之後到 1990 年代之前的景氣衰退，多半是由消費變動所引起,採用適當的貨幣政策,透過利率的調整,即可達到穩定的目標,衰退的時間相對比較短。1990 年代末期至 2000 年代初期的景氣蕭條,則是由投資過剩引發的。1990 年代末期,眾人對網路的狂熱,使資訊工業的投資超過市場需求所能承受的額度,產能嚴重過剩。市場需要時間消化過剩產能,因此調整時間比過去的景氣衰退要來的長,並發生數十年以來,全球前所未見的通貨緊縮。2007 年次級房貸所引發的金融風暴及經濟衰退,則是因為資金借貸成本過低,信用過度擴張,加上衍生性金融商品的氾濫,造成主要金融機構,動輒數百億美金的損失。此一衰退經歷好幾年,才再回復到 2006 年的榮景。

造成景氣循環的因素很多,前面提到的投資、消費的變動,就是二種可能原因。此外,戰爭發生會引起大量的物資需求,使經濟趨於繁榮,但是戰爭結束之後,對物資的需求減少,景氣就跟著衰退。越戰、韓戰前後都可以看到類似現象。政治的循環也會影響經濟的景氣循環。一遇到重要選舉,執政黨想要拉攏選民,可能會釋出大利多消息,採用增加政府支出、加薪等措施,使經濟維持繁榮。但是選舉過後,情況可能會有所轉變。此外,疫情也曾經影響經濟發展,不過那是中古世紀的事。沒想到科學昌明的 21 世紀,竟然發生難以想像、感染力超強的新冠肺炎,重創世界各國的經濟。此一危機恐怕會持續好幾年。

部分經濟學家認為,貨幣供給的變動是造成景氣循環的主因。這個部分在介紹貨幣市場之後,再作詳細說明。事實上,景氣循環是一個錯綜複雜的現象,很難用單一因素來解釋。接下來要介紹和景氣循環若干相關的概念及理論。

二 · 失業

在討論勞動市場的就業量之前,先簡單介紹就業人口的相關概念。首先,不是每一個人都可以工作,未滿 15 歲的,依法不能工作。超過 65 歲的人,則已經到了退休年齡,都不列入就業人口的計算。

$$總人口 = 非適齡工作人口 + 適齡工作人口 \qquad (5.1)$$

不過,上述標準是一般狀況,也有不少例外。在美國有不少 70 歲、甚至 80 歲以上的老人仍然在辛勤工作。著名的美國聯邦準備銀行首席葛林斯潘(Alan Greenspan)出生於 1926 年;2005 年時已經 79 歲,仍在主導美國的貨幣政策。錢復卸下監察院長時，已有 71 歲。長壽的王永慶，2008 年時依舊叱吒風雲，掌控台塑集團的事業。直到過世之前，高齡 91 歲依舊執著考察美國業務。2020 年美國總統大選的候選人都快 80 歲。對從政者而言，年齡一向都不是選民考慮的重點。除此之外，不少美國人擔心社會安全制度的保障不足，很多到了退休年齡的人，仍得工作才能維持起碼的生活水準。

即使是適齡工作的人，也未必都可以工作，還可以分成軍人及監管人口、非勞動力(non-labor force)、勞動力(labor force)。

$$適齡工作人口 = 軍人及監管人口 + 非勞動力 + 勞動力 \qquad (5.2)$$

監管人口包括一些被強制監管的人，例如：罪犯、精神病患等，視為無工作能力。臺灣的義務役軍人不列入勞動力，頗有爭議。美國軍人及國民兵都算作就業人口。臺灣的作法雖然可議，不過，也因此臺灣的國防部不必支付義務役軍人最低工資，省下不少經費。正因為國防部沒有支付應有的代價，使臺灣的國防經費，沒有反應實際的機會成本。非勞動力則包括任何未積極找工作的人，例如：學生、家庭主婦等。

勞動力包括就業人口及失業人口。只要有工作，不論全職或兼職，都算作就業人口。失業人口則必須滿足若干條件，有能力立即工作、目前沒有工作並且積極在找工作。

$$勞動力 = 就業人口 + 失業人口 \qquad (5.3)$$

$$失業率 = \frac{失業人口}{勞動力} \times 100\% \qquad (5.4)$$

$$勞動參與率 = \frac{勞動力}{適齡工作人口} \times 100\% \qquad (5.5)$$

勞動參與率是另一個勞動市場常提到的觀念。婦女大量參加勞動市場，是20 世紀中葉的重要特徵之一，使經濟體系的生產力大增。不過，沙烏地阿拉伯及各回教國家，仍有許多婦女無法和男性一樣，受教育、開車、或加入勞動市場，對世界經濟而言是一大損失。[1]

---

[1] 2018 年沙烏地阿拉伯允許婦女同胞開車，也對戲院解禁。由於守舊勢力依然存在，開放之效應尚待考察。

　　圖 5-2 是臺灣 1960~2019 年的失業狀況，1960 年代中期，臺灣經濟逐漸發展，失業率大幅下降，但是到了 1975 年時，能源危機的影響，使失業率急速攀升，同樣的情況也發生在 1980 年代中期。1990 年代之後，臺灣的失業率上升，21 世紀時，失業率雖有些許下降，但比起 1980 年代的還要多出許多。2008~2010 年金融海嘯發生時，不少人被迫放無薪假是一大原因。圖 5-3 可以看出來，臺灣的勞動參與率偏低。在這一方面，臺灣還有很多的努力空間。

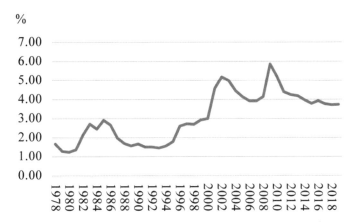

圖 5-2　臺灣 1978~2019 年之失業率

資料來源：中華民國統計資料網，http://www.stat.gov.tw/；行政院主計處，http://www.dgbas.gov.tw/

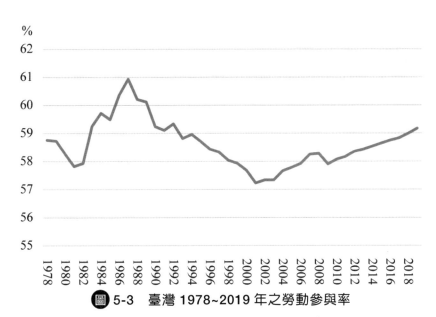

圖 5-3　臺灣 1978~2019 年之勞動參與率

資料來源：中華民國統計資料網，http://www.stat.gov.tw/；行政院主計處，http://www.dgbas.gov.tw/。臺灣 1960 年代的勞動參與率很高，那可能是因為多數人靠土地維生所造成的假象。一般而言，臺灣的勞動參與率不到 60%，尤其是婦女同胞的勞動參與率比歐美的要來得低，尚有許多改進的空間

參照圖 5-4，臺灣婦女的勞動參與率太低，是上述現象的重要原因之一。如果有好的托嬰設施，讓婦女同胞安心就業，應該可以部分解決少子化和勞動力不足的問題。

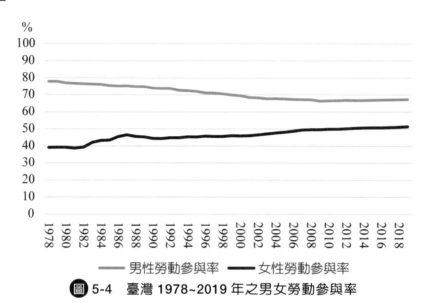

男性勞動參與率 ── 女性勞動參與率

圖 5-4　臺灣 1978~2019 年之男女勞動參與率

資料來源：中華民國統計資料網，http://www.stat.gov.tw/；行政院主計處，http://www.dgbas.gov.tw/。臺灣 1960 年代的勞動參與率很高，那可能是因為多數人靠土地維生所造成的假象。一般而言，臺灣的勞動參與率不到 60%，尤其是婦女同胞的勞動參與率比歐美的要來得低，尚有許多改進的空間

失業的原因，大致有以下三種：

（一）摩擦性失業(frictional unemployment)

這是轉換工作過程中所發生的失業現象。人往高處爬，換更好的工作，或者是找一個離家近的公司，是常有的事情。總而言之，有無數換工作的理由。搜尋時間越短，或相關的成本越低，則摩擦性的失業越低。

（二）結構性失業(structural unemployment)

市場競爭或生產技術改變，使某些工作機會消失所造成的失業。過去的打字或排版，都是以人工進行，打字行裡可以聽到清脆的打字聲音。現在的打字、排版，都是用電腦，如果不會電腦文書處理，就會遭到淘汰的命運。現在的汽車用到許多電腦配件，不會操作這些檢查儀器，也同樣會面臨失業的困境。技術的進步，使過去興盛的行業，榮景不再。在北美自由貿易協定(NAFTA)通過之後，美國勞力密集的產業南移，Levis 工廠因此而關閉。原來從事紡織的工人，全部必須接受再訓練，否則就得終身失業。

在網路、GPS 衛星導航、手機沒有發明之前，地圖是旅遊必備的工具。上述工具發明之後，還在地圖出版公司工作的人，大多得另謀頭路。因為大概只剩下觀光客會買地圖了，需求實在不夠。網路時代對許多零售業、書店，也有相同的衝擊。臺北市的重慶南路曾經是眾人記憶中的書店街，現在大多關門大吉；實體書店被網路書店取代。報紙及其他媒體，若無網路行銷策略，也都得面對相同命運。不過，網路造就許多新興事業，各有利弊。如果沒有發達的資訊產業，共享經濟和外送平臺就沒有生存空間。

以前的停車場需要一位管理員看管和收費。現在的車牌辨識科技、自動繳費機，取代了管理員。1980 年代以前，公車司機開車，車掌小姐收車票、找零錢。在收費自動化之後，車掌的需求也沒有了。日後 AI 的發展，可能連司機的工作機會也可能被機器人取代。人類要朝更有生產力的職缺發展，才能保住飯碗。

（三）循環性失業(cyclical unemployment)

是由景氣循環所造成的失業。景氣好的時候，雇用的勞動、使用的資本都會增加。不過，一旦景氣反轉，不少人就得面臨失業的壓力。另外也有其他的循環現象，例如：加州每到夏天草莓或櫻桃收成的時候，就會湧入許多墨西哥人來協助採收，冬天則是採收柳橙；臺灣的採蚵、稻子收割或水果採收，也有類似的情況，也是循環性失業。採收季節結束，這些人又消失無蹤，找其他的工作去了；美國感恩節、聖誕節的銷售旺季，需要大量收銀員；臺灣的農曆春節前，也有類似的人力需求，都是循環性／季節性的現象。

每一個人都有工作、零失業率，未必是好現象。科技發展隨時可能會創造新的就業機會，若每個人都有工作，調整產業結構的成本會增加許多。社會上總是存在摩擦性失業和結構性失業，這二部分合稱為自然失業率(natural rate of unemployment)。

$$自然失業率 = \frac{摩擦性失業人口+結構性失業人口}{勞動力} \times 100\% \qquad (5.6)$$

如果社會的失業狀況，維持在自然失業率的水準，稱之為充分就業(full employment)。每一個經濟體系自然失業率的高低，依其產業特性、地理環境、人口結構、搜尋成本而有不同。新加坡、臺灣的自然失業率比較低，因為找新工作的成本相對比較低。美國的自然失業率則比較高，因為換工作的機會成本比較高。原來在陽光普照的加州工作的人,即使在紐約找到薪水更高的工作,可能要考慮紐約冬天的暴風雪難以忍受,而成為換工作時的障礙。想做這樣轉變的人畢竟不多。

三・再論通貨膨脹

通貨膨脹的成因眾說紛紜,一般認為成本及需求是主要原因。成本升高造成 AS 向左移,物價因此上漲;需求過高 AD 向右移,也會有同樣的結果。真正的原因則是太多錢追逐太少財貨(too much money chasing too few goods)[2]。綜觀歷史,只要通貨膨脹發生的時候,都會發現貨幣供給大幅增加。接著要用模型來解釋,成本及需求所引發的通貨膨脹。至於第三種說法,則要用交易公式來說明。

參照圖 5-5,成本上升使 AS 下降,AS 曲線向左移,造成生產水準下降,物價水準上升,引發通貨膨脹。1973 年底發生的石油危機,就是典型的例子。石油價格高漲,使許多機器設備因為負擔不起高昂的能源成本而閒置,AS 大減,造成停滯性通貨膨脹(stagflation)。不但物價上漲,失業率也攀高。臺灣的十大建設大約在這個時候進行,政府企圖以增加支出的方式,來刺激經濟成長,以擺脫經濟蕭條的困境。

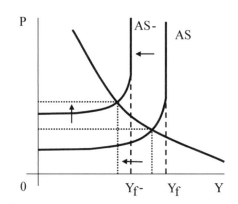

圖 5-5　總合供給減少引發的通貨膨脹

2　Friedman, Milton, 1968, "Inflation: Causes and Consequences," in *Dollars and Deficits*, Prentice-Hall, 21-71.

參照圖 5-6，需求增加使 AD 上升，AD 曲線向右移。除非 AS 曲線處於水平狀態，否則物價水準必定上漲，造成通貨膨脹。

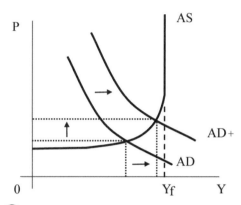

圖 5-6 總合需求增加引發的通貨膨脹

Milton Friedman 認為，通貨膨脹是一種貨幣現象，古今中外絕無例外。其解釋則由交易公式著手。交易公式代表一個很簡單的概念，經濟體系有一定數量的貨幣，而貨幣的目的在購買財貨或勞務。因此，貨幣數量乘上每一塊錢用來交易的次數，就等於名目 GDP。

$$MV = PQ \tag{5.7}$$

式(5.7)就是交易公式，其中 M 代表貨幣供給，V 是貨幣流通速度(velocity of money)，也就是每一塊錢用來交易的次數。P、Q 則分別是物價水準及實質GDP。一般而言，貨幣流通速度和生活習慣有關，要一段時間才會逐漸改變。Q則和經濟體系的產能有關，一般假設固定不變。因為 V、Q 被視為常數，所以 M和 P 成正相關。貨幣供給上升，會引發通貨膨脹。反之，貨幣供給減少，則會引發通貨緊縮。第七章專題中，綠野仙蹤的故事是交易公式的另一個參考實例。

由通貨膨脹衍生出名目 GDP 和實質 GDP 的區別。利率也是如此，分成名目和實質，同樣是通貨膨脹所造成的。根據費雪公式(Fisher's Equation)，名目利率(r_n)、實質利率(r_r)和預期通貨膨脹率(π^e)有如下的關係：

$$(1 + r_n) = (1 + r_r)(1 + \pi^e) \tag{5.8}$$

上式略作化簡，可以得到

$$r_n \approx r_r + \pi^e \tag{5.9}$$

換言之，

$$r_r \approx r_n - \pi^e \tag{5.10}$$

也就是說，實質利率約等於名目利率減去預期通貨膨脹率。討論 GDP 及利率時要特別注意，如果模型中用到實質 GDP 時，則對應的利率要用實質利率，反之，若用名目 GDP，則對應的應該是名目利率。

通貨膨脹率及失業率的總和，被稱為痛苦指數(misery index)。失業率越高，沒有工作的人越多，痛苦自然也增加。通貨膨脹率越高，貨幣的購買力越低，生活成本增加，也是痛苦的事。不過，通貨緊縮也不是件好事。日本經濟自 1980 年代末期至 2010 年為止，一直受通貨緊縮影響。由此觀之，痛苦指數只能看到痛苦的一面而已。

四 • 菲力普曲線(Phillips Curve)

菲力普曲線由 A.W. H. Phillips 發現，參照圖 5-7[3]。圖中的數字代表年份，橫軸是失業率，縱軸是通貨膨脹率。Phillips 整理英國的相關經濟資料時，發現由 1861~1957 年工資率的上升，和失業率似乎有負向關係存在。當工資率上漲遲緩的時候，失業率上升。反之，失業率低的時候，工資率大幅上揚。這個現象只有在第二次世界大戰時才看到例外。從某個角度觀察，上述現象是市場的自然反應。在失業率高的時候，可能景氣也好不到哪裡去，工資率當然很難上升。反之，失業率低時，勞動的需求可能比較高。如果要多僱用員工，必須付出更高的代價，工資率因此大幅上揚。後來的學者將之推廣，發現景氣循環也有類似的現象；當景氣好的時候，廠商必須多使用資源，引起通貨膨脹，而此時失業率比較低。所以，失業率和通貨膨脹之間，似乎有負向關係存在。

---

[3] http://www.econlib.org, the web site of the Library of Economics and Liberty.

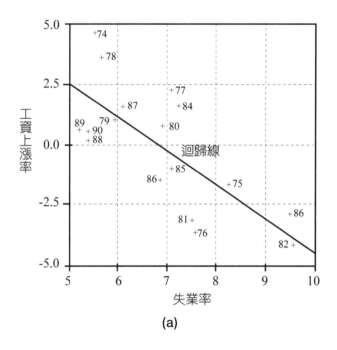

(a)

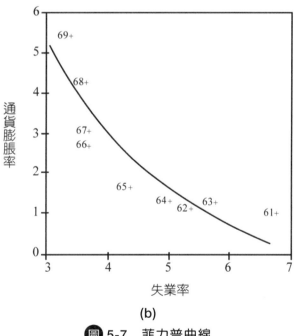

(b)

🔵 圖 5-7　菲力普曲線

　　如果從 AS/AD 的模型來看，總合需求增加，AD 線向右移，物價水準上升，所得水準也會增加。因應總合需求增加，要增加生產，必須多僱用人工，失業率下降。反之，若總合需求下降，AD 線向左移，物價水準下降，所得水準也下降。此時，生產減少，失業率上升。由上述例子來看，似乎失業率和通貨膨脹是負相關。但是，到了 1970 年代，石油危機發生，全球陷入經濟蕭條，而且失業率居高不下，造成停滯性通貨膨脹(stagflation)。這時候大家才發現，菲力普曲線出了問題。

事實上，讀者可以發現，如果總合供給減少，AS 向左移，此時所得減少，生產下降，失業率上升，但是物價水準卻上升而不是下降，和菲力普曲線的預測產生矛盾。到底失業率和通貨膨脹率有什麼關連？短期來看，如圖 5-8 所示，短期菲力普曲線的確可以點出，這二個變數負相關的一面。長期來看，一個經濟體系的失業率，應該和自然失業率不會相去太遠，菲力普曲線為垂直線，如圖 5-9 所示。至於通貨膨脹率，則要看當時的貨幣供給狀況。因此，通貨膨脹率和失業率之間的關連實在有限。

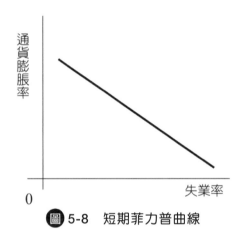

圖 5-8　短期菲力普曲線

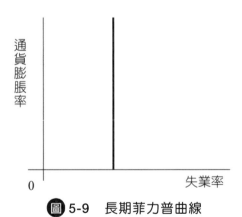

圖 5-9　長期菲力普曲線

　　菲力普曲線在 1970 年代的石油危機，出現例外狀況已如前述。在 21 世紀又再次發生例外，只是情境不太一樣。2014~2016 年之間，世界各國經濟相當繁榮，但是卻發生薪資倒退的現象。換言之，工資上漲率低，失業率也低。照理說，景氣熱絡工資應該上漲，事實上卻是欲振乏力。許多人雖然有工作，但是條件不盡理想。當 Uber 司機或餐飲的外送員，實在很難稱得上是好工作，收入非常有限。部分原因是生產力增加不多，尤其是新興的服務業，算是勞力密集的行業，薪資要有大幅增加實在不容易。

　　2020 年新冠肺炎病毒影響之下的經濟，又是另一種風貌。全球各地的人大多在隔離的狀況下長達 2~3 個月。居家檢疫或者是封城，造成企業很難找到工人復工。雖然零售業和醫療業行情看漲，但是對其他商品的需求緊縮，因為許多人不敢出來逛街、或用餐。總合需求大減，市場的景象蕭條。航空、汽車、觀光旅遊業等都在資遣員工、或者實施無薪假。總合需求和總合供給同時萎縮，但是總合需求的影響比較大，市場利率接近 0，通貨膨脹也幾乎是 0，而失業率持續增加。2021 年初，新冠肺炎病毒突變，傳染力大增，各國疫情再度升溫。如果疫情一直無法改善，某個程度上，菲力普曲線有可能變成一條水平線。

五・加速原理

　　以上談了不少景氣循環可能發生的現象及相關的概念，也討論了景氣循環的成因。至於景氣循環的模型，則要介紹加速原理(acceleration principle)。加速原理由 John Maurice Clark 於 1917 年提出，其目的在討論景氣循環之主因。加速原理的假設和實際經濟體系的運作，有非常大的差別。事實上是否如此，大有疑問。讀者可以把加速原理當作一個數字遊戲，其目的在解析投資對景氣循環的影響。不一定要全盤接受加速原理。

　　在分析當中，Clark 綜合了凱因斯模型中的乘數效果。加速原理有三個假設：1.資本和產出之間有固定比例關係 $K = \sigma Y$；2.資本財生產的供給彈性無窮大，換言之，資本可以無限制供應；3.投資有可能是負的。σ 稱為資本產出比。假設消費和產出有時間落差，則

$$C_t = b \cdot Y_{t-1} \tag{5.11}$$

式(5.11)表示第 t 期的消費，是第 t–1 期所得的某一百分比。根據定義，投資是二期之間資本存量的差。K_t 代表第 t 期的期初資本存量，則

$$I_t = K_{t-1} - K_{t-2} \tag{5.12}$$

配合資本產出成固定比例關係的假設，則

$$I_t = K_{t-1} - K_{t-2} = \sigma (Y_{t-1} - Y_{t-2}) \tag{5.13}$$

換言之，第 t 期的投資，和第 t–1 期及第 t–2 期的所得的差，成某一比例關係。A 是自發性支出，在不考慮政府及國外部門的情況下，則所得為消費、投資、及自發性支出的總合。

$$Y_t = C_t + I_t + A \tag{5.14}$$

將式(5.11)及式(5.13)代入式(5.14)

$$Y_t = A + b \cdot Y_{t-1} + \sigma (Y_{t-1} - Y_{t-2}) \tag{5.15}$$

整理之後，得到

$$Y_t = A + (b + \sigma) Y_{t-1} - \sigma Y_{t-2} \tag{5.16}$$

以下將以一個實例，來觀察景氣波動的情形，參照表 5-1。令 b = 0.5，σ = 0.8，A = 110，C_0 = 100。t 代表期數，則下表明顯可以看出所得波動的狀況。t = 0 時的 Y，是依據式(5.14)所計算出來的，其餘各期的 Y，則是依據式(5.16)來計算。

◗ 表 5-1

t	Y	C	A	I
0	210.00	100.00	110	0.00
1	215.00	105.00	110	0.00
2	221.50	107.50	110	4.00
3	225.95	110.75	110	5.20
4	226.54	112.98	110	3.56
5	223.74	113.27	110	0.47
6	219.63	111.87	110	-2.24
7	216.53	109.81	110	-3.29
8	215.78	108.26	110	-2.48
9	217.30	107.89	110	-0.60
10	219.86	108.65	110	1.21

　　雖然經濟體系的實際運作並非如此，不過加速原理明白指出，投資是景氣波動的主因。各位讀者可以嘗試代入不同的 b、σ 值，會導出不同的波動類型。

重要名詞及摘要

充分就業	勞動人口	交易公式
加速原理	痛苦指數	名目利率
實質利率	非勞動人口	自然失業率
勞動參與率	菲力普曲線	資本產出比
摩擦性失業	結構性失業	循環性失業
停滯性通貨膨脹		

　　總體經濟學的主要目標之一是維持穩定及成長，但是經濟活動起起落落一再出現，此即景氣循環。造成景氣循環的原因，大致為戰爭、貨幣供給的變動、消費及投資的變動、政治循環等。景氣好的時候，失業率低，皆大歡喜，但是景氣不好的時候，失業率上升，日子可能就難過了。發掘景氣循環的原因，才能採取適當措施，維持經濟體系的穩定。失業的原因大致有三種：摩擦性失業、循環性失業及結構性失業。前二項合稱為自然失業率。所謂的充分就業，並非每個人都有工作，而是社會的失業狀態處於自然失業率之下。

通貨膨脹是幣值下跌的現象，其原因可能是成本高漲或需求太高。真正的原因則是太多錢追逐太少財貨。短期之下，通貨膨脹和失業率之間似乎有取捨關係，觀察的方式則為菲力普曲線。這種取捨關係可以用 AS/AD 模型來解釋。到了 1970 年代時，石油危機引發停滯性通貨膨脹，才發現通貨膨脹率和失業率之間，並沒有任何關連。長期的菲力普曲線是一條垂直線。一般把通貨膨脹率和失業率的總合稱為痛苦指數。此一概念忽視了通貨緊縮所帶來的痛苦。加速原理是解釋景氣循環的眾多理論之一，其假設包括資本與產出之間成固定比例，資本財可以無限供應，及負投資可能存在。

🗨 問題與討論

5-1. 何謂貨幣流動速度？

5-2. 何謂交易公式？

5-3. 造成景氣循環的因素有哪些？

5-4. 何謂痛苦指數？其缺點為何？

5-5. 失業人口必須滿足哪些條件？

5-6. 何謂失業率及勞動參與率？

5-7. 失業的原因有哪三種？

5-8 短期菲力普曲線和長期菲力普曲線有何不同？

5-9. （是非題）自然失業率之下，代表每個人都有工作。

5-10. 通貨膨脹的原因有哪些？

5-11. 請以交易公式解釋，何以太多錢追逐太少財貨會引發通貨膨脹？

5-12. （是非題）景氣好的時候，物價水準必定上升。

5-13. （是非題）景氣壞的時候，物價水準必定下跌。

5-14. 加速原理的基本假設有哪些？

經濟現象探索 -1

交易公式在印度[4]

MV = PQ 就是一般所指的交易公式，其中 V, Q 大致固定不變，故價格水準和貨幣供給成正比。貨幣供給增加 1%，則價格水準也會增加 1%，這是理論的預測，實際是否如此，頗有疑問。Friedman 研究印度的二個 5 年計畫，時間為 1951~1956 及 1956~1961。他發現，根據印度的官方數據，1951~1956 的 GDP 成長為 18%，1956~1961 的則是 21%。一般而言，考慮統計誤差及其他因素之後，在這 10 年的經濟成長幅度大致相同。

現在來看這段期間的物價水準。第一個五年計畫期間，物價水準下降 12%，第二期的物價水準則上漲 17%。上述差異的主要原因，來自二期的貨幣供給的增加量不同。第一期貨幣供給增加 11%，第二期的則為 33%。以公式呈現如下：

第一期　　$M(\uparrow 11\%) \times V = P(\downarrow 12\%) \times Q(\uparrow 18\%)$

第二期　　$M(\uparrow 33\%) \times V = P(\uparrow 17\%) \times Q(\uparrow 21\%)$

根據交易公式，第一期的物價水準應該只下降 7%，實際卻下降 12%。第二期的物價應該只上漲 12%，實際卻上漲 17%。Friedman 對這個現象的解釋是，貨幣流通速度的改變，加強了貨幣供給改變的效果。再者，在貨幣供給改變之後，社會大眾對貨幣政策也有些許預期，造成物價水準變動的幅度，比交易公式預期的要來得大。這個現象也曾經發生在第二次中日大戰中的中國。當時因為戰費支出，發生超級通貨膨脹。後來美國決定由中國派飛機轟炸日本，建成都機場的花費相當高，國民政府擔心引起更大的物價上漲，所以，部分費用決定改以實物支應。也就是說，部分薪水只發物品、不發錢，結果真的減少對物價的影響。人的預期心理，或者因應政策而產生的行為改變，確實可能對經濟政策造成重大的衝擊。這個例子也告訴我們，人的行為非常複雜，不是單純的公式所能夠精確預測的。

Q1 假設國民所得及貨幣流通速度不變，如果貨幣供給增加 10%，則通貨膨脹率為何？

Q2 交易公式是否可以準確預測通貨膨脹率？

---

[4] Friedman, Milton, 1968, "Inflation： Causes and Consequences," in *Dollars and Deficits*, Prentice-Hall.

經濟現象探索 -2

Okun's Law 和痛苦指數

Arthur Okun 有一個著名的定理，叫作 Okun's Law。此一定理指出失業率每降 1 個百分點，實質 GDP 會增加 3 個百分點，這是 Okun 從第二次世界大戰到 1960 年，觀察實際資料所得到的結果。Okun's Law 只是一個經驗法則，並不代表它必然正確。

1976 年 Arthur Okun 有另一個發明：痛苦指數(misery index)。這個指數是失業率和通貨膨脹率的總和。依現行的痛苦指數看，美國的經濟表現比歐洲的要好許多，因為歐洲的失業率比美國高，而二地的通貨膨脹率都很低。Merrill Lynch 所屬的經濟學家，設計了一個更廣義的痛苦指數。

除了失業率和通貨膨脹之外，還包括了預算及經常帳，並減去 GDP 的成長率。換言之，這個新的指數，更周延地考慮整體經濟的表現。參照圖 5-10[5]，在這個新的痛苦指數之下，美國人的生活狀況，比起歐洲的要差許多。因為美國有龐大的預算赤字及經常帳赤字，代表美國人未來的稅賦將會增加，生活因此將會更加痛苦。

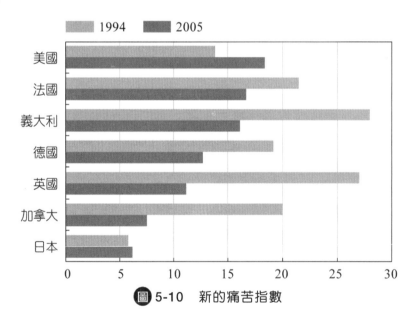

圖 5-10 新的痛苦指數

---

[5] The Economist, January 12, 2006, ”Les Miserables.”

在七大工業國之中，美國的表現最差。日本在 2005 年的狀況和 1994 年時的不相上下。表現最好的國家則是加拿大，因為有預算盈餘及經常帳順差。日本其實經歷的是通貨緊縮，同樣是痛苦的經驗，但是表現在痛苦指數之中，卻有減輕痛苦的效。這個缺點，新的痛苦指數還是沒有解決。

Q1 新的痛苦指數和舊的痛苦指數有何差異？

Q2 通貨緊縮在新的痛苦指數中，代表痛苦的增加或減少？

⚙ 經濟現象探索 -3

景氣循環與投資組合配置

賺大錢、發大財是每一個凡夫俗子的夢想，然而一夕致富是可遇不可求。不過，瞭解景氣循環，可能有助於投資組合的配置，增加獲利的機會。

金融市場的表現，和經濟大環境的變動息息相關。除此之外，利率、匯率的變動、財政政策、貨幣政策等，對金融市場也有相當的衝擊。不過，各個總體經濟變數對不同的金融商品，有不同程度的影響。此外，金融商品在不同時機，也有不同的表現。讀者必須注意的是，各個景氣循環時間的長短、幅度大小都不一樣，選擇投資組合時，還是謹慎為宜。

在景氣處於高峰時，應該居高思危，將手中的股票轉為持有現金。這就是眾人所說的現金為王(cash is king)。要這麼做很難，多數人會被繁榮的景象沖昏頭。在景氣高峰之後，未來在面對景氣衰退的時候，中央銀行大多會採取擴張的貨幣政策，來刺激經濟成長。若中央銀行調降利率，債券價格就會上升。因此，持有債券是面對景氣蕭條的一大投資利器。所以，在景氣由盛轉衰的時候，債券是最佳投資標的。

不過，景氣不好，企業倒閉的機率上升，投資公司債也有風險。最佳選擇可能是政府公債。此時，企業因獲利不佳，股票價格也會跟著下滑。當景氣到達谷底之前，這是買股票的最佳時機。因為通常股票價格的最低點，不在景氣谷底，而是在景氣谷底之前。此時通常政府會採取各種擴張政策，使景氣早日復甦。在景氣回升的過程當中，公司的獲利逐漸回升，股票的價格也有轉好的跡象，此時投資股票仍有獲利機會。在景氣到達峰頂之前，應該將手中的股票出清，持有現金等待下一個投資機會及景氣循環。相關的投資組合選擇，大致情形請參照圖5-11。

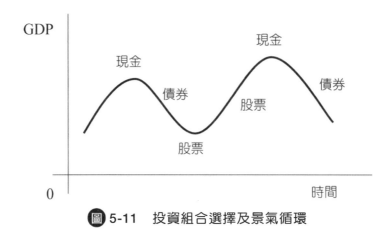

圖 5-11 投資組合選擇及景氣循環

如果投資人的時機掌握得當,獲利至少 30%以上[6]。不過,筆者必須再次強調,每一次的景氣循環的幅度大小,及時間長短都不一樣。更重要的是,什麼時候是景氣高峰或谷底,沒有人知道。如果有人能事先知道,景氣什麼時候開始衰退或復甦,此人早就應該有無窮大的財富。總而言之,上述的投資組合選擇,只是一個大略參考。要想真的賺大錢,掌握景氣狀況,恐怕比預測明天的天氣還難上數萬倍。

Q1 在景氣衰退的時候,最佳投資商品為何?

Q2 什麼時候最適合投資股票?

Q3 在景氣復甦當中,投資組合應如何配置?

歷史回顧 -1

通貨膨脹稅(the inflation tax, seigniorage)

全世界各國的政府為了刺激經濟不斷發行債券,赤字一直增加,累積難以償還的債務。龐大的退休金缺口及醫療保健支出,是另一個迫切的問題。俄國、美國、法國、英國等都面臨相同的危機。俄國總統普廷雖然以高壓方式統治,但是面對退休年金改革的抗議,也不得不讓步。法國則因為環保政策,課徵燃料稅而引發抗議示威及大罷工。美國在川普減稅之後,雖然民間企業獲利不少,政府財政卻是日益困窘,醫療保健支出也因為人口老化持續增加。英國也面臨相同困境。

---

[6] The Economist, April, 2001, "Waiting for the midnight hour."

相較之下，臺灣政府卻非常勇敢地進行年金改革。眾人因為退休權益受損，發出排山倒海的反對聲浪，民進黨甚至為此付出慘痛代價，2018 年的地方選舉慘敗。歐洲中古世紀的政府若遇到財政困難，最簡單的作法就是宣告政府破產。西班牙政府曾經在 1557~1662 年之間，宣告破產達 10 次之多。[7]雖然各次的狀況不同，財政困難的窘境則是每況愈下。不過，人而無信不知其可。西班牙國王欠錢不還的紀錄如此頻繁，人民當然不會支持。西班牙原本是當時歐洲國力最強的國家，失信於民之後，國力隨之衰微。

一般而言，物價水準越高，貨幣需求也會跟著增加。是否持有貨幣，也要看其他金融資產的殖利率。殖利率越高，持有貨幣的量也會變低。換言之，若金融市場的行情好，貨幣需求減少。但是，如果通貨膨脹率非常高，資本市場不發達，多數人可能選擇持有貨物或實質資產，而逃避貨幣或金融資產。當超級通貨膨脹發生時，每個月的通貨膨脹超過 50%，一般人持有的實質貨幣數量，也會有重大變化。

以德國 1922~1923 年之情況為例，在最惡劣的時候，持有的貨幣數量只剩下之前的 10%。[8]通貨膨脹嚴重侵蝕貨幣的購買力，眾人把錢當作燙手山芋，急於脫手並改變付款的習慣。曾經聽過這樣的例子，在越南通貨膨脹嚴重時，到餐廳吃飯點菜的價格，和用餐完畢結帳的價格是不一樣的。此一情境確實誇張，但是在清朝末年，類似的情況也發生過。

臺灣人數十年來過著幸福的日子，通貨膨脹不常見，也不算太嚴重。臺語中所說的錢變薄了，曾經真實上演。1960 年代的 1 塊錢和 2020 年的 10 元差不多大。因為通貨膨脹讓 1 元硬幣內含的金屬價值超過面額，於是許多人將 1 元硬幣熔化回收其中的金屬，市面上因此缺少 1 元硬幣。後來只好發行 1 元紙鈔，解決流通貨幣不足的問題。一般而言，衡量持有貨幣的成本，要看利率或通貨膨脹率。

英國的通貨膨脹怪事也不遑多讓。國王亨利八世(Henry VIII)的詭異行徑，也反應財政困難。鑄造貨幣時，金、銀的含量不足。同樣的貨幣號稱有一元，但是其金銀成分不足。對民眾而言，要有更多的貨幣才有相同的價值。換言之，就是政府公然製造通貨膨脹。如此一來，雖然稅收沒有增加，但負債減輕許多。因

---

[7] Thompson, I. A. A., 1994, "Castile: Polity, Fiscality, and Fiscal Crisis,"in *Fiscal Crises, Liberty, and Representative Government, 1450-1789*, Philip T. Hoffman and Kathryn Noberg ed., Stanford University Press, 160.

[8] Cagan, Philip, 1956, "The Monetary Dynamics of Hyperinflation," in *Studies in the Quantity Theory of Money*, ed. by Milton Friedman, University of Chicago Press.

此通貨膨脹稅也叫作鑄幣稅(seigniorage)。[9]亨利八世還有其他離譜的行徑，強迫富人貸款給國王。如果不借錢給國王，就可能被抓去關，甚至逼迫通過法案，讓國王欠錢可以不用還。先前國王已經還給債主的錢，則強迫債主必須還給國王。亨利七世（亨利八世的父親）甚至把法律和法官當作搜刮人民的工具。[10]

現在的政府大概不敢再做這種事情，但是大筆舉債的惡習依舊不改。很多投資人把國家公債當作投資標的，其實沒有人知道國家是否有能力還錢。歐債危機還記得嗎？到 2021 年為止，歐豬五國葡萄牙、愛爾蘭、義大利、希臘、西班牙(Portugal, Ireland, Italy, Greece, Spain, PIIGS)的債務都還清了嗎？就算是美國、日本等先進國家，其債務負擔都已超過 GDP 100％以上。日本的情況更糟，超過 GDP 的 200％。如果記取歷史教訓的話，利用通貨膨脹稅，就可以解決財政困難。臺灣早就有人曾提出，用通貨膨脹來解決年金改革的難題。所以把國家公債當作無風險投資的人，可能要三思而行。

問題 ❶

中古世紀歐洲各國政府的債務危機，通常是如何解決的？

問題 ❷

臺灣面臨健保、勞保、公務人員保險破產的危機，支出大於收入、入不敷出。增加保費、延後退休、減少福利支出會引起民怨，如何解決此一困境？

歷史回顧 -2

二十一世紀的超級通貨膨脹

辛巴威(Zimbabwe)在 2008~2009 年發生超級通貨膨脹，可能是史無前例的嚴重。最後的通貨膨脹率到底有多高，眾說紛紜，因為政府不再提供資料，無法考證。據悉，物價每個月上漲 8 億倍，換算成每年的比例則為 9×10^{21} 倍。在此情況下，一兆辛巴威的貨幣只能買一個雞蛋，最後根本沒有人接受辛巴威幣，改以美元交易。

另一個 2021 年還在發展中的案例，是委內瑞拉的通貨膨脹。物價指數一般是以百分比呈現，在某些情況下以倍數計算可能比較方便。查維斯(Hugo Rafael

---

[9] Sinclair, John, 1806, *The History of the Public Revenue of the British Empire*, Vol. 1, Augustus M. Kelley, 177-9.
[10] Ibid, 170-1.

Chávez Frías)在 1999~2013 年擔任委內瑞拉的總統，政策倒行逆施，導致經濟衰退，只好印鈔票解決經費不足的問題。不過 2006~2008 年之間，通貨膨脹問題略為減輕，因為國際石油價格高漲，國際收支情況改善。委內瑞拉人口多、物產豐富又有石油，實在沒有道理會有嚴重的通貨膨脹。馬度拉(Nicolás Maduro Moros)在查維斯去世之後接任執政，一再不當管制物價，造成物資短缺。2018 年時物價上漲超過 1 萬倍。2019 年 4 月時，國際貨幣基金(IMF)預估，物價上漲已經超過 10 萬倍。相較之下，臺灣的四萬元舊臺幣換一元新臺幣，可能還是小巫見大巫。1720 年左右的法國在勞約翰(John Law)的主導之下，採取擴張的貨幣政策，最高也只有 2.6 倍。

另一個著名的例子，是第一次世界大戰後的德國。四年的戰爭讓國家元氣大傷，戰勝國又堅持高額賠償，金額約為當時的 314 億美元。這個數字現在看起來似乎不大。美國最早設立的最低工資在 1938 年時是每小時 0.25 美元，2020 年時的則為 7.25 美元，由此可以看出在 1918 年時，此一賠償金額龐大，並造成馬克大幅貶值。戰前 4.2 馬克可以兌換 1 美元，戰後變成 7.9 馬克，1919 年時則為 48 馬克。此後一路惡化，1921 年初時是 90 馬克，1921 年 6 月變成 330 馬克，1922 年中後加速惡化，年底時變成 7,400 馬克，等同於物價上漲超過 1,200 倍以上。

一條麵包在 1922 年底要 160 馬克，一年之後則要價 2,000 億馬克，1 美元則可以兌換 4.2 兆馬克。德國小孩不把馬克當作錢，而是拿來當作積木玩，錢真的不值錢。臺灣人算起來蠻幸運的，新臺幣使用至今，除了 1970~1980 年代的石油危機之外，通貨膨脹並不算太嚴重。但是，新臺幣剛推出的時候，1 美元只需要 5 元新臺幣就可以兌換。顯然新臺幣在發行之後，也是幣值大跌，歷經了相當程度的通貨膨脹。

問題 1

試列舉幾個嚴重的通貨膨脹。

貨幣市場

MACROECONOMICS
Theory and Practice

經濟體系有二大市場：貨物市場和貨幣市場。到目前為止，本書討論的重點放在貨物市場，本章則要探索貨幣市場的運作。貨幣市場決定利率水準及貨幣數量，對貨物市場、消費、投資，都有深遠的影響。貨幣在現代人的眼中，似乎只是一張紙。然而，就像一句俗話說的：「錢不是萬能，沒有錢則是萬萬不能。」此外，除了錢之外，現代人購買商品，也可以用信用卡支付。錢以不同的面貌呈現，和過去以金、銀為本位的貨幣制度大不相同。本章將分析貨幣市場的供需，及其對貨物市場的影響。

一 • 貨幣的起源及功能

不論是過去還是現在，很多事情是非錢莫辦，這是錢的最佳寫照，證明錢在日常生活中的地位。不過，錢在經濟學的領域裡卻是可有可無。許多經濟模型假設沒有交易成本，就可以一筆帶過，直接討論生產、消費如何決定。依據消費者的偏好、生產者的成本結構，就可以得到完美的結果。事實上，交易成本不但存在，而且經常因為交易成本過高，使得許多生產、消費無法進行。再者，許多項目都可以視為交易成本的一部分，此一觀念過於含糊。經濟學於是開闢另一理論基礎，解決上述說法的不足，只是還是沒有明白引入錢的功能及角色。

錢到底是什麼，恐怕很難有人能夠說清楚。它就是那麼迷人。古今中外，不知多少名人為了追求它而身敗名裂。似乎對人而言，錢也有不同境界。能夠達到「眾裡尋他千百度，驀然回首，卻在燈火闌珊處」的，在歷史上實在不多見。多數人都是「問世間錢是何物，直叫人以身相許。」錢如此美妙，每個人都知道，但是卻說不出個所以然。經濟學家也是束手無策。現在可以當作交易媒介的物品似乎不少，禮券、信用卡、戲院或演唱會門票、手機通話時間、香菸、消費券或振興券等，以上這些物品，似乎都可以滿足部分貨幣的功能，但是並不是每個人或商店都願意接受。信用卡其實是賒帳用的，最後必須以現金清償。

西方古代的硬幣是圓的，攜帶方便應該是首要考量。中國古代的錢，則含有做人的哲理。外圓內方的形狀，代表做人要圓滑、律己以嚴、待人以寬，中間的方孔，也使錢更方便攜帶。故，錢的別名為孔方兄。早期的新臺幣一元硬幣，有梅花和蘭花，故臺灣有人以梅蘭姊名之。有一首流行歌提到梅蘭梅蘭我愛你，有人說其實就是對錢示愛。人愛錢的天性到底是怎麼來的，錢的角色及地位為何，回顧錢的若干淵源，或許可以約略瞭解其中奧妙。

　　貨幣真正的創始者，不是政府敕令而是市場。[1]買賣雙方交換的東西必然有價值，而且對雙方來講應該是換到各自覺得更有價值的物品才對，不論是貨幣、租賃契約或其他物品。曾經被當作交易媒介的物品很多，黃金、白銀、牛隻、牲畜、獸皮、茶磚、貝殼等。有一個問題難以理解，為什麼有些人已經有很多某種物品，結果他還願意接受這些物品作為交換媒介。貨幣何以有如此致命的吸引力？

　　在貨幣經濟中，為什麼能夠用一個沒有用的物品（鈔票），去換一個有用的東西（商品），一直是令人困惑的現象。在美國任教時，曾經問學生錢為什麼有價值，學生回答因為可以買東西。再問錢為什麼可以買東西，學生則回答因為它有價值。所以此一問題依舊無解。一個自古以來眾人都接受的解釋是：政府規範所致。但是，為什麼黃金和白銀這兩種貴重金屬，在地球的數量並不多，卻被選來做貨幣？找答案並不容易。

　　在原始的交換中，一般人只會買他急迫需要的，其他非必要的他應該會拒絕。因此，可以合理完成交易的狀況實在不多。再者，還要對雙方持有的物品同時有需求，再添加順利完成交易的難度，名之為需求之雙重巧合(double coincidence of wants)。此時若有一個大家公認有價值的物品，並在眾人之間可以轉賣，交易完成的機會就可以增加。有一點要注意的是，同一物品在不同時點，即使是在同一市場，也可能有不同價格。此外，也不是每一種物品都可以很容易找到買家，其價格有可能會因為供需不同而有大幅變動。在時空限制之下，某些特別的商品比較容易脫手，而且其價值大至與經濟狀況相當，沒有偏離行情的波動。若持有此種財貨可以讓自己更便利取得想要的物品，那麼一般人可能會準備此等財貨，以確保滿足自己的需求。這種交易不是直接交換，而是中介交換(mediate exchange)：先將自己不好賣的商品脫手，取得此一交易中介，再去換取自己真正有需要的東西。交易媒介(medium of exchange)於是出現。此一名詞的德文是 geld，源自於 gelten，意思是支付、執行。換言之，交易就是履行買賣雙方的義務，一手交錢、一手交貨。

　　當錢出現之後，只要有錢，想要的東西都可以買得到。過去取得錢的目的是要換得所需的物品，逐漸演變之後，賺錢變成是最終目的。黃金、白銀之所以被使用為貨幣，大概是因為不易變質的特性，又容易分割。雖然產量不多，但是世界各地都有分布，作為裝飾用途也是眾人所愛。可能在成為交易媒介之前，早就

[1] Menger, Carl, 1892, "On the Origins of Money," Economic Journal, Vol. 2, 239-255.

是大家爭相擁有的物品。金銀既然是大家都接受的物品，很自然也成為交易媒介。此一過程無需政府救令，但當政府發現其中奧妙時，反而想要從中牟利。硬幣上的頭像展現的是執政者的權威。錢就像其他商品一樣是以重量計價。政府的介入、法律規章的制定，讓不同地區流通的貨幣，有交換的準繩，使各地的貿易更便利。然而，貨幣之使用是源自市場，人互易有無之本性，而不是政府。

Alchian (1997)從交易成本及對貨物的資訊不充分，來探討貨幣的起源。[2]他認為錢的最重要功能是作為交易媒介或計價單位，減少交易成本的關鍵。多數人對自己要賣的東西會瞭解多一點，但對想買的東西，如何評估其品質及合理價格，可能力有未逮。也很有可能對想買或想賣的東西完全沒有概念，更別提如何評估它的合理價值。對交易物品有專業知識的人，難免有剝削他人的傾向。在擔心被騙的情況下，交易成本會更高。為了減少受騙的機會，其中一方可以聘請一位專家來協助評估交易，交易成本必然增加。資訊不充分之下，有可能因為害怕被剝削而不願意交易，經濟會因此而萎縮，並造成失業增加。

交易雙方如果都是專家，交易成本自然比較低。不過，這種狀況可遇不可求。若只有一方是專家，剝削的顧慮就會出現。如果雙方都是門外漢，則摸索的成本將會讓買賣不易進行。如果有一個專家來協助，減少衡量貨物價值的歧異，當可增加交易雙方的福利。如果能夠發展出所有人都認同的共同標準，交易就會順暢許多。

如果把牛奶或麵包，這種大家耳熟能詳的商品作為貨幣，發生價值判斷差異的機會就會比較少。但是因為食品很容易變質，不是理想的交易媒介。本書討論一個以香菸作為貨幣的例子，讀者可以參考。德國在第二次世界大戰之後，曾經用巧克力和尼龍作為貨幣。主因是大家在辨識上沒有困難。因為對交易商品的資訊不充分，造成非常高的交易成本，所以極需要一個共同標準，讓交易順利進行，滿足日常生活所需，人類便發明了貨幣作為交易媒介。只是此一觀點無法充分解釋貨幣價值儲存的功能。在中古世紀時，面對海上貿易的障礙，人們同樣為了貿易的利益，發明了海上保險，解決貿易障礙，也是值得讚賞的重要商業發明。[3]

[2] Armen A. Alchian, 1977, "Why Money?," Journal of Money Credit and Banking , Vol. 9, No. 1, 133-140.
[3] de Roover, Florence Edler, 1945, "Early Examples of Marine Insurance," Journal of Economic of History, Vol. 5, No. 2, 172-200.

有學者從賽局理論的角度，討論敕令貨幣之引進。發現使用貨幣確實可以增加個人及社會的福利。[4]但是敕令貨幣可能會發生過量發行而引發通貨膨脹，此時對整體社會的福利就未必有利。不過在經濟學的討論中，經常假設交易沒有成本，就開始從以物易物的方式，討論消費者、生產者如何制定因應市場變化的決策。事實上，即使有貨幣交易，仍然有相當的成本。總之，錢在經濟體系扮演重要的角色，數千年的歷史演進中，人們依舊在摸索錢在經濟體系中的角色和功能。

有了錢之後，完成交易的不確定性減少許多，因為至少市場有一個共同的計價標準。有了共同計價標準之後，市場因此擴大，促進經濟體發展、增加生產力，有了錢之後，勞工找工作的搜尋成本隨之減少。因為他們很明確知道獲得的酬勞有多少。錢成為眾人置產、投資的標的之一，促進市場的發展，減少取得資訊及教育的成本。對跨期消費的選擇也有助益。[5]在使用貴重金屬為發行貨幣基準的年代，雖然通貨膨脹比較緩和，但是在金價或是銀價有劇烈波動的時候，貨幣會因此失去作用。所以 Friedman 指出，用複本位的制度，也就是同時用金銀為貨幣發行基準，其運作會穩定一些。因為在其中一個金屬脫離其合理波動價位的時候，另一種金屬還可以繼續流通，作為交易媒介，解決眾人對貨幣的需求。

很可能在有人類之後，錢就跟著發明了。最早將錢制度化的似乎是亞述人(Asyrian)。古時候用的貨幣名稱，有時候和國家領袖有關。例如：Venice 的貨幣叫作 ducat，是以 Venice 總督(doge)而命名。法蘭西曾經使用 louis d'or，即以 King Louis of France 命名。英國曾經使用 the sovereign, crown, half-crown，和英國王室有關。重量單位也是常用的貨幣名稱。秦朝通用五銖錢，銖是一個重量單位，六銖為一錙，八銖為一錘，二十四銖為一兩。五銖錢代表貨幣的重量有五銖。西方的貨幣則有 pound, shilling, penny 等，這是從羅馬的重量單位，pound (libra), solidus 和 denarius 演變而來[6]。英鎊的一分，有時候簡寫成 d，和 denarius 有關。一英鎊(pound sterling)原來可以分為 20 先令(shilling)，一先令則可以分成 12 分(penny)。因此，一英鎊共有 240 分，符號為£，都和羅馬時代的重量制度有關[7]。但是在 1971 年時，英國將英鎊改成十進位；現在一英鎊有 100 分，一先令

[4] Kiyotaki, Nobuhiro and Randall Wright, 1989, "On Money as a Medium of Exchange," Journal of Political Economy, Vol. 97, No. 4, 927-954.

[5] Brunner, Karl and Allan H. Meltzer, 1971, "The Uses of Money: Money in the Theory of an Exchange Economy," American Economic Review, Vol.6, No.5, 784-805.

[6] 英文 soldier 這個字，源自於羅馬金幣 solidus，soldier 指的是為錢打仗的人。部隊編制中的連，英文是 company。由此可知，打仗和做生意，沒有太大的差別，都是要賺錢。

[7] Ingham, Geoffrey K., 2004, *The Nature of Money*, Polity Press, 110.

則為 5 分，故一英鎊仍有 20 先令。法幣的 livre，義大利幣的 lira、mark、peso 也都和重量有關。Florence 用 florin 則是源自地名。在古波希米亞地區用 thaler，這個字後來輾轉演變成 dollar[8]。

貨幣的使用，減少交易成本，間接促進經濟成長。在經濟模型的討論，通常會先從交換經濟(barter economy)著手，貨幣在一般經濟理論的地位非常低，可有可無。實際上，貨幣在生活中，發揮非常大的作用，沒有貨幣幾乎無法進行交易。以物易物的世界，對現代人而言，實在難以想像。現在先談貨幣的功能。貨幣的功能如下：1.價值儲存(store of value)；2.計價單位(unit of account)；3.交易媒介(medium of exchange)；4.延遲支付(deferred payment)。任何能夠發揮以上功能的東西，都可以當作貨幣。

根據 Hicks[9]的說法，當貿易開始發展時，商人們在交易的過程中，會累積相當數量的財貨。他們會選擇累積什麼樣的財貨呢？這項財貨必須易於儲存、掩藏，而且不易變質。所以 Hicks 認為，貨幣的四大功能中，最先發展出來的是價值儲存，並逐漸演變為計價單位及交易媒介。不過，也有人反駁此一說法。穀物和魚乾曾被拿來做貨幣，也是價值儲存的理想材料。相反的，鑽石具有極佳的價值儲存，卻很少拿來做貨幣。[10]

歷史上曾經被當作錢用的物品，包括貝、銅、鐵、金、銀、布等。這些錢之所以有價值，是因為這些物品本身就有價值，故又叫作貨幣(commodity money)。荷蘭盾(guilder)是 Dutch gulden 的英文翻譯，gulden 的原意是 golden。Guilder 後來成為數百年歐洲通行貨幣的名稱，和基爾特(guild)無關。英文中的 cash 源自 cattle。古希臘人用牛來作貨幣，可以想見有很多不方便的地方。很多日常用品的價格比一隻牛的價值低。若為了買一些小東西而殺牛，可能不划算。帶牛上街購物，更是極度不便。其實，牛在希臘時代雖然是計價單位，實際交易時，支付的則是黃金或其他物品。[11]

適合作錢的物品，必須攜帶方便、容易切割、不易變質，而且容易分辨真偽。滿足這些條件的，以金、銀為上選。黃金在古埃及時代就已廣泛使用。有一句話說：「真金不怕火煉」，應該不是說金的熔點很高，而是說，如果是真的黃金的話，熔化之後，看到的還會是黃金。英文的諺語提到："Not all that glitters is

---

[8] Kindleberger, Charles P., 1993, *A Financial History of Western Europe*, 2nd edition, Oxford University Press, 21-22.

[9] Hicks, John, 1969, *A Theory of Economic History*, Oxford University Press, 64-5.

[10] Grierson, Philip, 1970, *The Origins of Money*, University of London: the Athlone Press, 15-16.

[11] 同註 5。

gold"。閃閃發光的未必都是黃金，燒燒看就知道。錢的使用讓交易的進行更方便。如果沒有錢，物物交換的社會，某甲想要買一樣東西，必須正好他也有賣方想要的物品，交易才能進行。事實上，要以此種方式完成交易，非常困難。

錢要滿足前述四項功能，其中最重要的是，任何一種當作錢的財貨，都必須有穩定的價值，否則此一財貨就會失去交易媒介的功能。自 1970 年代至 1990 年代，眾人關心的是通貨膨脹。一旦情況嚴重，許多人就會捨棄貨幣，改用其他物品當作貨幣。現在用的貨幣是信用貨幣(credit money)或敕令貨幣(fiat money)，其價值來源是基於法令。以美金為例，一元美金鈔票上寫著："This note is legal tender for all debts, public and private"。意思是此一紙鈔可以償還公、私部門的債務。過去的時代，則是貴重金屬本位制度，持有貨幣的人，可以向指定的銀行兌換等值的黃金或白銀。所以過去在發行貨幣時，必須有相當的金、銀作為發行準備。

日常生活中所說的錢，和經濟學中所談到的未必相同。例如：Microsoft 創辦人 Bill Gates 賺很多錢，其實指的是他的所得很高。或說某人很有錢，其實他可能有很多股票、房地產，未必真的有很多現金。其中牽涉到資產的流動性(liquidity)，也就是資產的變現能力。變現能力越高的，流動性也就越高。貨幣的種類其實很多，一個經濟體系到底有多少貨幣，其衡量標準依流動性大小，區分如下：

$$M_{1A} = 通貨 ＋ 活期存款 \tag{6.1}$$

通貨(currency)指的是實際在外流通的紙鈔及硬幣的數量。活期存款在美國指的是支票存款(checkable deposit or demand deposit)，可以直接支付的帳戶。M_{1A} 的流動性最高，包括現金及和現金相當的帳戶。

$$M_{1B} = M_{1A} ＋ 活期儲蓄存款 \tag{6.2}$$

M_{1B} 是 M_{1A} 再加上活期儲蓄存款(savings account)。一般而言，儲蓄存款在動用上，手續比較繁複，所以流動性稍低。不過，在臺灣似乎一般人都把活期儲蓄存款當作現金用，因為到處都有提款機，提領非常方便。

$$M_2 = M_{1B} ＋ 定期存款 \tag{6.3}$$

M_2 比 M_{1B} 多了一個流動性低的項目：定期存款。定期存款(time deposit or certificate of deposit)雖然也是錢，但是如果還沒到期的時候，不能動用，若想要提前動用，會有利息損失，故變現能力更低。在確定何為貨幣之後，接下來要討論貨幣需求。

二・貨幣需求

貨幣的主要用途是交易媒介，一般人需要貨幣以滿足其交易需要。有時候為了不時之需，可能因此而多帶一些錢在身上。另外，不少人購買投資商品，用錢來賺錢而有貨幣需求。綜合以上可以整理出三大項目：1.交易需求(transaction demand)；2.預防需求(precautionary demand)；3.投機需求(speculative demand)。前面第一、二項，大致和所得有密切關連。如果所得增加，貨幣需求也會增加。反之，所得減少，貨幣需求減少。另外，持有貨幣多少，和持有貨幣的成本有關。持有貨幣可能會有損失。預期通貨膨脹(π^E)越高的時候，願意持有貨幣的人越少，持有的量也會減少，以免遭受貨幣貶值的損失。持有貨幣還會損失利息收入。利率越高的時候，損失就越大，故貨幣需求和利率成負相關。物價水準上升，用於交易的貨幣數量隨之增加，貨幣需求也會增加。但是，如果物價上漲幅度過高時，則一般人會逃避通貨膨脹的損失，而減少持有貨幣。綜合以上所述，貨幣需求是所得、物價、利率、預期通貨膨脹的函數，其中 Y, P 和 M^D 為正相關，r, π^E 和 M^D 則為負相關。

$$M^D = L(Y, P, r, \pi^E) \tag{6.4}$$

三・貨幣供給

經濟體系中的貨幣供給，包括中央銀行及銀行體系二部分。貨幣供給體系中，真正能夠印製鈔票的只有中央銀行[12]。除了中央銀行之外，整個銀行體系由於部分準備(fractional reserve)的緣故，也有創造貨幣的功能[13]。不論是中國或歐洲，在近代經濟發達的時候，都為缺錢而煩惱；唐代如此，而宋代則因為國際貿

---

[12] 筆者在美國任教時，曾問學生 Who supplies money？有人回答 My mom。這個答案雖然令人莞爾，卻是生活中相當貼切的寫照。

[13] 直到 20 世紀初，部分商業銀行可以自行發行貨幣。

易發達，造成貨幣流出中國，衍生出更多的問題。為了解決貨幣供給不足的現象，唐宋二代有貨幣匯兌的出現，宋代更有紙幣的使用。相對的，歐洲在中古世紀很早就有銀行的出現，匯票(bill of exchange)在 12~13 世紀已經逐漸通行。17世紀時，銀行在歐洲各地，更是如雨後春筍般出現。銀行為什麼會有創造貨幣的功能？這要從銀行的起源開始談。

中古世紀的貨幣以金、銀為主，金銀非常貴重，而且攜帶不方便，所以商人經常將所獲得的金銀，寄放在金匠手中。這些金匠在累積相當經驗之後，發現在同一天中，金銀全部被提領出去的機會很小，於是慢慢地由向存金人收取保管費，轉變成利用存金人的金銀，貸款融通給其他商人，甚至借給政府賺取利息。其關鍵在部分準備制(fractional reserve)，金匠不必把全部的金銀放在身邊，就足以應付存款人的提領需求。接下來以實際的例子，說明銀行創造貨幣的過程。

假設開天闢地之初只有亞當、夏娃二人。某日上帝分別給二人各$1,000。此時經濟體系依 M_{1A} 之定義，共有通貨$2,000，故貨幣供給為$2,000。再假設此時銀行出現，二人將錢存放在 A 銀行中，此時的貨幣供給仍為$2,000。因為二人手中已經沒有現金，而銀行則多出$2,000 的活期存款。如果銀行體系的法定準備率(required reserve ratio)是 10%，則 A 銀行只需要保留$200 作為法定準備，其他$1,800 為超額準備(excess reserve)，銀行可以貸出去。參照以下之 T 字帳。

A 銀行		A 銀行	
$2,000 現金	$2,000 存款	$200 法定準備 $1,800 超額準備	$2,000 存款

假設 A 銀行將$1,800 貸給谷小寶，則此時的貨幣供給一共有$3,800，其中$2,000 為存款，$1,800 為谷小寶手中的現金。如果谷小寶沒有用這筆錢，將之存入 B 銀行，則此時的貨幣供給仍為$3,800。因為此時谷小寶手中已經沒有錢，而 A、B 銀行則一共有$3,800 的存款。

A 銀行		B 銀行	
$200 法定準備 $1,800 貸款	$2,000 存款	$180 法定準備 $1,620 超額準備	$1,800 存款

讀者可以很明顯看到，由於部分準備制，使經濟體系多了$1,800。如果 B 銀行將$1,620 貸給朱小明，則經濟體系的貨幣供給增加為$5,420。

B 銀行

| $180 法定準備 | $1,800 存款 |
| $1,620 貸款 | |

如果此一過程可以繼續無限延伸下去，則貨幣供給一共增加$20,000。其過程如下：

$$\$2,000 + \$1,800 + \$1,620 + \ldots + 2000 \times (0.9)^{n-1} = \$2,000/0.1 = \$20,000$$

此一等比級數的和為$20,000。由此可以導出貨幣乘數(money multiplier)。

$$貨幣乘數 = \frac{1}{法定準備率} \tag{6.5}$$

表 6-1 列示臺灣各種不同存款的法定準備率。活期存款、支票存款的準備率最高，活期儲蓄存款、定存的法定準備率則只有前述活期存款的一半左右。定期儲蓄存款的法定準備率最低。

法定準備率越低，則銀行可以貸出去的額度越高，增加的貨幣供給越多。法定準備率的高低，要看帳戶的種類。活期存款、支票存款的法定準備率比較高，因為這些帳戶提領容易，而且存款人動用的機會也比較大。其他的儲蓄存款，法定準備率比較低，因為提領比較不容易，定存的法定準備率更低。銀行把錢貸出去，會使貨幣供給增加。相對的，若借錢的人把錢還給銀行，則會減少經濟體系的貨幣供給。如果和貸款出去的時候一樣，可以反向無限延伸下去，則貨幣供給減少的額度，也有相同的乘數效果，只是方向相反而已。

圖 6-1 所示為新臺幣的貨幣供給，金額相當大。發行額度越來越高，1987年時，三者的數目差距不大，都不到 5 兆。1990 年代之後，M_2 的額度超越M_{1A}、M_{1B} 甚多。2019 年時，看 M_{1A} 約 7 兆、M_{1B} 則大約 18 兆，M_2 則超過 45兆。

表 6-1 臺灣之法定準備率

單位：對存款額百分比

應提準備率 （調整日期）	支票存款	活期存款	儲蓄存款 （活期）	定期存款	儲蓄存款 （定期）
2000/10/01	13.500	13.000	6.500	6.250	5.000
2000/12/08	13.500	13.000	6.500	6.250	5.000
2000/12/29	13.500	13.000	6.500	6.250	5.000
2001/10/04	10.750	9.775	5.500	5.000	4.000
2001/11/08	10.750	9.775	5.500	5.000	4.000
2002/06/28	10.750	9.775	5.500	5.000	4.000
2007/06/22	10.750	9.775	5.500	5.000	4.000
2008/04/01	10.750	9.775	5.500	5.000	4.000
2008/07/01	12.000	11.025	6.750	5.750	4.750
2008/09/18	10.750	9.775	5.500	5.000	4.000
信託資金準備比率：15.125%					

資料來源：中央銀行，存款及其他各種負債準備金比率，http://www.cbc.gov.tw/

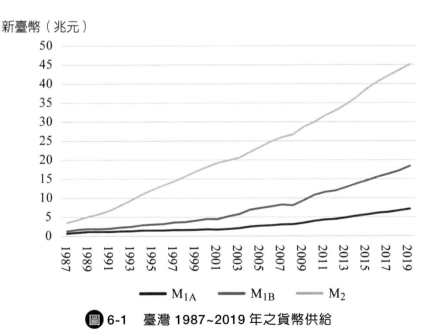

新臺幣（兆元）

— M₁ₐ — M₁ᵦ — M₂

圖 6-1 臺灣 1987~2019 年之貨幣供給

資料來源：中央銀行

存款增加所造成的貨幣供給增加，不一定會像貨幣乘數預期的那麼高，因為並不是所有的超額準備都能順利被貸出去。此外，在景氣不好時，一般而言，存款人可能會提領昔日的積蓄來支應開銷，銀行可能要多留一些超額準備，以應付這些客戶的提領需求。景氣不好的時候，企業經營比較困難，銀行在貸款時，也會格外謹慎，貨幣供給增加的幅度會因此減少。其次，一般人手中也會持有些許貨幣，不會全部存入銀行。若令 M 為貨幣數量，一個經濟體系的貨幣供給量，最簡單的定義是通貨(C)加上活期存款(D)。

$$M = C + D \tag{6.6}$$

也可由以下公式得到

$$M^S = M_{base} \times M_{money} \tag{6.7}$$

上式中，M^S 代表貨幣供給，也就是貨幣數量。M_{base} 為貨幣基礎(monetary base, B)，M_{money} 則為貨幣乘數。貨幣基礎也叫作強力貨幣(high-powered money)，包括了二項：通貨(C)及準備(R)。換言之，B = C + R。其中準備又分成法定準備(RR)和超額準備(ER)。接下來要介紹另一個解讀貨幣供給的方式。首先拆解 B

$$B = C + RR + ER \tag{6.8}$$

式(6.8)可以再作化簡，右式各項乘上 D，再除以 D

$$B = \frac{C}{D}D + \frac{RR}{D}D + \frac{ER}{D}D \tag{6.9}$$

式(6.9)中的 $\frac{RR}{D}$ 是法定準備率，$\frac{ER}{D}$ 則是超額準備率。將 D 提出來，則

$$B = D\left(\frac{C}{D} + \frac{RR}{D} + \frac{ER}{D}\right) \tag{6.10}$$

其中 C/D 為通貨占存款的比例。式(6.10)作移項整理

$$D = B \cdot \frac{1}{\dfrac{C}{D} + \dfrac{RR}{D} + \dfrac{ER}{D}} \tag{6.11}$$

由式(6.6)可以知道

$$M = D \cdot \frac{C}{D} + D = D \left(1 + \frac{C}{D}\right) \tag{6.12}$$

配合式(6.11)及式(6.12)，則

$$M = \frac{1 + \dfrac{C}{D}}{\dfrac{C}{D} + \dfrac{RR}{D} + \dfrac{ER}{D}} \cdot B \tag{6.13}$$

對照式(6.5)、式(6.6)與式(6.13)三個公式，在考慮持有部分現金的情況，貨幣乘數變得比較小。新的貨幣乘數為

$$M_{money} = \frac{1 + \dfrac{C}{D}}{\dfrac{C}{D} + \dfrac{RR}{D} + \dfrac{ER}{D}} \tag{6.14}$$

圖 6-2 所示為臺灣近年的貨幣乘數。M_{1B} 的貨幣乘數都在 3.5~4.6 之間，M_2 的則在 11.6~13.2 之間。

如果再深入考慮平均報酬率(ρ)、投資的風險(σ)、交易成本(TC)、預期通貨膨脹(π^E)等因素，貨幣需求函數可以寫成

$$\frac{M^D}{P} = L(Y, r, \rho, \sigma, TC, \pi^E) \tag{6.15}$$

貨幣需求中的投機需求，和債券有密切關連。因此，下一節將介紹債券及相關的概念。

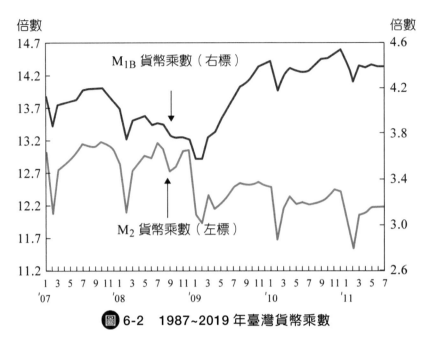

圖 6-2　1987~2019 年臺灣貨幣乘數

資料來源：中央銀行，金融統計月報，重要金融指標圖

四 · 債券簡介

　　債券依其付息、到期日的不同，而有不同的名稱，其價格的換算方式也有差異。以下將簡單介紹，如何決定債券價格及其付息。

（一）債券的種類及其價格

　　債券是一張借貸契約，上面記載面值(par value, face value or principal)、付息(coupon rate)及到期日(maturity date)。有的債券不付息，稱為無息債券(zero coupon bond or zeros)或折扣債券(pure discount bond)，發行時折價售出，到期時以面值贖回。若債券面值為 F，折現率為 r，則到期年限為 T 之無息債券，其價值應為

$$PV = \frac{F}{(1+r)^T} \tag{6.16}$$

6-1

20 年到期的債券，面值\$100 萬，不付息。若折現率為 5%，其價值為何？

解 債券到期時，債券發行人償還本金，故此債券的價值為

$$\frac{\$1,000,000}{1.05^{20}} = \$376,889.48$$

有的債券只付利息而沒有到期日，例如：英國統一債券(consols)[14]。其價值之計算，和永續年金之計算相同。若債券面值為 F，折現率為 r，每期付息為 C，則無到期日之債券，其價值應為

$$PV = \frac{C}{r} \tag{6.17}$$

 6-2

無到期日之債券，面值\$1,000，每年付息\$100。若折現率為 5%，其價值為何？

解 依式(6.17) $PV = \dfrac{\$100}{0.05} = \$2,000$ 在沒有到期日的情況下，債券之價值與其面值沒有直接關連，付息才是重點。

大部分的債券付利息，叫作付息債券(coupon bond)，有的每年付息一次，大多數則是每半年付息一次。過去領債息必須憑券(coupon)辦理，coupon bond 因此得名，所付的利率則稱為 coupon rate。付息債券之價值，為各期付息的現值，加上面值的現值。若半年付息一次，則應該用半年的折現率。

---

[14] 梁實秋主編的字典將 consols 翻譯作統一債券。Consols 其實是 consolidated 的縮寫，和英國的統一無關。英國在 1751 年時，整合(consolidate)當時的各種國債所發行的新債券。依市場狀況發放債息，但是沒有到期日，是英國財政困難之下所發行的新型債券。大英帝國的成立是在 1707 年，比 1751 年早許多。

$$PV = \frac{C}{(1+r)} + \frac{C}{(1+r)^2} + \ldots + \frac{C}{(1+r)^T} + \frac{F}{(1+r)^T} \qquad (6.18)$$

債券發行可能溢價(issue at premium)，也可能折價(issue at discount)，必須考慮市場利率狀況及發行者的債信。政府的債信比一般公司好，故政府公債的付息通常比公司債低。另外，政府公債的利息通常有稅賦優惠。若債券付息比市場利率高，則一般投資人會追價購買，債券的價格因此高於面值，成為溢價發行。反之，若債券付息比市場利率低，債券必須降價，才能吸引投資人購買，而為折價發行。

債券以可否轉換為股票，分為可轉換(convertible)及不可轉換(non-convertible)債券。如果債券可以轉換成股票，則此債券價值，應以可轉換成的股票來計算。在網路股興盛時，許多網路公司以可轉換債券吸引投資人購買，投資人預期這些債券，可以換得高價的網路公司股票，勇於追價，為網路公司節省不少資金成本。但在網路泡沫幻滅時，網路公司的股價狂跌，這些可轉換債券的價值隨之下降，被投資人棄如敝屣。

債券又以可否提前贖回，分為可贖回(recallable)及不可贖回(non-recallable)。公司為了吸引投資人，或者解決目前的財務困境，常會以高利率債券吸收資金。然而，一旦公司營運好轉，希望能有節省利息成本的機會，所以可贖回債券因應而生。一般而言，其贖回價格應比市價高，以彌補投資人在利息上的損失。

 6-3 ────────────────────────────────

10 年到期的債券，面值$1,000，付息 6%，每半年付息一次。若折現率各為 8%、4%、6%，則此債券價格應各為何？

解 付息 6%，表示每年付$60，每半年付$30。折現率是資金應有的報酬率，亦可視為市場利率。

(i) $PV = \dfrac{\$30}{(1+0.04)} + \dfrac{\$30}{(1+0.04)^2} + \ldots + \dfrac{\$30}{(1+0.04)^{20}} + \dfrac{\$1,000}{(1+0.04)^{20}}$

$= \$864.10$

讀者可以看出，上述債券為折價發行，因為它的付息比市場利率還低，債券發行人只得降價求售。

(ii) $PV = \dfrac{\$30}{(1+0.02)} + \dfrac{\$30}{(1+0.02)^2} + ... + \dfrac{\$30}{(1+0.02)^{20}} + \dfrac{\$1,000}{(1+0.02)^{20}}$

$\qquad = \$1,163.51$

當付息比市場利率高時，投資人願意追價購買，此債券即成為溢價發行。

(iii) $PV = \dfrac{\$30}{(1+0.03)} + \dfrac{\$30}{(1+0.03)^2} + ... + \dfrac{\$30}{(1+0.03)^{20}} + \dfrac{\$1,000}{(1+0.03)^{20}}$

$\qquad = \$1,000$

當付息等於市場利率時，投資人無追價或殺價意願，故此債券以面值發行。

（二）殖利率

　　若知道債券的面值、付息、到期日，應用適當的折現率，就可以算出債券的價值。但是，已經上市的債券，債券市場有牌告價格，買債券的投資報酬率到底有多少，也是重要的投資課題。買債券所得的投資報酬率叫作殖利率(yield)，其計算如下。

 6-4

　　假設某債券的市價為$966.20，二年到期，面值$1,000，每年付息一次，付息 10%。請問購買此債券之殖利率為何？

解 $\$966.20 = \dfrac{\$100}{1+y} + \dfrac{\$100}{(1+y)^2} + \dfrac{\$1,000}{(1+y)^2}$

這個問題其實等於在求折現率，而折現率代表的是資金的機會成本，也就是購買此債券的殖利率。這個式子可化解成

$966.2(1+y)^2 - 100(1+y) - 1100 = 0$

$\Rightarrow 1+y = \dfrac{100 \pm \sqrt{10000 + 4 \times 1100 \times 966.2}}{2 \times 966.2} \Rightarrow y = 0.12$ 　故殖利率

$= 12\%$

上面的例子並不複雜,只用到一元二次方程式。如果債券離到期日還有 n 年,必須解一元 n 次方程式,問題就不簡單。通常應用二分逼近法求近似解,首先必須猜測一個可能的殖利率,然後逐步逼近。

由以上的討論,讀者可以發現,債券價格和殖利率成反向關係。其他條件不變之下,債券價格上升則殖利率下降,若債券價格下降則殖利率上升。

五・貨幣市場的均衡

一般而言,任何經濟體系的貨幣供給是固定的,故 M^S 為垂直線,貨幣需求則和利率成反向關係,故 M^D 的斜率為負。參照圖 6-3,貨幣市場的均衡出現在 M^S 和 M^D 的交點,決定利率水準及貨幣數量。

接著要看貨幣市場的調整和債券的關係。參照圖 6-4,假設貨幣市場的均衡在點 1。當 M^S 增加時,在 r_1 的利率水準之下,社會大眾只願意持有 $\overline{0A}$ 數量的貨幣,但是現在卻有 $\overline{0B}$ 數量的貨幣。大眾會將多出 $\overline{AB}$ 數量的貨幣拿去買債券,債券的需求增加,使債券的價格上漲,債券的殖利率因此下降。經過這個迂迴的程序,市場的利率水準被壓低到 r_2。

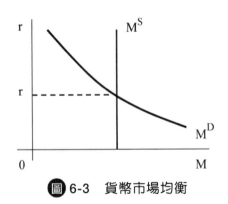

圖 6-3 貨幣市場均衡

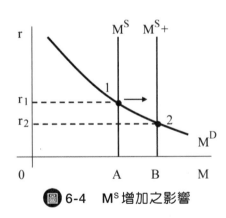

圖 6-4 M^S 增加之影響

參照圖 6-5,假設貨幣市場的均衡在點 1。若 M^S 下降,則原來的利率水準在 r_1,社會大眾願意持有 $\overline{0B}$ 數量的貨幣,但是現在只剩下 $\overline{0A}$ 數量的貨幣。為了維持手中的貨幣數量,必須在市場上拋售債券,導致債券的供給增加,債券價格下跌,而殖利率上升,市場利率進而被推升到 r_2。因此,M^S 上升,利率下降;M^S 下降,利率上升。

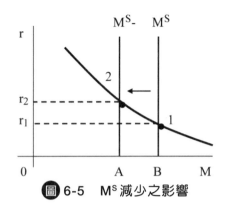

圖 6-5　Mˢ 減少之影響

讀者看到上述說法，可能會覺得疑惑。因為實際投入貨幣市場的人，實在有限，介入債券買賣的人更少，為什麼調整過程是透過債券交易？事實上，金融業在經濟體系中扮演重要的角色，雖然一般人實際投入金融市場的不多，但是銀行、證券商、共同基金、保險公司等，則積極參與，使金融市場的運作十分活絡，反應經濟體系對資金的供需。

在某些狀況下，貨幣數量的調整不足以影響利率水準。經濟體系若處於流動性陷阱(liquidity trap)時，也就是利率下降到某一個水準之後，眾人預期利率不會再下降。因此，眾人會持有貨幣，不會將手中的貨幣拿去購買債券。因為一旦利率上升，債券價格就會下降，買債券將會有損失。此種現象發生時，貨幣需求曲線有一段是水平線，此時貨幣需求對利率的彈性為無窮大。參照圖 6-6，當 M^S 增加，因為處於流動性陷阱之下，M^D 有一段水平線，雖然 M^S 增加，但是利率水準不變。因此，貨幣政策無法影響消費或投資。

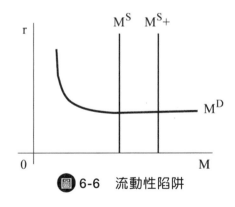

圖 6-6　流動性陷阱

前面曾經提到貨幣數量的改變，可以影響貨物市場的運作。不過，有部分經濟學家認為，那只是短期的效果。長期而言，貨幣沒有辦法影響實質變數，只會影響物價水準，此種看法稱之為貨幣中立性(neutrality of money)。

總體經濟學—理論與實務

六・中央銀行

大部分的中央銀行(the central bank)都是國家所有。英格蘭銀行(Bank of England)可能是一個特例；1694 年成立時，英格蘭銀行只是一家私人公司，其目的在提供政府融資，歷經數百年逐漸演變成中央銀行。直到 1964 年英國政府收購所有股份，才正式成為國家的中央銀行。

中央銀行有三項主要任務：1.維持經濟體系的穩定；2.促進經濟成長；3.監督銀行體系的運作。中央銀行維持經濟體系的成長及穩定的主要方式，在控制貨幣數量，其方法有三：重貼現率、法定準備率、公開市場操作。貨幣政策的工具由中央銀行控制，藉由金融市場供需的調節，進而影響貨物市場、投資及消費。銀行的業務是借錢給別人，銀行缺錢的時候則會向中央銀行周轉，因此中央銀行也叫作銀行中的銀行或最終貸款者(lender of the last resort)。銀行向中央銀行借錢的利率叫作重貼現率(discount rate)[15]。藉由重貼現率的調整，影響資金成本，進而調整貨幣數量。此外，中央銀行也介入外匯市場，藉由匯率調整來影響貨幣數量及經濟體系的運作。另一種影響政策的方式是道德勸說(moral persuasion)。其實這個名詞應該翻譯成威脅利誘才對。中央銀行既然負責監督其他銀行，若有銀行不願意配合中央銀行的政策，難免會吃一些苦頭。但是如果配合的成本太高，在沒有法律的約束之下，其他銀行是沒有義務配合的。根據研究指出，中央銀行的口頭宣示，確實有引導市場的作用，這種情形被稱作公開嘴巴操作(open mouth operation)[16]，和公開市場操作成為有趣的對比。

如果中央銀行想增加貨幣供給，可以調降重貼現率，以減少銀行的借貸成本，鼓勵社會大眾借錢。或者調降法定準備率，使銀行能夠貸出更多的錢。但是，從貨幣乘數可以瞭解，調降法定準備率是相當激烈的政策。一般而言，若情況不嚴重的話，很少調整法定準備率。公開市場操作則是最常見的手法，若中央銀行進場買債券，則貨幣被釋放到市場上，使貨幣供給增加。中央銀行的一舉一動，影響貨幣市場的運作很大。

---

[15] 一般向銀行借錢稱為貼現(discount)，銀行向中央銀行借錢則為再貼現或重貼現(rediscount)。不過，在美國的金融市場，銀行間的拆款利率(federal fund rate or fed fund rate)日趨重要，重貼現率反而不常用，rediscount rate 一詞也很少用，大多使用 discount rate。再者，一般銀行間的拆款盛行，非不得以不會向中央銀行借錢。若向中央銀行借錢，通常表示此一銀行的營運已經發生很嚴重的問題。

[16] Guthrie, G. and J. Wright, 2000, "Open Mouth Operation," Journal of Monetary Economics, Vol. 46, 155-89.

中央銀行足以左右經濟的興衰，故地位非常重要。Milton Friedman 提到，如果美國的聯邦準備銀行能夠適度調整貨幣數量的話，應該會大幅減輕經濟大恐慌的嚴重程度。1930 年代，因為企業及個人破產的案件太多，使銀行貸款的態度過於謹慎，貨幣供給量因而大幅萎縮。[17]當時的聯邦準備銀行並沒有採取措施，解決流動性不足的現象，使金融市場無法得到急需的信用工具。因此，Friedman 主張中央銀行必須接受國會的監督，以免重蹈覆轍。

此外，21 世紀的第一個金融風暴，對中央銀行造成嚴重衝擊，引起各界質疑其監督角色，及解決危機的能力。面對流動性不足，各國中央銀行大幅調降利率，大量增加貨幣供給，稱之為量化寬鬆(quantitative easying, QE)。這些措施使資金成本異常的低，可能會發生和 20 世紀最後十年同樣的結果，埋下另一個金融泡沫的惡果。但是，若利率調升太早，又可能會使剛復甦的經濟走下坡。總之，中央銀行的任務十分艱鉅。面對大到不會倒的銀行，美國的中央銀行甚至要採取行動，限制銀行的規模。這些政策頗具爭議，能否成功，尚待考驗。

七．貨幣經濟的真實體驗：二次大戰德國戰俘營的交換經濟

Radford (1945)提到一個發生在第二次世界大戰德國戰俘營的故事。事件發生在 1943 年至 1945 年之間。雖然戰俘營中沒有任何生產活動，卻以日常生活的配給品發展出繁榮的市場，互易有無的需要順其自然發生。配給品包括：牛奶、奶油、果醬、衣服、衛生用品、糖、香菸、起司、巧克力、牛肉罐頭等，都成為交易的標的。香菸似乎有特殊的地位，很快就成為通用貨幣及計價單位的首選。雖然沒有政府或中央銀行，一般經濟體系所見到的通貨緊縮、通貨膨脹及各種貨幣現象，在戰俘營中展現無遺。[18]

戰俘營的生活應該是無聊難耐，雖然沒有任何生產，一切都得仰賴配給品，但是在裡面的日常生活卻有令人意想不到的經濟運作，其中的寓意比一般教科書中常用的魯賓遜漂流記還要精彩。證明人類的需求及智慧，在極度困難的情況下，也能演化出解決資源分配的機制，甚至交易媒介，擺脫毫無效率的以物易物。

[17] Bernanke, Ben, 1983, "Nonrnonetary Effects of the Financial Crisis in the Propagation of the Great Depression," American Economic Review, Vol. 73, No. 24, 257-276.
[18] Radford, R. A., 1945, "The Economic Organization of a P.O.W. Camp," Economica, Vol. 12, No. 48, 189-201.

每一個戰俘營大約可以容納 1,200~2,500 人，其中有不同的建築物收容戰俘，每一單位約有 200 人。物資來源主要是德軍及紅十字會。大多數的交易是食物換香菸或香菸換其他食物。每週的固定配給是每人平均分配，大致上是公平的。另外也有私人包裹、衣物、衛生用品、香菸等，因為是私人配送，物資分配因人而異。有些戰俘是在轉運途中，臨時性的短暫居住，在此狀況下交易市場比較不健全。永久性戰俘營的市場運作，則是多元而順暢。

牧師因為有行動自由遊走各營舍，不但帶來市場訊息，有時也交換到不少物資。慢慢的，香菸的特性成為交易媒介的首選：容易分割、眾人皆接受作為計價單位，也是很好的價值儲存工具。有趣的是胡蘿蔔似乎沒有人喜歡，沒有交換價值。香菸並非耐久財，而且時間一久品質可能有變。雖然每個人對品牌有不同的偏好，但是作為貨幣，一支香菸就是一支香菸，可以換到的東西不會改變，因此發生劣幣驅逐良幣的現象。

劣幣驅逐良幣的現象出現在 Sir Thomas Gresham (1519~1579)的時代。有人利用貨幣的摩擦之便，收集硬幣磨損下的金屑、銀屑，有的人甚至剪下硬幣的一小角。就法律而言，商人仍得接受缺損的貨幣，僥倖之徒則藉此獲利。正因為如此，好的貨幣都被留在身邊，市面上流通的只剩下品質差的貨幣。戰俘營的香菸也有相同現象。高級品牌的香菸很少出現在市面上作為交易媒介。有的香菸裡面的菸草會被擠出一些，所以品質也未必完好如初。因此有劣菸驅逐良菸的現象。

久而久之，每一個營房出現買或賣的告示，成為市場資訊。各個不同營舍的需求狀況不同，價格略有差異。資訊流通之後，有人利用其間的價差套利。價格是否公道，沒有人能夠確定，自古以來就有公正價格(just price)的爭議。為了讓交易更順暢，中間人是難免的。但是也會有操弄價格的疑慮，然而到底什麼是公正價格實在很難說。再者，若有些東西長期沒有人買或賣，可能會影響市場的流動性。所以某個程度上，這些中間人扮演造市者(market maker)的角色，買下長期沒有人買的東西，或者設法找到沒有人提供的貨物。做這些事情不但有成本，更有風險。若沒有相對的利潤，有誰願意維繫這個市場運作？但是因為大家都是不幸的戰俘，加上被指控有價格操作(price fixing)的嫌疑，這些中間人的境遇更加艱困。

再來是，不吸菸的人成為被指責的對象：為什麼要配菸給不吸菸的人？然而香菸不只是一個消費品，而是一個財富象徵、計價單位、交易媒介時，不吸菸的人一樣菸不離手。英國人比較喜歡茶，法國人則偏好咖啡。善於交易的人，在這兩個不同族群的戰俘中賺不少錢。甚至有些戰俘將咖啡走私到慕尼黑的黑市販賣。戰俘營也有這樣興盛的市場，實在是難以想像。香菸也用來賄賂衛兵。多出來的配給品，衣服、衛生用品、食物等，大多可以拿到特定價格。為了戰俘的福祉及避免被剝削，有時也會特別留意菸槍的健康，以免這些人因為吸菸過度而忽視基本身心健康。

隨著情勢發展，有一個類似市場監控的機構出現，規範市場的運作。戰俘營的生活也是五花八門，有人想多賺一點而願意做裁縫、替人洗衣、燙衣服、畫人像等，不一而足；甚至有人開咖啡店。不同族裔之間的價差成為套利空間。中間人穿梭其間獲利，牧師也在不同戰俘營舍之間服務，並從中獲利。中間人因為忽略市場供需而破產的事件，也時有所聞。運作時間一久，慢慢衍生出期貨市場，有人要買或賣未來會多出來或有需要的物品，也有賒帳行為。有一陣子紅十字會只提供菸草，手捲菸因而產生，但是品質比較差，接受度低，而且需要檢查品質之後才收。更有人將機器捲的菸拆散裝成手捲菸來獲利。紅十字會提供菸草的比例是 25：1，也就是說，一份菸草可以取代 25 支香菸。但是，實際上一份菸草可以做 30 支手捲菸。劣幣驅逐良幣的現象再度出現，市面上的機器製香菸立即消失無蹤，只剩手捲菸在外流通。

由於配給的關係，香菸作為貨幣在戰俘營的經濟體中，一再週期性地發生通貨緊縮及通貨膨脹。配菸到的時候，新貨幣（香菸）注入戰俘營，通貨膨脹因此發生，交易開始熱絡。因為香菸是消費品，所以在下次配給到達之前，香菸（貨幣）隨著時間消逝而減少，於是發生通貨緊縮，交易變得清淡，經濟活動停滯，甚至重回到以物易物的狀態。配給大多是在週一送達。因此，週六時物價下跌，週一早上則物價大漲。空襲、戰爭消息、配給延遲等，對物價也有影響。

有一次謠傳物資配給即將抵達，結果停滯的市場開始熱絡，蜜糖以 4 支香菸成交。後來證實是誤傳，結果蜜糖定價 2 支香菸也沒有人買。通貨膨脹和通貨緊縮相隔只有幾小時。1944 年 6 月時，配給的供給增加，戰俘營於是成立一個類似中央銀行的機構，以食物作為百分百準備發行紙鈔，避免使用香菸作為貨幣，而必須忍受週期性通貨膨脹和通貨緊縮的煎熬。

一時之間新紙鈔的運作還頗為順暢。只是戰俘營中一切受到外在環境及戰爭情勢影響。供應短缺或物資匱乏發生的時候，幣值因此大跌。最後還是能夠順利將所有紙鈔以咖啡或梅子乾兌現，只是換到的物品未必盡如人意。算起來紙鈔的運作頗為成功。監管機構一度設定 5% 的價格波動區間，以確保價格公正。但是物資供給一有波動，市場價格隨之漲跌，此一限制很快就失效了。強制規定價格不能改變，只會讓黑市猖獗。

此外，有一些特殊的物價波動。1943 年燕麥供給增加，造成燕麥價格下跌。夏天的時候可可的價格下跌，肥皂的價格上漲，是典型的季節性波動。有人發明用糖和葡萄乾做酒的方法，這兩樣物品的價格隨之上漲。1944 年 8 月，香菸和其他物資減半，照理說物價不應該有變化。但是，有菸癮的人不能不吸菸，所以相對之下，食物的價格下跌，菸的價格略為上漲。

1945 年 2 月德國士兵願意以一條麵包來換一條巧克力。得知此一消息的人因此進行套利，讓原本受制於通貨緊縮而停滯的交易，一下子又開始熱絡。有人在戰俘營中收購巧克力，來換德國士兵的麵包。戰俘營中的麵包價格因此下跌，而巧克力的價格則是上漲。麵包的價格變成 40，巧克力的則為 15。但是兩者的物價沒有達到 1 比 1 的比例。用香菸作為貨幣對不吸菸的人有利，比較容易度過沒有菸的難關。最後整個戰俘營的貨幣經濟體，因為德國戰敗而結束。

八 • 貨幣起源的另一個看法

Grierson (1977)認為貨幣現象的起源不是市場，而是社群發展中價值和撫慰金的概念衍生而來。雖然筆者不完全認同他的看法，但是也有參考價值，同時考驗讀者的思考能力，其中所提到的歷史，則可以讓人溫故知新。[19]

最早的硬幣大約出現在里底亞(Lydia)國王克里薩斯(Croesus)的時候(561~546BC)的小亞細亞，由天然的金、銀合金鑄成。到西元前 6 世紀中葉才變成金、銀。此一技術及硬幣之使用，逐漸流傳到東南邊的波斯，往西到愛琴海及希臘。在西元前 1000~2000 年時，近東及中東一帶常以銀交易，是以重量來作為交易單位而非硬幣。亞里斯多德認為發明硬幣是一件不幸的事，因為許多人因此累積許多沒有用的硬幣，而不是有用的財貨。他可能忽視資本主義及累積財富，對經濟發展也有正面意義。

貨幣剛開始的價值相當高，一個硬幣重達 4.5 公克，可以買 10 隻羊。重量小一點的也可以買 1/3 隻羊，購買一般的消費品不方便。[20]硬幣對政府之行政及收稅有助益。政府接受的，商人自然也接受。埃及曾經以銅為計價單位，但是卻以其他物品支付，近東、中東則常以穀物及金屬支付。伊拉克的尼普耳(Nippur)可以用銀、大麥、豆子來支付。銀以重量計算，大麥則是容積，羅馬用銅塊之後

---

[19] Grierson, Philip, 1977, *The Origins of Money*, The Athlone Press.
[20] 清代有類似情況，雖然以銀作為計價單位，一般民間小額交易大多用銅錢。

才有硬幣出現。Grierson 認為價值儲存並不重要，因為穀物和鱈魚乾都曾作為貨幣，但是並非儲存價值的好工具。鑽石雖然可以儲存價值，但從未作為貨幣。就交易媒介和計價單位，Grierson 認為計價單位是貨幣最重要的功能。

Grierson 舉了幾個例子。希臘時代牛是計價單位，不用來作貨幣。可能在早期一定重量黃金的價值和牛相當。因此牛是計價單位，而非交易媒介。埃及法老時代沒有硬幣，用金屬重量作為計價單位，交易則是以其他貨物作為媒介。此種情形在中古歐洲也常發生，因為硬幣數量不足、或因為金額太大、或者是另一方希望得到貨物來轉售獲利。價值衡量、長度、面積、體積、重量等單位來之不易，是經過長期演進才得到共同認定的標準。再者，不同貨物有不同衡量方法。早在羅馬時代，就有各種對人傷害應該做補償的規定。如果沒有做到，受害人的家族就可以對加害人採取報復措施。此一撫慰金逐漸成為價值衡量的基準。此一價值衡量的起源，在威爾斯、愛爾蘭、挪威、日耳曼各地，對相關傷害補償皆有明確記載，成為大家遵守的準繩。其目的在阻止暴力復仇。由於這些補償是法律制定被眾人接受，故也可在市場中通行無阻。

英文單字 pay 的原意是 pacify 或 make peace，意即安撫。[21]羅馬 12 木表法規定，損害要賠償否則受害的一方就可以報復，補償金額則和家庭地位、受害者年齡及特質有關。Fishmonger 是賣魚的人，其中的 mong 代表 to traffic, barter 交易、交換。羅馬法之補償概念和價值有關，成為價值之基礎。撫慰金是所有貨幣體系的基礎，由於法律補償的概念，對個人傷害補償而有以錢為衡量價值的概念。

貨幣經濟何時興起，是另一個重要議題。[22]貨幣號稱是經濟不可或缺的動能，但是在商業不發達的地方，貨幣的作用也不大，在許多原始部落交易不多，因為需求有限，貨幣無用武之地。貨幣的出現和大量使用，有一定的條件。所謂的貨幣經濟興起，指的不是何時開始使用，而是何時開始大量使用貨幣進行交易。若干學者把許多歷史演進的關鍵，都說是中產階級興起造成的。此一說法有待商榷。

以財富和勢力來衡量，其實中產階級在 14 世紀的影響力比 15 世紀時的要來得大。就資本主義色彩而言，也是中古前期比後期更有影響力。某些歷史學家常

---

[21] 有一些和貨幣概念相關有趣的英文單字，talent 是金的重量單位。Pecu 的意思是牛，原始社會財富的象徵。shilling 的意思是 cut，rouble 則是若干貴重金屬(pieces of precious metal)，gild 歌德語 Gothic 中意思為 tribute，貢奉。

[22] Postan, M. M., 1944, "The Rise of a Money Economy," Vol. 14, 123-134.

常認為貨幣經濟出現在某一時點,其實貨幣現象是一個許多因素發展的綜合表現。英國社會的轉變大約出現在 10~11 世紀,城市的興起在 11~12 世紀,英國國稅的起源在 12~13 世紀,以貨幣替代勞役在 13~14 世紀,英國的崛起則在 16 世紀。以上這些事件都曾被認為是貨幣經濟興起的時點。

事實上,在羅馬人入侵之前,英國就已經使用貨幣。在 6 世紀已經制定殺人的罰款金額,7 世紀則有教會奉獻的規定。雖然是以實物支付,其規範則是貨幣。給國王王田的食物租金(food rents)雖然都以實物支付,但是很早以前就有部分是以貨幣支付,房地產買賣也是用貨幣。有人說中古世紀以前,貨幣是計價單位而非交易媒介,此一說法未必是事實。在羅馬占領以前英國已有金幣,8 世紀時還有外國人收藏,證明英國很早就有貨幣的使用。

就歐洲及人類歷史來看,經濟活動的循環現象經常發生,有如家常便飯。13 世紀時,農業、工業生產大增,城市、市場及商人階級隨之興盛。相同的情況也在 16 及 18 世紀出現。再者,貨幣經濟的成長,不只是金、銀數量的增加,而是以貨幣支付的交易增加。12 世紀末至 13 世紀,以及 16 世紀時,金銀數量大增,但將之視為貨幣經濟崛起的人不多。人口增加、土地開發、商業及金融技術的進步,皆有助於打破地區市場,並促進經濟活動。不過在 14~15 世紀時,以貨幣代替勞役之時,農業的狀況其實並不理想。這證明貨幣支付增加的時候,貨幣數量未必增加。

以貨幣支付進行交易的現象,有起有落,其間有很多波折,也不是連續的。就如同生產並非一直都是成長的。14~15 世紀時,生產曾經衰退過,17 世紀中葉也是如此。總而言之,貨幣在經濟體系的影響時而增加,時而減少,過程並非一帆風順。以英文 farm 一詞所代表的現象為例,原來是一種租賃。地主要求有恆常所得,支付莊園地主的租金大多是以實物支付,其間的演變有許多波折。有些以貨幣支付或是部分用貨幣另加實物支付。貨幣經濟的興起是多種經濟因素演變而來,若要指出某一特定時期為發生時間,可能會無法觀察歷史發展的全貌。

九・比特幣是貨幣嗎？

香菸可以拿來當作貨幣,比特幣呢?比特幣(Bitcoin)既非比特(bit)更非幣(coin)。通常媒體在報導比特幣時,都會附上一張黃銅色圓形硬幣的照片來代表比特幣。很多人以為比特幣真的長那個樣子,事實上是錯誤的。比特幣只存在電腦裡,而且要有特殊軟體才能使用。貨幣的四大功能:交易媒介、計價單位、儲存價值及延遲支付，它沒有一樣做得到。首先，要產生比特幣必須耗掉相當多的能源，整個過程俗稱挖礦。所以發行比特幣的成本相當高。此外，它的價值波動相當大，最低時只有一百多美元，最高曾經超過六萬美元。價格變動差異如此之大，要拿來作計價單位，接受的人大概不多。

再者，受限於所使用的區塊鍊技術(block chain)，交易手續費相當高，也很耗時。要滿足貨幣的另兩個功能更是不可能，因為已經發生好幾起比特幣被竊事件。簡單地說，比特幣的一切運作都要靠電腦，而電腦被駭的事件經常發生。使用這種不安全的東西作為貨幣，金融界恐怕隨時有崩潰的危險。至今沒有任何一個國家接受以比特幣來支付稅賦。此外，除了比特幣之外，又有許多類似的數位幣出現，稱之為數位貨幣發行(initial coin offering, ICO)。換言之，人的貪婪本性鐵定會製造出更多的數位貨幣，到最後和一般貨幣一樣，必須面對嚴重的通貨膨脹。比特幣或其他類似的東西要成為日常使用的貨幣，還有一條很長的路。

重要名詞及摘要

MACROECONOMICS
Theory and Practice

Consols	ICO	貨幣
通貨	法償	面值
流動性	到期日	比特幣
無息債券	折扣債券	折價發行
活期存款	敕令貨幣	信用貨幣
貨幣數量	貨幣市場	貨幣供給
貨幣需求	交易需求	預防需求
投機需求	中央銀行	重貼現率
貨幣乘數	超額準備	部分準備
道德勸說	法定準備	法定準備率
英格蘭銀行	可轉換債券	可贖回債券
不可轉換債券	不可贖回債券	公開市場操作
公開嘴巴操作	預期通貨膨脹	

很可能在有人類之後，就有貨幣的使用。有了錢之後，市場的運作更為順暢。貨幣的主要功能：計價單位、交易媒介、價值儲存、延遲支付。很多東西都曾被用來當作貨幣，例如：貝、金、銀、銅、鐵、布等。以前的錢叫作貨幣，其價值來自其中貨物的價值。現在的貨幣則是信用貨幣。一般所說的錢，和經濟學所說的貨幣不同，依變現能力分成 M_{1A}、M_{1B} 及 M_2 等。

貨幣的供給主要來自中央銀行及銀行體系。貨幣的需求則可分成三部分：交易需求、預防需求、投機需求。貨幣需求和所得、物價水準成正相關，和利率則成負相關。中央銀行可以藉由重貼現率、法定準備率及公開市場操作等，影響貨幣市場的運作，達到新的利率水準，並進而影響消費及投資。中央銀行是銀行中的銀行，監督其他銀行的運作。有的人認為中央銀行應維持獨立的地位，Friedman 則認為中央銀行應受嚴密的監督。21 世紀的第一個金融風暴，挑戰中央銀行的穩定功能及監督角色。比特幣及其他數位貨幣的出現，並沒有解決貨幣交易所衍生的問題，對經濟體系的運作不但沒有助益，還可能引發不當炒作的泡沫。

💬 問題與討論

6-1.　何謂流動性？

6-2.　貨幣功能有哪些？

6-3.　M_{1A} 包括哪些項目？M_{1B} 呢？

6-4.　貨幣需求大致可以歸納為哪三項？

6-5.　何謂貨幣乘數？

6-6.　（是非題）若法定準備率為 100%，則銀行體系失去創造貨幣的功能。

6-7.　（是非題）貸款人把錢還給銀行，會減少經濟體系的貨幣供給。銀行將錢貸給消費者，則會增加貨幣供給。

6-8.　何謂貨幣中立性？

6-9.　所得增加對貨幣市場有何影響？

6-10.　物價水準下降，對貨幣市場有何影響？

6-11.　試簡述貨幣供給增加，透過債券交易使利率下降的過程。

6-12.　何謂流動性陷阱？

6-13.　中央銀行的主要功能為何？

6-14.　若中央銀行要使貨幣供給減少，有哪些方法？

6-15.　中央銀行應該獨立運作？或接受更嚴密的監督？

6-16. 試證明考慮持有部分現金的貨幣乘數 $\dfrac{1+\dfrac{C}{D}}{\dfrac{C}{D}+\dfrac{RR}{D}+\dfrac{ER}{D}}$，比全部為存款的狀況

的貨幣乘數 $\dfrac{1}{\text{法定準備率}}$，要來得小。

6-17. 禮券、信用卡、戲院或演唱會門票、手機通話時間、香菸、消費券或振興券、健身房會員、游泳券、電影票、高爾夫球俱樂部會員、好市多會員、火車票、高鐵票、機票等，以上這些物品可以當作貨幣嗎？

6-18. 根據課本中引述的案例，當配給品即將到達時，戰俘營會發生什麼現象？如果有一段時間配給品還沒有到，戰俘營會發生什麼現象？

6-19. 假設世界上有 A、B 二個國家，一個用金本位，另一個用銀本位。如果黃金價格上漲，對二個國家各會有什麼影響？

6-20. 根據課文描述，有一次謠傳物資配給即將抵達，結果停滯的市場開始熱絡，蜜糖以 4 支香菸成交。後來證實是誤傳，結果蜜糖的價格降到 2 支香菸也沒有人買。原因為何？

6-21. 香菸可以拿來當作貨幣，比特幣呢？

6-22. 根據 Grierson 的說法，貨幣的價值儲存功能並不重要。因為穀物和鱈魚乾都曾作為貨幣，但是並非儲存價值的好工具。請問：穀物和鱈魚乾作為貨幣，適當嗎？

6-23. 鑽石是很好的價值儲存工具，為什麼從未被當作貨幣？

🎵 經濟現象探索 -1

索馬利亞的先令[23]

　　現代的貨幣是信用貨幣，沒有金銀等貴重金屬作發行準備。鈔票基本上就是一張紙，當任何人不認為這張紙有價值時，紙鈔真的會比廢紙還不如。[24]1998 年俄國的盧布崩盤時，有些俄國工人領醃黃瓜當作薪水，而不是盧布。由此可知，即使政府存在，只要信心不足，錢未必是人人都想要的。至於索馬利亞的先令，竟然已經有 10 年沒有政府或中央銀行背書，卻能夠繼續在索馬利亞暢行無阻。

---

[23] The Economist, May 31, 2012, Somalia's mighty shilling: Hard to kill, a currency issued in the name of a central bank that no longer exists.

[24] 其實，我們常說的紙鈔，95%的成分是棉。如此才能經得起平常的折疊和其他損耗。

長年內戰使索馬利亞分崩離析，直到 2011 年才由過渡聯邦政府，設立名目上的中央銀行。其實政府的號令無法跨出首都莫加迪休，南方的叛軍使國家的統一遙遙無期，至少 230 萬人需要食物救濟。問題來了，國家的處境如此，為什麼索馬利亞的先令還會有人接受？

理由之一是，先令的供給相當穩定。有些軍閥發行自己的先令，甚至有些假鈔在市面流通，但是因為已經沒有官方機構再印新鈔，使得 1992 年以前發行的先令有一定的信譽。甚至於有的假鈔還聲稱是 1990 年在首都印製的。索馬利亞的銀行業者，訓練員工如何分辨真假先令。有的人則接受可能拿到一些假鈔的風險，結果使理論上沒有價值的紙鈔，竟然還可以當作交易媒介。

多數金額大的買賣，包括車子、房子或牲畜等，都用美金。但是小額交易，例如：糖、茶等，則用先令。使得先令像珠子或貝殼一樣，被當作交易媒介。在索馬利亞以物易物幾乎不可行，因為多數基本物資都是在外地生產。此外，先令也可作為次要的價值儲藏。每年經濟體系都會有新的美金輸入，來自出口羊到沙烏地阿拉伯所賺取的外匯。牧羊人有時會利用先令，作為次年買賣之用。先令的流通大多是在親族之間，所以醞釀一種特殊的凝聚力。若有人作弊或耍賴，後果因此更加嚴重，會損害親人之間的信任。

現在索馬利亞的先令，面臨另一個重大的挑戰。電信公司允許消費者使用手機轉帳來消費。在莫加迪休這種消費方式非常受歡迎。如果先令在索馬利亞處於無政府狀態下，都能夠生存，或許也能抗拒新科技的挑戰。

Q1 為何在政府、中央銀行不存在的情況下，索馬利亞還能使用舊貨幣？

經濟現象探索 -2

一元美鈔

在眾多美國紙鈔中，一元美鈔的圖案最能反應美國的建國精神。一元美鈔的正面是美國國父喬治・華盛頓，左上角印著"This note is legal tender for all debts, public and private"說明美元在美國法律上的地位。左下角為鈔票區位號碼(note position number)，包括鈔票區位字母(note position letter)及一區位數字；背面則是美國國璽(The Great Seal of the United States)。

美國國璽的正面是一隻禿鷹，印在一元美鈔背面的右方，胸前有美國的國家盾牌(national shield)。左爪上有象徵和平的 13 枝橄欖枝，飾有 13 片葉子及 13

顆橄欖。右爪則有 13 枝箭，象徵戰爭。13 這個數字代表原始的 13 州殖民地。禿鷹的頭朝向橄欖枝，意謂著美國渴望和平。盾牌的上方代表國會，禿鷹的頭則代表行政部門，尾部的九根羽毛則是象徵司法部門。

這隻禿鷹的嘴上唧著絲帶，上面寫著 13 個字母的箴言："E Pluribus Unum"，其意義為 "Out of Many, One"，也就是美利堅合眾國的立國精神：合眾為一。美國國璽的反面，印在一元美鈔背面的左方。有一個金字塔，共有 13 層，其底部有羅馬數字 1776 的字樣，MDCCLXXVI[25]。金字塔尚未完成，象徵美國未來的成長及追求卓越的精神。在金字塔上端的光芒及眼睛，則代表上帝對美國的庇佑。外圍刻有另一個 13 個字母的箴言："Annuit Coeptis"，其意義為 has favored our undertaking，意謂著上帝賜福美國的一切行動。在金字塔下方的外圍的刻字，則為 "Novus Ordo Seclorum"，代表新紀元的開始，美國時代的來臨。

一元美鈔背面中間的刻字，則為美國國家座右銘 "In God We Trust"。此一刻字首先出現在 1864 年的硬幣上。1955 年美國立法通過，此後所有的通貨，都要刻上美國國家座右銘。美國的立國精神，在一元美鈔上展現無遺。

Q1 有什麼符號、建築、服飾、圖騰或事物，可以代表臺灣的立國精神？

---

[25] 羅馬數字的 1 為 I，2 為 II，5 為 V，6 為 VI，4 為 IV，10 為 X，50 為 L，100 為 C，500 為 D，1000 為 M，故 MDCCLXXVI 正好是 1776。

經濟現象探索 -3

債券的故事一則：沒有原則、了無趣味、不成熟

1996 年美國總統大選時，有人用債券的相關名詞，形容三位主要總統候選人：Pat Buchanan, Bill Clinton, Bob Dole。言下之意，這三個爛人，分別是三種爛債券的代表。Buchanan 被說 no maturity，maturity 在債券裡的用詞代表到期日，英文原意則為成熟。把 Buchanan 當作沒有到期日的債券，隱含著他的政見永遠不會兌現，也不夠成熟。

Clinton 則被說成 no principal。principal 和 principle 同音，no principal 是沒有本金，no principle 則是沒有原則。沒有本金的爛債券，正好配上沒有原則的 Clinton。他的募款醜聞層出不窮，出租白宮林肯套房，又因性醜聞引發政治糾葛，險遭彈劾。在即將卸任之前，從白宮搬走屬於國家的家具。還被懷疑因金錢而濫行赦免，再次遭到各方譴責。Clinton 的原則何在？Dole 被形容成 no interest，no interest 直譯為沒有利息，interest 也是趣味的意思，大意是說 Dole 的語言乏味。Dole 雖然語言乏味，似乎因為做人頗為正直，媒體對他的評論，比較沒有那麼尖酸刻薄。看完這個故事，讀者應該深切體會，債券不能隨便亂買，選票更不能亂投。必要的時候，還可以用腳投票，移民他國，以逃脫不負責任政客所製造的爛攤子。「危邦不仕，亂邦不居。」是孔夫子的名訓。

Q1 債券的三大要素為何？

經濟現象探索 -4

你要不要買 CD？

筆者 1993 年到美國留學，身上帶了一筆錢，學費是按學期支出，故有些錢暫時用不到。在友人陪伴下到銀行開戶，最重要的是支票存款(checking account)及儲蓄存款(savings account)。當時美國的利率非常低，加上金額不小，銀行的行員極力推薦筆者買 CD，筆者一臉疑惑，自認英文程度不錯，應該沒有聽錯，於是很坦白地告訴那位先生：「很抱歉，我才剛來美國，還沒有時間買 CD Player，不想買 CD。」話一說完，一群人大笑，原來他說的 CD 其實是 certificate of deposit，也就是定存。

這個故事告訴我們，同樣的物品，有不同的名稱，橘逾淮為枳，東方如此，西方亦然。相對的，不同的東西可能會有相同的名稱。如果讀者在美國聽到有人要設立 IRA 帳戶，千萬不要誤會了，那絕對和愛爾蘭共和軍(Irish Republican Army)無關，而是個人退休帳戶(Individual Retirement Account)。二者的縮寫都是 IRA。

Q1 在美國金融界，CD、IRA 分別代表哪一種金融產品？

〽 經濟現象探索 -5

錢值多少錢？

　　似乎很少有人討論，錢的價值是怎麼來的。錢的另外一個名稱是貨幣(commodity money)，主要價值來自其中隱含的財貨。現在用的錢，其實只是一張紙，或沒有多少價值的金屬。著名的經濟學家 Milton Friedman，曾經用兩個故事，解釋通貨膨脹的主要原因，這兩個故事同時也回答了，錢的價值從那裡來的問題[26]。第一個故事發生在 20 世紀初的俄國，第二個則是南北戰爭中的美國。

　　1917 年俄國十月革命之後，新政府成立，順理成章發行新貨幣。因為過度發行，造成嚴重的通貨膨脹，新貨幣幾乎一文不值。部分沙皇政府發行的貨幣，依舊在市場上流通。沙皇政府已經被推翻，依當時情況評估，大概也不可能再重掌政權。奇怪的是，沙皇時代的貨幣竟然還有人願意接受，並有相當價值；其市場價格，比新政府發行的貨幣要高出許多。美國南北戰爭時，也發生類似的情形。南方印鈔票來支應戰爭的各項支出，南方被打敗而不得不遷移總部。在這個過程中，無法繼續印鈔票，通貨膨脹突然停止。

　　Friedman 藉由這兩個例子證明，貨幣數量過多是通貨膨脹的主因。過去的貨幣用貴重金屬，作為發行的基準。持有人可以到指定銀行，將紙幣換成黃金或白銀。因此，過去的錢之所以有價值，是因為可以拿紙鈔，去換高價值的貴重金屬。現在的貨幣發行，以信用為基礎，沒有辦法到指定銀行換貴重金屬，其價值何在？1996 年的時候，中共對臺灣發射飛彈，戰爭似乎有一觸即發的危險。頓時搶購美金成為全民運動，美金賣到缺貨。中央銀行雖然極力護盤，情況危急不言可喻。當時筆者人在美國，當地報紙指出，短短數週之內數百億美金流出臺灣。很難想像眾人追求的新臺幣，一下子不只失去魅力，連價值儲存的功能都消失無蹤。幸好情況終於緩和下來，新臺幣逐漸恢復它原有的致命吸引力。

---

[26] Friedman, Milton, 1968, *Dollars and Deficits*, Prentice-Hall, 31.

一言以蔽之，錢到底有沒有價值，全看持有人是否相信錢有價值。如上所述，沙皇政府已經垮臺了，持有沙皇政府發行貨幣的人，不可能再換得任何貴重金屬，這些錢應該沒有任何價值。但是對相信它還有價值的人，不但持有，還用來在市場上交易。以股票為例，一家已經倒閉的公司，它的股票怎麼可能還有價值呢？一元美鈔印有美國的國家座右銘(national motto)：In God We Trust。似乎間接告訴大家，錢的價值是怎麼來的。不信基督教或上帝的人，也不必擔心，錢不會因此而變得沒有價值。然而，千萬要記得，耶穌曾經說過，錢是萬惡的淵藪。

Q1 錢的價值在哪裡？

Q2 在共產俄國政府控制之下，為何沙皇時代的貨幣仍有價值？

▶ 歷史回顧-1

貨幣數量真的很重要：印度回收鈔票，經濟跟著萎縮

MV = PQ 雖然是一個非常簡單的公式，但是卻能展現經濟的運作法則，及貨幣數量的重要。2016 年 11 月 8 日印度總理在晚間八點突然宣布，要回收 500 及 1,000 盧比的紙鈔。其主要目的在防堵地下經濟、非法經濟活動及減少偽鈔，其價值分別是 7.8 美元、15.6 美元。印度中央銀行似乎毫無準備，事發突然並造成現金短缺長達數週，嚴重打擊經濟。宣布收回紙鈔隔天，印度主要的股市大跌 6%，更沒有效率的是，許多人大排長龍換鈔票，並有人為了搶著換鈔票而死。到了 2017 年 8 月大約有 99%的紙鈔回收，但是整體成效有限，而犧牲的經濟代價太高。

在 1946 年和 1978 年時，印度也執行過紙鈔回收。其目的大致相同，在壓抑體制外的經濟活動及偽鈔，成效似乎也是有限。2012 年有研究指出，地下活動所使用的現金，只有總資產的 6%。換言之，以收回紙鈔的方式來限縮非法經濟活動，猶如緣木求魚。2016 年 3 月時之統計，擬回收的紙鈔占流通貨幣的 86%，事實證明事態嚴重。而且印度人有 50%以上是文盲，多數人沒有銀行帳戶。印度政府給寬限期，要求從事非法活動的自首。2016 年 9 月 30 日前若不自首，將予重罰。這種作法會有多少成效，令人存疑。

印度中央銀行指出，2011~2016 年期間 500 及 1,000 盧幣的紙鈔發行增加約 40%，但是市面流通的則增加為 76% 及 109%。代表其中有不少應該是偽鈔，證明偽鈔及地下非法經濟活動猖獗。換鈔前六個月，印度中央銀行已經開始印新鈔。政府規定將處罰未於其間內兌換完成的人。然而整個政策未經深思熟慮，在執行層面更是粗糙不已。窮人、小商人受到的衝擊最大，因為沒有現金來進行交易，製造業也連帶受到影響。更糟糕的是，政府沒有考慮到原有的 ATM 無法辨識新鈔。換鈔剛開始時，有些地方到晚上都還有許多人排隊。其次是在印度坐火車都要現金，許多人沒有錢買票坐車。在換鈔造成現金不足之後，2017 年 1 月啟動支付卡，算是被迫接受創新支付工具。

現金不足造成大排長龍之外，有的 ATM 根本不能用。許多群眾因此攻擊銀行、破壞 ATM。在換鈔開始許久之後，有的 ATM 仍然沒有現金可供大眾提領。現金短缺現象一直持續到 2017 年 4 月，也就是換鈔啟動後的 5 個月，有些地方 83%的人無法提領現金。有的人為了領錢而喪命，也有人因為醫院不收舊鈔而死，股市因此跌到 6 個月的新低點。交通也因此大亂，80 萬卡車司機沒有鈔票支付過路費，公路大排長龍。農民沒有新鈔購買種子、農藥、肥料，消費者沒有新鈔購買食物。一個換鈔竟然造成農產品價格大跌，香菇的銷售也大減 30~40%。不過電子支付、卡片支付則因此而受益，金融卡交易增加 108%，信用卡則為 60%，但是此一趨勢在一個月後就消失了。

印度的經濟損失，2017 年第一季大約 GDP 成長減少 1%，第二季則成長減少超過 2%。印度政府的稅收在換鈔之後，卻是大幅增加，地方的稅也是如此。稅收雖然增加，但是付出的代價實在太高。另外，還是有不少人在換鈔期限之後，手頭上仍有大筆舊鈔。印度政府限定，只有非印度國民才能換舊鈔，雖然有人向法院提起訴訟，一切都是枉然。可以想像有不少把錢藏在櫃子、罐子、枕頭等的人，所有的積蓄一夕之間變成廢紙。[27]這一年度印度中央銀行貢獻國庫收入，不到上一年度的一半。原先的估計是 GDP 會有 3%以上的成長，結果變成經濟衰退，真有天壤之別。

上有政策，下有對策，不少印度珠寶商在換鈔期限之後，仍接受舊鈔交易，黃金交易大幅增加，黃金價格也增加 20~30%。寺廟的捐獻也不受限制，等於開了一條洗舊鈔的管道，名符其實的洗錢。此一捐獻洗錢至少有 440 萬盧比。有錢人為非作歹，當然有錢請人排隊換錢。另外，有數萬人用舊鈔訂長程豪華艙的火車票，只要退票就可以換到新鈔。印度鐵路當局為此宣布，超過 1 萬盧幣的金額不以現金退還。想坐火車的人就變少了。再者印度本身就是極為腐敗的國家，有

---

[27] 臺灣也曾經發生一個案例，有商人錯過將消費券換成現金的期限，因而損失數十萬元。

人為排隊換鈔等到沒命，有人則透過管道換到大筆新鈔。此一換鈔之舉，證明印度離已開發國家還有一大段距離。相較之下，一般認為肯亞是經濟、科技落後的國家。在更換舊鈔票的議題上，其表現似乎遠遠勝過印度。[28]此外，肯亞也是使用行動貨幣(mobile money)的先驅，M-pesa獨步全球。

問題 ❶

貨幣供給減少，對經濟有何影響？

問題 ❷

貨幣供給減少時，印度的物價水準有何變動？

◉ 歷史回顧 -2

增加貨幣供給的妙方

當景氣蕭條的時候，政府和中央銀行總是要傷透腦筋，想盡辦法刺激經濟。增加政府支出可能增加負債，急就章之下的規劃，建設的效益也未必能夠充分發揮，中央銀行更不能平白無故亂印鈔票來增加貨幣。有沒有增加貨幣供給而又沒有副作用的妙方？

很多地方都有許願池。甚至一些觀光景點的小水池，莫名其妙就有許多觀光客把它當作許願池用。雖然丟的都是銅板小錢，但是積少成多。若真的要不費力地刺激經濟，一個妙方是多設許願池，並定期搜集水池中的銅板。因為這些錢形同被拋棄，不在市場上流通。撈起來使用，有增加貨幣供給的效果。不過這些錢的金額和刺激經濟的規模，可能有不少差距。

2020年新冠肺炎衝擊美國經濟超過12個月，許多餐廳撐不下去。有一家小吃店在情非得已的情況下，把客人過去留下來、貼在牆上當紀念的小鈔票，全部取下應急。結果竟然有三千多美元。還可以支付員工一個多月的薪水。這些小錢要刺激經濟，功效有限。要解一時之危，杯水車薪、差強人意。

問題 ❶

除了中央銀行的政策運作之外，認真思考還有哪些增加貨幣供給的方法？

---

[28] The Economist, Oct 19, 2019, Money to burn: Kenya's demonetisation was unexpectedly orderly.

歷史回顧 -3

中古世紀的美元[29]

此處所指的美元是具有國際地位的貨幣。蠻族入侵使羅馬帝國在 476 年瓦解，剩餘勢力繼續在南歐東部以君士坦丁堡為據點成長茁壯，稱之為拜占庭帝國 (Byzantine Empire)，又叫作東羅馬帝國。直到 1453 年被鄂圖曼土耳其帝國併吞為止，綿延將近一千年。在此期間，拜占庭帝國承襲羅馬文化並將之發揚光大，是中古世紀歐洲一大強權。雖然領土及武力不如昔日的羅馬帝國，但是歐洲其他地區在蠻族入侵之下，因為經濟衰退相對處於弱勢。拜占庭帝國經濟勢力大增，尤其是使用的貨幣 bezant 廣為各地接受，甚至成為共同的計價單位，使拜占庭之國際地位超越其原有的政治影響力。

古時貨幣通常會刻上國王肖像，日耳曼、法蘭克、回教地區的國王也都模仿，但是都無法比擬 bezant 之優勢。拜占庭之貨幣除歐洲之外，英國和印度也都接受，和黃金一樣好用。君士坦丁一世是 bezant 的創始者，600 多年中一直維持相同重量及純度，廣受眾人歡迎。它不只是貨幣，更象徵信賴與權威。但是，這一切都要靠帝國的財力和武力來支撐。

一國的經濟需要適當數量的貨幣流通，但是拜占庭、歐洲都沒有大金礦，加上囤積貨幣及劣幣驅逐良幣的趨勢，慢慢侵蝕經濟基礎。拜占庭的農業基本上沒有太多變化，西元 6~10 世紀紡織業及造船業相關產業則生產力大增。拜占庭出口到歐洲，之後再轉口到回教世界。不過，遲早競爭對手會出現。更荒謬的是第四次十字軍東征(1202~1204)，竟然攻陷同為基督徒的君士坦丁堡。從此帝國命運開始走下坡，貨幣純度不足、貴重金屬含量降低，造成通貨膨脹。信用不佳的貨幣難以取信大眾，拜占庭帝國與 bezant 一起走入歷史。

英鎊的地位大致也是如此。在大英帝國的勢力瓦解之際，美國的勢力崛起，已經衝擊英鎊及英國。第一及第二次世界大戰使昔日的日不落帝國失去眾多殖民地，而美國獨霸全球的武力及經濟勢力，使美金成為全球商品的計價單位。有人預測美元在不久之後，也會被人民幣取代。依目前情勢發展，中國的經濟尚非十分穩固，政治因素則令人憂心。人民幣要取得世界貨幣地位，還有一段很遙遠的路程。

問題 ❶

一國貨幣若要成為世界貨幣，必須具備哪些條件？

---

[29] Sabatino, Lopez Robert, 1951, "Dollar of the Middle Ages," Journal of Economic History, Vol. 11, No. 3, 209-234.

IS/LM 模型

MACROECONOMICS
Theory and Practice

　　總體經濟的重要變數包括生產、價格水準、利率水準等。本書第三章介紹的凱因斯基本模型或第四章的 AS/AD 模型，都沒有討論到利率水準。IS/LM 模型結合了貨物市場及貨幣市場，提供分析總體經濟比較完整的模型。直到目前為止，面對錯綜複雜的經濟運作，現有的分析工具還是非常有限，讀者日後還有不少創新的空間。

一 · IS 曲線

　　IS/LM 模型的分析，結合貨物市場及貨幣市場，在此先介紹 IS 曲線。IS 曲線的定義為：在貨物市場均衡之下，各種所得與利率組合點的軌跡。因此，線上每一點的投資(I)等於儲蓄(S)，故以 IS 曲線稱之。參照圖 7-1 及圖 7-2，橫軸代表國民所得(Y)，縱軸代表實質利率(r)，要找到貨物市場的均衡，必須從凱因斯基本模型下手，但是凱因斯基本模型中沒有利率這個變數，所以要以外生變數來觀察。利率下降的話，消費、投資都會增加，使 AE 上升，故可以知道 $r_1 > r_2$。由相對應的 Y_1, Y_2，一共得到兩個利率及所得的組合。有了兩個點就能夠得到粗略的 IS 曲線。如果有無限的利率、所得組合點，就可以畫出更精確的 IS 曲線。

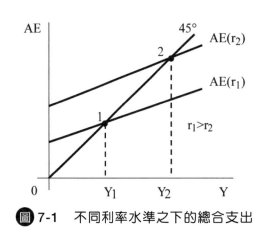

圖 7-1　不同利率水準之下的總合支出

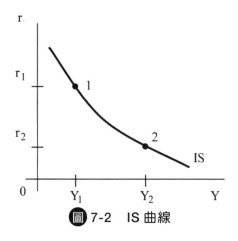

圖 7-2　IS 曲線

　　參照圖 7-3 及圖 7-4，如果政府支出增加的話，在原有支出水準之下，均衡點由 1, 2 分別變成 1′, 2′，相應的 IS 曲線則是整條線向右移。在各相應的利率水準之下，所得會增加。減稅也會有同樣的效果。反之，若政府減少支出或加稅，則 IS 曲線向左移。

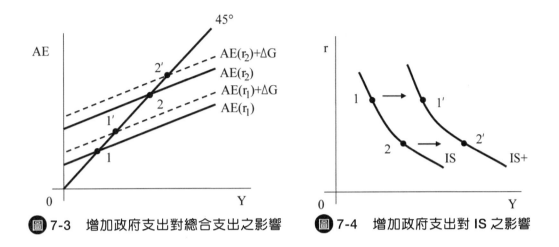

圖 7-3 增加政府支出對總合支出之影響　　圖 7-4 增加政府支出對 IS 之影響

　　參照圖 7-5，觀察 A, B, C 三點，位在同一利率水準上。B 點上的投資 ＝ 儲蓄，因為 B 點在 IS 曲線上。A 點的情況則是投資 ＞ 儲蓄，因為點 A 上的所得水準比點 B 上的小，故儲蓄比較小，但是利率水準不變，投資不變，故點 A 上的投資 ＞ 儲蓄。反之，在點 C 上的投資 ＜ 儲蓄。因此，若要趨向均衡，點 A 的變動方向是向右，點 C 則是向左。

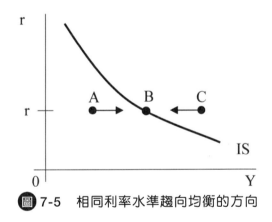

圖 7-5 相同利率水準趨向均衡的方向

　　現在再從另一個角度來看 IS 曲線。參照圖 7-6，B 點上的投資 ＝ 儲蓄，點 A 上則是投資 ＜ 儲蓄。因為 A, B, C 三點同在一個所得水準之上，故儲蓄水準相同，點 A 的利率比較高，故投資比較小，所以點 A 的投資 ＜ 儲蓄。在點 C 則是投資 ＞ 儲蓄，因為其投資水準因利率較低而增加。故就趨向均衡的調整方向看，點 A 是向下，點 C 則是向上。綜合以上所述，不在 IS 線上的點，其可能的變動方向，如圖 7-7 所示。

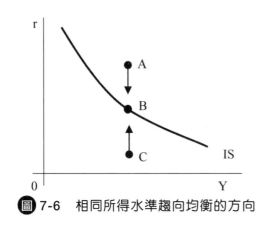

圖7-6 相同所得水準趨向均衡的方向

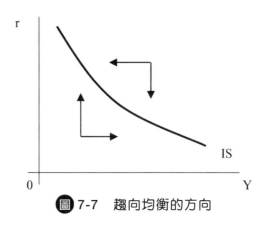

圖7-7 趨向均衡的方向

二・LM 曲線

　　在介紹 IS 曲線之後，接著要討論貨幣市場中的重心：LM 曲線。LM 曲線的定義為：在貨幣市場均衡之下，各種不同的利率和所得組合點的軌跡。因此在 LM 曲線上的每一個點，貨幣供給等於貨幣需求。貨幣需求的符號為 L，貨幣供給的則為 M，故此一曲線稱為 LM 曲線。在貨幣市場決定的變數只有貨幣數量及利率，若要找到利率和所得的關係，就必須以所得為外生變數來觀察。參照圖 7-8 及圖 7-9，所得增加貨幣需求也會增加，因此 $Y_2 > Y_1$。由此可以得到兩組利率和所得的組合，連接這兩點就可以得到 LM 曲線。如果有無限的利率、所得組合點，就可以畫出更精確的 LM 曲線。

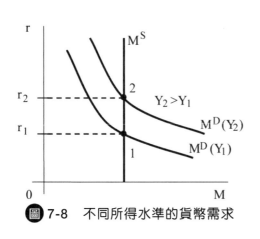

圖7-8 不同所得水準的貨幣需求

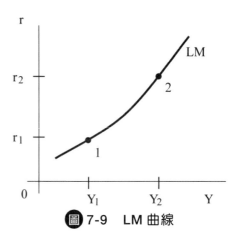

圖7-9 LM 曲線

參照圖 7-10 及圖 7-11，如果貨幣供給增加，則同一所得水準之下，相應的利率水準都比較低，原來的均衡點在 1, 2，分別變成 1′, 2′；或者，由另一個角度看，同一個利率水準之下，相應的所得水準比較高。換言之，相應的 LM 曲線向右移。任何使貨幣供給增加的因素，都會使 LM 線向右移。反之，任何使貨幣供給減少的因素，都會使 LM 線向左移。

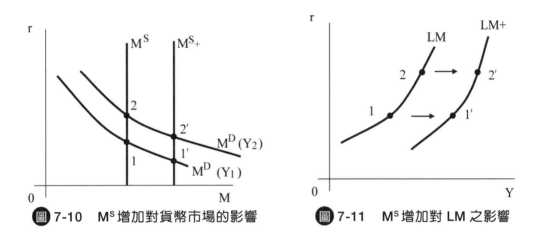

圖 7-10　M^S 增加對貨幣市場的影響　　　　**圖 7-11　M^S 增加對 LM 之影響**

參照圖 7-12，A, B, C 三點在同一利率水準之上。在點 B 時，貨幣供給 ＝ 貨幣需求。點 C 的所得水準比點 A 的高，故點 C 的貨幣需求比點 A 的高。因此，在點 C 時，貨幣需求 ＞ 貨幣供給。在點 A 時則是貨幣需求 ＜ 貨幣供給，故在點 A 時，利率會下降，在點 C 時利率會上升。趨向均衡的變動方向，一個是向下，另一個是向上。

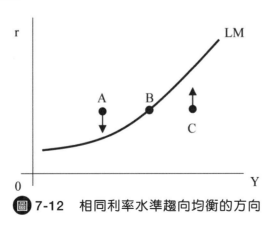

圖 7-12　相同利率水準趨向均衡的方向

參照圖 7-13，從同一個所得水準看，點 B 同樣代表貨幣供給 ＝ 貨幣需求。點 A 的利率水準比點 C 高。因此，點 A 的貨幣需求比點 C 的低，故在點 A 時貨幣供給 ＞ 貨幣需求。點 C 則是貨幣供給 ＜ 貨幣需求。貨幣市場要走向均衡，在點 A 時必須增加所得，在點 C 時，則必須減少所得。故點 A 的方向是向右，點 C 則是向左。綜合以上所述，在 LM 左側的點和右側的點，趨向均衡的方向不同，如圖 7-14 所示。

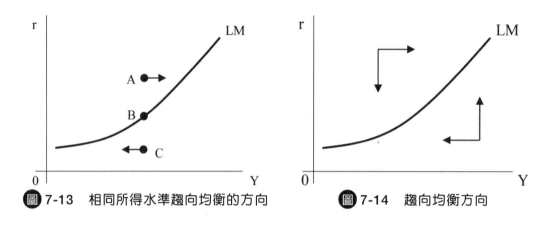

圖 7-13　相同所得水準趨向均衡的方向　　　**圖 7-14　趨向均衡方向**

綜合以上的分析，讀者可以發現，在 IS/LM 模型中，一旦脫離原均衡點，其可能回復均衡的方向，和一般市場的均衡大不相同，請參照圖 7-15。

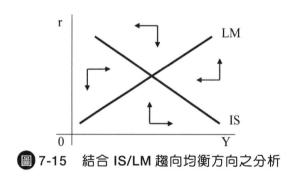

圖 7-15　結合 IS/LM 趨向均衡方向之分析

三 • IS/LM 模型下的均衡

IS/LM 模型之下的均衡，由 IS 及 LM 曲線決定市場的均衡所得及利率。只要知道經濟體系的 IS/LM 方程式，就可以找到均衡解。實際上，經濟體系的運作如此複雜，IS/LM 方程式從何估計起？以下用兩個研究所入學考題，來說明相關的運算技巧。

7-1

假設 $C = 15 + 0.9 Y^d$，$G = 30$，$I = 40 - 10r$，$T = -10 + 0.3Y$。

(i) 求代表 IS 曲線方程式，並說明 IS 曲線的經濟意義？

(ii) 畫出 IS 曲線。

(iii) 上述之稅賦函數代表累進稅，累退稅或比例稅？理由何在？

(iv) 若 $T = -10 + 0.35Y$，則此 IS 曲線會有何變化？

（中興企管所入學試題）

 (i) IS 曲線代表的是，在貨物市場均衡之下，所導出的所得與利率組合的軌跡。所以要導出 IS 曲線，必須從貨物市場的均衡著手，步驟如下：

$$Y = C + I + G$$

$$Y = 15 + 0.9 (Y + 10 - 0.3Y) + 40 - 10r + 30$$

$$Y = 0.63Y + 9 + 85 - 10r$$

$$0.37Y + 10r = 94$$

(ii) 如圖 7-16 所示。

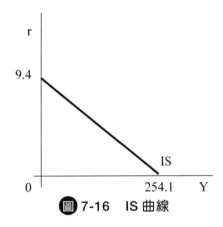

圖 7-16　IS 曲線

(iii) 累進稅代表所得越高，稅率增加，累退稅則是所得越高，稅率越低，比例稅則是不論所得多少，稅率不變。依題意，邊際稅率為 $dT/dY = 0.3$，在所得很高時，接近比例稅。若由 T/Y 觀察 $\Rightarrow T/Y = -10/Y + 0.3$ 則所得越高，稅率越高，故為累進稅。

(iv) 邊際稅率由 0.3 提高到 0.35，新的 IS 曲線如下：

0.415Y + 10r = 94 因此，IS 曲線變得更陡。

例 7-1 明顯指出，稅率會影響 IS 的斜率及財政政策的效率，接下來再看另一個例子。

 7-2

某經濟體系有以下特徵：$C = 100 + 0.8 Y^d$, $Y^d = Y - TA + TR$, $TA = 0.25Y$, $TR = 250 - 0.2Y$, $I = 300 - 20r$, $G = 120$, $X - M = -20$。名目貨幣供給 $= 700$，物價水準 $= 2$，實質貨幣需求為 $L = Y/3 + 200 - 10r$。

(i) 求均衡下之 C、I、L？

(ii) 若貨幣供給不變，政府支出增加 160，則有多少民間投資會受到排擠？

(iii) 以圖形表示(i)及(ii)之結果？

(iv) 延續(ii)，若貨幣供給增加為 1,000，求新的均衡所得及利率水準？

（中央財管所入學試題）

 (i) 先求 IS 曲線及 LM 曲線的方程式

$Y = 100 + 0.8 (Y - 0.25Y + 250 - 0.2 Y) + 300 - 20r + 120 - 20$

$Y = 500 + 0.44Y - 20r + 200$

IS 曲線為　$0.56Y + 20r = 700$

LM 曲線為　$M/P = Y/3 + 200 - 10r$

$350 = Y/3 + 200 - 10r$

$Y/3 - 10r = 150$

求聯立方程式解，得到　$Y = 815, r = 12.2$

將均衡所得及利率代入 C、I、L，得到

$C = 100 + 0.8 (Y - 0.25 Y + 250 - 0.2Y)$

$= 100 + 0.8 (0.55Y + 250) = 658.6$

I = 300 − 20r = 56

L = Y/3 + 200 − 10r = 350

(ii) 政府支出增加 160，新的 IS 曲線是

0.56Y + 20r = 860

LM 仍為　Y/3 − 10r = 150

則　 Y = 946, r = 16.5

此時的投資　I = 300 − 20×16.5 = −30

原來的投資為 56。增加政府支出之後，投資變成−30。故，被排擠的民間投資為 56 − (−30) = 86

(iii)如圖 7-17 所示。

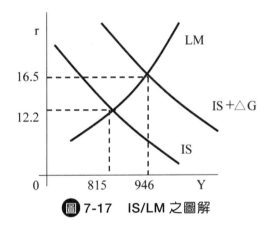

圖 7-17　**IS/LM 之圖解**

(iv) 貨幣供給增加之後，新的 LM 曲線為

500 = Y/3 + 200 − 10r

Y/3 − 10r = 300

配合 IS 曲線　 0.56Y + 20r = 860

新的均衡所得及利率分別為　Y = 1190, r = 9.68

四 • IS/LM 模型中的特例

在討論一般市場均衡的時候，大多會探討垂直或水平的供給曲線及需求曲線。此處也不例外，垂直或水平的 IS/LM 曲線，在政策上有特別的意義。一般而言，當 IS 曲線相當陡或 LM 曲線相當平緩時，投資對利率的反應度很低或貨幣需求對利率的反應度很高，此時貨幣需求對利率的彈性無窮大。在此情況下，財政政策有效，貨幣政策無效。相反的，當 IS 曲線相當平緩或 LM 曲線相當陡時，投資對利率的反應度很高或貨幣需求對利率的反應度很低，此時貨幣需求對利率的彈性為 0。在此情況下，貨幣政策有效，財政政策無效。如何解釋上述現象？

現在配合圖形再作進一步說明。圖 7-18 所示的狀況叫作投資陷阱，IS 曲線為垂直線、LM 曲線為正斜率，此時的投資不受利率影響。貨幣政策的主要作用在降低利率，但是利率下降之後，投資不會因此而改變，故貨幣政策無效。圖 7-19 則是流動性陷阱，LM 曲線為水平線，IS 曲線為負斜率，如前所述，貨幣政策毫無用武之地。參照圖 7-20，LM 曲線為正斜率，IS 曲線為水平線，此時投資對利率的反應度高，故貨幣政策正好可以派上用場。圖 7-21 中，LM 曲線為垂直線，IS 曲線為負斜率，此時貨幣需求對利率的反應度很低，故貨幣供給改變，可以順利地透過債券交易的改變而影響利率，並進而改變消費及投資。故貨幣政策有效，財政政策的功效則相對有限。

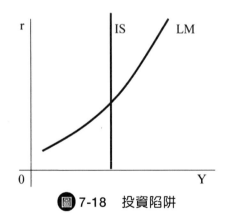

圖 7-18　投資陷阱

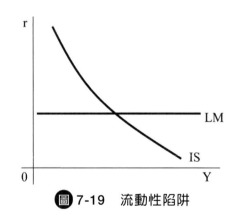

圖 7-19　流動性陷阱

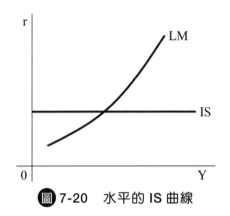

圖 7-20　水平的 IS 曲線

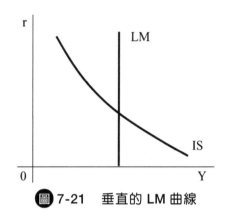

圖 7-21　垂直的 LM 曲線

五 · IS/LM 模型與凱因斯基本模型的比較

相較之下，凱因斯基本模型中預期的支出乘數效果，和 IS/LM 或 AS/AD 模型中所預期的要來得大。因為凱因斯基本模型，沒有考慮價格和利率的影響。政府的支出增加，會對價格和利率產生壓力。政府的支出增加，減少民間的投資的現象，稱為排擠效果(crowding-out effect)。參照圖 7-22，凱因斯基本模型預期的乘數效果為$\Delta Y_k / \Delta G$。圖 7-23 中，IS/LM 模型預期的則為$\Delta Y / \Delta G$。如果 LM 線呈水平狀態或 AS 是水平線時，則三個模型所預期的支出乘數效果就會一樣。因為此時政府支出的增加，不會影響物價或利率水準。

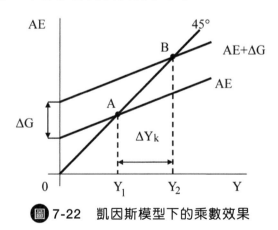

圖 7-22　凱因斯模型下的乘數效果

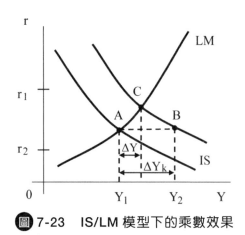

圖 7-23　IS/LM 模型下的乘數效果

重要名詞及摘要

IS 曲線	IS/LM 模型	LM 曲線
儲蓄投資	貨物市場	貨幣市場
投資陷阱	均衡利率	均衡所得
排擠效果	流動性陷阱	

　　經濟體系包括兩個重要市場：貨物市場及貨幣市場。凱因斯基本模型只討論貨物市場，AS/AD 模型亦是如此。IS/LM 模型則考慮上述兩個市場的互動。IS/LM 曲線分別是貨物／貨幣市場均衡下的所得、利率組合的軌跡。在考慮利率後，支出乘數效果比凱因斯基本模型下的小。再者，IS/LM 模型可以看出，什麼情況下的財政或貨幣政策，才能比較有效影響經濟體系的運作。在 IS/LM 模型中，一旦脫離均衡，其恢復均衡的方向，和一般供需均衡的變化，有極大的不同。

　　此外，IS/LM 曲線的型態，水平或垂直，會影響財政政策或貨幣政策的效力。LM 很平或 IS 線很陡的時候，貨幣政策無效，因為此時投資對利率的反應度低，而貨幣需求對利率的反應度高。換言之，此時貨幣需求對利率的彈性無窮大。相反的，若 LM 很陡或 IS 很平時，財政政策無效。因為投資對利率的反應度高，或貨幣需求對利率的反應度低。換言之，此時貨幣需求對利率的彈性為 0。

問題與討論

7-1. 某經濟體系有以下特色：(i) $C = 140 + 0.8Y^d$, $Y^d = Y - T$, $T = 200$, $I = 200 - 500r$, $G = 120$, $X = 100$, $M = 150 - 0.1Y$，若 $r = 0.25$，求均衡所得？(ii) 若貨幣市場有以下特徵：$M^D/P = L$, $M^S/P = 100$, $L = 50 + 0.3Y - 500r$，則均衡利率為何？(iii)配合(i)、(ii)之 IS/LM，若 X 增加 30，則投資之變動為何？(iv)貨幣市場之特徵如下：$M^D/P = L$, $M^S = 100$, $L = 50 + 0.3Y - 500r$，試導出總需求線？　　　　　　　　　　（中山人管所入學試題）

7-2. 試推導 IS 曲線並說明其定義。

7-3. 試推導 LM 曲線並說明其定義。

7-4. 試比較 IS/LM 模型，和凱因斯基本模型之下的乘數效果。

7-5. 在 IS 曲線右方及 LM 曲線左方的點，其趨向均衡的方向為何？

7-6. 在 IS 曲線左方的點，儲蓄和投資的關係為何？

7-7. 在 LM 曲線右方的點，貨幣供給和貨幣需求的關係為何？

7-8. 當政府支出增加時，IS/LM 模型中，哪一條線受到影響？如何變動？

7-9. 當貨幣供給減少時，IS/LM 模型中，哪一條線受到影響？如何變動？

7-10. （是非題）當景氣不好時，利率水準必定很低。

7-11. 某國的消費、投資、交易性的貨幣需求(L_t)、投機性的貨幣需求(L_s)，及貨幣供給的資訊如下：$C = 850+0.75Y$，$I = 950 - 50r$，$L_t = 0.2Y$，$L_s = 150 - 50r$，$M_s = 600$，

    (i)　該國的均衡利率為何？

    (ii)　若該國自發性投資減少 450，則均衡所得為多少？

    (iii)　該國的中央銀行將貨幣供給變動多少，才能將均衡所得，恢復至投資減少之前的水準？　　　　　　（2001 年臺大商研所入學考題）

7-12. （是非題）IS/LM 模型也可以決定物價水準。

7-13. 在實證研究中，凱因斯模型所預測的乘數效果，沒有想像中的大，其原因為何？

經濟現象探索 -1

IS/LM 模型與 AD 曲線

本書第四章曾經應用凱因斯基本模型,導出 AD 曲線,在介紹 IS/LM 模型之後,也可以用 IS/LM 模型導出 AD 曲線。

參照圖 7-24 及圖 7-25。在不同物價水準之下,實質貨幣數量會有變化,價格水準越高,則實質貨幣數量越小。由於 $LM(P_2)$ 在 $LM(P_1)$ 的右側,因此,$M/P_2 > M/P_1$,故 $P_1 > P_2$。P_1 水準之下的 IS/LM 均衡利率,比 P_2 之下的高。相應的所得則比較低,雖然 IS/LM 模型中沒有價格這個變數,藉由外生變數的變化,仍然可以找到所得和價格的關係;同樣的方法,可以找到更多的價格、所得交會點,就可以描畫平滑的 AD 曲線。

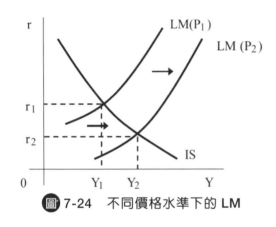

圖 7-24 不同價格水準下的 LM

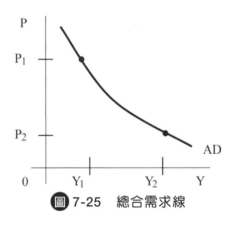

圖 7-25 總合需求線

Q1 如何利用凱因斯模型導出 AD 曲線?

經濟現象探索 -2

綠野仙蹤、黃磚路、通貨緊縮

在美國讀博士時發現 the yellow brick road 一詞,查字典也找不出所以然。後來才知道,黃磚路一詞出現在童話故事綠野仙蹤(The Wonderful Wizard of Oz)。這個故事的作者是 L. Frank Baum。其實這個故事,根本不是童話,而是反映當時經濟狀況及貨幣政策的辯論。家喻戶曉的大小人國遊記(Gulliver's Travels)也不是童話,而是 Jonathan Swift 嘲弄當時政治人物的諷刺小說。言歸正傳,到底黃磚路是什麼路?綠野仙蹤又反映什麼樣的時代背景?

綠野仙蹤的寫作年代在 19 世紀末。1860 年代末期，美國在南北戰爭結束之後，積極從事交通建設，使得許多地方的產品得以輸出，土地的開發增加，生產力大增。當時的 GDP 成長迅速，但是貨幣數量的增加有限。根據交易公式，如果實質生產(Q)大增，貨幣流通速度(V)沒有太大的變化。此時，在貨幣數量增加有限的情況下，將會發生通貨緊縮的現象。

現代人恐懼的是通貨膨脹。事實上，通貨緊縮也是令人難以忍受。當時的美國物價指數下跌，其中以農產品的價格下降最嚴重，最高下跌 50%，農人的收入大受影響。綠野仙蹤的的辯論中，農民的訴求很簡單，想辦法製造通貨膨脹，實際的作法則是要求抬高銀價。但是在東部紐約的銀行家則主張用黃金，與農民之利益大異其極。黃磚路所指的就是黃金，而 The Wonderful Wizard of Oz 中的 Oz 就是重量單位盎司。讀者若有興趣瞭解其中的辯論，可以找原文詳讀。[1]

Q1 請回想一下大小人國遊記中，Gulliver 所提到各國的民情及其特徵。

Q2 綠野仙蹤裡，Dorothy 所穿的銀鞋似有魔法，其涵意為何？

歷史回顧

1934 年美國買銀闖大禍[2]

1980 年代經歷嚴重的通貨膨脹，因此有不少學者建議回歸金本位，因為在金本位之下，通貨膨脹似乎非常有限。這個提議雖然有機會解決通貨膨脹的困擾，卻可能造成另一個難題。貨幣依附在金本位之下，貨幣的發行量將受限於黃金的數量，結果對經濟未必有利。再者，金價的波動，一樣也會對物價水準及經濟帶來衝擊。

物價波動是日常生活的一部分。但是以金銀為本位的國家，金價銀價的波動引發的不只是物價波動而已，還會嚴重影響經濟，造成通貨緊縮或通貨膨脹。牛肉變貴了，消費者可以選擇雞肉或豬肉，甚至吃素。因此，牛肉變貴的影響，會比想像中要小一些。但是，如果金價、銀價波動過大，會迫使貨幣脫離貴重金屬本位，使用貴重金屬作為貨幣的國家，沒有其他替代品，引發金融危機的後果不堪設想。

---

[1] Rockoff, Hugh, 1990, "Wizard of Oz as a Monetary Allegory," *Journal of Political Economy*, Vol. 98, No. 4, 739-760.

[2] Friedman, Milton, 1994, *Money Mischief: Episodes in Monetary History*, Harvest. 157-188.

1933 年美國總統羅斯福要推行新政(New Deal)，必須設法拉攏國會議員支持。當時正在經濟大恐慌之下，物價低迷、百業不興、農產品價格大跌，於是推行農業振興法案(Farm Relived Bill)，其目的就是要引發通貨膨脹，以解決通貨緊縮之苦。其中為了爭取新政的支持者，還加入了白銀採購法案(Silver Purchase Act)，美國的貨幣基礎(monetary base)確實因此大增，一般物價水準增加 14%，生產者物價上升 32%，農產品價格則有 79%的漲幅。問題最嚴重的是白銀採購法案，間接引發中國的經濟與政治危機。[3]

美國在 1920~1930 年代的白銀產業，雇用的人不到 3,000 人，而七個生產白銀州的人口加總，比紐澤西州的還少。為了少數人，美國政府必須花大筆經費買白銀。這是民主政治的一大弊病，國家利益被少數人綁架。1914 年的銀價一盎司是 0.7 美元，1918 年時 0.97 美元。第一次世界大戰結束之後，銀價開始下跌。1928 年的銀價變成 0.58 美元，1930 年 0.38 美元，1933 年剩 0.25 美元。政治利益交換之下，美國承諾將購買白銀直到價格達到 1.29 美元，或銀庫存的價值達到金庫存的三分之一。雖然到 1963 年法案廢止時，此一目標並沒有達到，但是銀價確實大漲。1933 年時變成 0.44 美元，1935 年的高點是 0.81 美元，1936 年雖然跌到 0.45 美元，第二次大戰期間價格居高不下。白銀採購法案雖然也增加銀、銅、鋁、鋅的生產，貨幣供給增加的效果則十分有限。對於以銀本位發行貨幣的國家，卻造成莫大的衝擊。

當時的墨西哥、拉丁美洲國家、中國都用銀本位。銀若只是一般商品，因為美國大量採購銀，而讓銀價高漲，這應該是好事，出口銀還可以賺取外匯。墨西哥是產銀國，銀的出口獲利不少。但是銀價高漲，貨幣中所含銀的價值，比幣值還高，造成市面上貨幣短缺，墨西哥不得不禁止貨幣及白銀出口。[4]後來又不得不採用紙幣，重創墨西哥日後的經濟發展。

此一法案對中國的影響更大，因為中國產銀很少。當時中國的一般交易是用銅錢，但是大宗交易或是國際貿易都是用銀。在 1929~1933 年之間，世界主要國家都是用金本位，因為經濟大恐慌而有通貨緊縮。相較之下，用銀本位的中國反而有通貨膨脹，產業因此興盛。1929 年時，當時的貨幣一元相當於 0.36 美元，1931 年則約 0.21 美元，1932 年時中國貨幣約為 0.19 美元，幣值下跌對中國的出口有利。

---

[3] The Sherman Silver Purchase Act 1890 是另一個意圖製造通貨膨脹的法案。

[4] 此一情景和 1970 年代中葉的臺灣很像。當時的一元硬幣比現在的十元還大，嚴重的通貨膨脹，使得一元硬幣所含的金屬價值比面值還高。於是有許多人把一元硬幣拿去熔化掉，提煉出其中的金屬拿去賣。市面上因此缺少一元硬幣，最後政府也只好發行一元紙鈔。

　　然而好景不常，1931 年日本占領中國東北，衝擊中國的政治、經濟發展。再者，世界主要國家相繼脫離金本位。其他國家的貨幣因而貶值，讓使用銀本位的中國失去競爭優勢。1933 年美國也脫離金本位，此年中國出口大減 58%。其他國家則因為脫離金本位而略有復甦。中國有許多人大量出口白銀套利，埋下日後超級通貨膨脹的禍根。1934 年中國課徵白銀的出口稅，對抗套利趨勢，最後不得不在 1935 年脫離銀本位。

　　銀價上漲的過程中，中國發生通貨緊縮，失業上升、農產品價格大跌。導火線卻是因為美國總統羅斯福為了推行新政，而必須拉攏七個小州的國會議員所致。此一政策不但不符合美國的整體利益，更傷害到其他國家的經濟命脈，甚至中國共產黨因此奪得政權。中國國民黨看到 Friedman 的論點喜出望外，終於找到藉口可以將失守中國政權的責任推給別人。其實 Friedman 也提到，把白銀出口套利的人應該有不少貪官汙吏。再者，國民黨的貪汙腐敗眾所周知，日後金圓券的改革引發更嚴重的通貨膨脹。1946 年 12 月到 1949 年 4 月，物價上漲 5,400萬倍，相當於每個月上漲 90%。這個結果還是要國民黨自己來承擔。

　　美國羅斯福總統為了通過新政，花錢支撐白銀的價格，卻間接影響中國的前途，實在令人意外。為了讓美國的政策或法案，符合國家整體利益，並使全美各地都有合情合理的均衡發展，廢掉參議院並以普選結果決定總統人選，才有辦法根本解決問題。然而，美國人就是多了幾分任性，美國就是大，不必考慮政策對其他國家的影響。美國嚴重的預算赤字和貿易赤字，保證日後會讓全世界付出慘痛代價。

　　臺大政治學系前系主任蔡政文教授，在上課時曾經提到，只要有選舉就有買票。真是至理名言。由美國的買銀政策可以瞭解，何止是選舉，連通過法案都有買票。筆者當時年輕氣盛，以為是蔡教授鼓勵候選人花錢買票，回了蔡教授幾句話，實在是思慮不周。聰明的人用國家資源買票，笨的人才是自己掏腰包買票。一切後果卻是無辜的選民負擔。很不幸的是，發大財這種選舉口號，相信的人還真不少。結果發大財的是政治人物，不是選民。

問題 ❶

美國的買銀政策，對使用銀本位的國家有何影響？

問題 ❷

對美國而言，買銀政策之利弊為何？

財政政策與貨幣政策

MACROECONOMICS
Theory and Practice

財政政策和貨幣政策，理論上都控制在政府的手裡。財政政策的主要工具是政府的支出及稅賦，貨幣政策的主導者則是中央銀行。各國中央銀行的名稱雖然不同，都是政府機關之一，其行為必然和政治有關連。有的人認為中央銀行應該要獨立運作，以免受政治勢力的影響。強力主張自由經濟的 Milton Friedman 則持相反的看法，他認為中央銀行必須接受國會的監督。因為中央銀行的一舉一動，影響民生至鉅，其政策必須接受社會各界嚴密檢視。

其實在民主政治之中，任何官員或機關都應該接受國會的監督，人民才不會受到粗糙政策的傷害。相信自由市場的人，認為不應該採取任何干預政策，經濟體系自然會回到均衡狀態。究竟經濟政策是否能協助經濟穩定或成長，從古到今一直爭論不休。這些辯論的最大好處是，替經濟學家爭取到不少寶貴的工作機會。

一 • 財政政策

不論財政政策或貨幣政策，一般可分成擴張的(expansionary)或緊縮的(contractionary)。擴張政策的目的在刺激經濟活動，主要的財政政策有減稅、增加公共建設；貨幣政策則為降低利率、或增加貨幣供給，以增加就業和國民生產。例如：在 2001 年的 911 事件之後，美國政府藉由國土安全(homeland security)之需，大幅增加支出，以刺激低迷的經濟，這是擴張的財政政策。至於緊縮的政策，則是要緩和需求對產能所造成的壓力，常見的財政政策是增加稅賦、減少政府支出，貨幣政策則為提高利率、或降低貨幣供給。例如：在 2005 年時，美國聯邦政府的財政日益困難，加上美金在國際市場的地位逐漸受到影響，布希政府縮減若干減稅方案，以免國家信用發生危機，導致經濟衰退。縮減減稅的額度，效果和加稅一樣，這是緊縮的財政政策。在財政政策一般最常提到的還是擴張的居多。許多政黨、政府都以刺激成長及就業為目標。以下將用若干臺灣的實例，作進一步說明。

不論國家採用哪一種政治體制，經濟不好、民生困頓，對執政者總是會帶來壓力。因此，政府時時掌握經濟的脈動，並採取適當的措施，以促進經濟繁榮，政府干預經濟活動的方式有兩大項：稅賦及支出。實際運作的方式，則是千變萬化。1973 年底全球發生嚴重的能源危機，各國的景氣狀況惡劣，無不想盡辦法振興疲弱的經濟。美國甚至採取違反市場運作法則的政策：限制油價。結果石油公司因為無利可圖而減少生產及開發，使石油短缺更為嚴重，油價因此始終居高不下。加油站前面大排長龍的現象持續不斷，形成更嚴重的浪費及效率損失。

　　1970 年代在能源危機的嚴重影響之下，臺灣也極力設法刺激經濟，醞釀出十大建設，其目的是藉由大幅增加公共建設，以促進就業機會及經濟成長。十大建設包括的項目有：核一、核二、核三等三座核能發電廠、桃園國際機場、鐵路電氣化、臺中港、第一高速公路、煉鋼廠、造船廠、石油化學工業、蘇澳港、北迴鐵路等共 10 項。交通建設是所有基礎建設中的支柱，便利的交通可以加速貨物的流通，故十大建設中，交通建設占了 6 項。美國的經濟發展經驗是最佳的驗證。美國的經濟在南北戰爭之後大幅成長，其原因之一是運河、鐵路等的建設，加速資源的流通速度及運用效率。過去不值得開發的土地，此後能夠便利的連結世界各地，大幅增加經濟產值。

　　十大建設中，除了交通建設外，其餘的則是能源、重工業的開發。多數人對十大建設的評價是正面的。不過這些建設也帶來不少汙染，只是在當時困頓的環境之下，汙染不是關心的重點。另一個缺憾是，經費的支出超乎預期，其中以北迴鐵路、鐵路電氣化及核能發電廠最為顯著，追加預算的額度，遠超過原訂預算的好幾倍[1]。即使在政治強人蔣經國的主導下，經費的管制仍不免有些許令人遺憾的地方。

　　在 1970 年代，除了上述重大建設，增加政府支出以刺激經濟之外，政府還為公務人員加薪，以維持其基本生活水準，免為通貨膨脹所苦。這也是一項財政政策，直接把錢交給人民來刺激消費。1980 年代中期，也曾經有大幅加薪。不過，加薪未必能讓人滿意，有些人更擔心，加薪之後通貨膨脹會更嚴重。整體而言，十大建設讓臺灣的工業有脫胎換骨的轉型機會，建立重工業的基礎。但是繼十大建設之後，1990 年代，郝柏村提出驚人的六年國建，不只是金額龐大，臺灣能否在短短 6 年內完成這些建設，更有疑問。在此之後，政府陸續推出許多大而無當的大規模建設案，根本沒有經濟效益。難怪前中央研究院院長李遠哲要說：「政見可以不必兌現。」

　　陳水扁在競選總統時，也開了不少支票，包括建臺中國際機場，臺南也有同樣的要求。但是，2003 年的 SARS 風暴之後，連高雄機場的經營都有困難，若臺中、臺南的大機場真的實現，臺灣恐怕多了很多養蚊子的地方，不但資產閒

---

[1] 核二廠的興建成本是原預算的 2.87 倍，由 219.55 億變成 630.37 億。核三廠則是由 357.74 億調到 974.46 億，為原預算的 2.72 倍。北迴鐵路則由 28 億追加到 74 億。

置，還得額外多花一筆錢防治登革熱。2008 年時，由於高油價及高鐵通車的影響，全臺眾多機場中，只有桃園、高雄二地的機場賺錢，甚至還有作業人員比旅客多的機場。[2]此外，政府的採購弊案不知凡幾。國民住宅品質低劣，才剛蓋好就出現漏水、牆壁脫落。2012 年臺鐵引進普悠瑪號列車，竟然卡在月臺上，必須砍掉部分月臺，才有辦法通行。再次證明公家機關做事毫無效率，浪費公帑無數。[3]2020 年的新冠肺炎的衝擊，連桃園國際機場都陷入停擺危機。但是選舉一到，臺中、高雄都吵著要建造國際大機場。顯然經濟效率不是政治人物的專長。

馬英九為了開放中國人到臺灣觀光，所花費的增建措施也是徒勞無功，中國觀光客根本沒有想像中的多，消費金額更是有限，甚至還發生排擠消費金額較高的日本觀光客。再者，中國一再以中國觀光客作為政治工具。不只對臺灣如此，世界各國也是面臨相同的待遇，任何吸引中國觀光客的措施都是枉然。2008 年美國為了解決次級房貸所引起的經濟衰退，採取退稅措施，這是比較有效的刺激政策。與其政府亂花錢，不如將錢交給民眾花在最有利的消費上。以上的討論，可以看出財政政策的毛病。政治人物為了爭取選票，根本沒有考慮到建設的效益何在。由此可見獨立的財政政策的重要性，請讀者參閱本章的經濟現象探索。

觀察其他國家財政政策的例子，一樣也是成效有限。在 1960 年代，印度、蘇聯也曾經實施若干經濟計畫，這些政府推動的經濟建設，成效不彰。雷根時代的政策，大刀闊斧地整軍經武，雖然間接促成蘇聯瓦解，但是當時累積的大量負債，至今猶難解決。一般而言，執政者好大喜功，建設越做越大，實際效益卻乏善可陳。政府機關購買公務車或其他物品，有時候可以免除部分稅捐。因此，相較之下和一般民眾不一樣，公家機關可以省下一些稅捐，購買成本便宜一些。或許政府機關採購不必繳某些稅的理由是，課稅的是政府，政府購買商品繳的稅，最後還是進國庫，何必多此一舉。不過，如此一來商品的價格，對政府機關而言可能因此失真，以為採購很便宜，沒有考慮其他的替代品，轉而購買市場上價格更高的商品，無形中浪費寶貴的預算。所以，政府機關採購應該給予部分稅捐的減免嗎？

此外，政府政策嘉惠消費者的少，照顧生產者的多。長久以來，政府提供低利購屋貸款，這也是一種財政政策。其目的在減少購屋者的負擔，以刺激房地產的景氣，帶動週邊產業的發展，刺激經濟成長。話說回來，這項政策未必能夠幫

---

[2] 自由時報 2008-7-31。

[3] 臺灣中央廣播電臺，2012-10-25。同年 10 月 31 日，臺鐵爆發弊案，金額超過千萬。類似情形數年前就曾經發生，2006-04-22 聯合報。

助購屋者。因為政府的政策刺激房屋需求，使房地產的價格居高不下，購屋者可能受益有限，房地產業者才是主要的嘉惠對象。消費者雖然人數眾多，在諸多政策中，似乎一直都是被犧牲的弱勢族群，毋寧是一大諷刺。

1980 年代末期，日本經濟開始走下坡，日本政府也採用凱因斯學派的主張，增加政府支出、減稅，以挽回經濟頹勢。經過了十多年，2005 年時的日本經濟仍然毫無起色，倒是日本多了幾座大橋及不少道路，只是使用的人不多。不考慮成本效益，盲目的建設沒有辦法解決經濟問題，也無法產生刺激經濟的作用。更糟的是，2009 年時，日本政府的負債已經超過 GDP 的 200%。真正能夠以財政政策解決經濟困境的個案，到目前為止仍不多見。美國、日本在 2020 年時，都面臨信用評等被調降的危機。

2020 年在新冠肺炎影響之下，百業蕭條、失業人數大增，世界各國潛在的財政危機持續增高。各國政府的振興方案中，美國的作法是直接發現金，臺灣各界也有同樣的訴求，希望直接給現金。對美國而言，疫情剛開始蔓延的時候，許多地方面臨封城慘境，靠時薪維生的勞工頓失所得，上千萬人申請失業救濟。相較之下，臺灣雖然也有不少人被迫放無薪假，但是大多數的商家、零售店，還是在辛苦運作之中。反觀電子／網路商場，則因為民眾不願意外出而生意興隆。

一般而言，發放現金對消費的影響，可能不如振興券來得有效。因為有一些人會把錢存起來而不消費。再者，政府經費有限，發現金的額度有限。反之，使用振興券的話，等於是強迫消費；不能在電子商場使用、不能儲值，必須一次用完，不找零錢，只能在實體店面消費，讓一般店家確實受益。而且，消費者必須花一千元才能拿到三千元的振興券，為了撈回本，一定會把它花光。

因此就刺激效果來說，振興券強迫消費，有助於經濟成長。如果就消費者理論來看，用預算線和消費者偏好來分析，也有同樣的結論。不過發現金對消費者的滿足水準提升更多，因為選擇的自由度更高，買的東西不一定是一般消費品，儲蓄也是可能的選項。在經濟蕭條時，政府當然希望大眾能夠多消費，而不是多儲蓄。凱因斯的理論明白指出，在此時多儲蓄對經濟有害。

2008 年也有類似措施，那時候的名稱叫做消費券。其實，不管是振興券、三倍券或是消費券，都是同樣性質的政策。金額非常有限，能發揮的刺激功效難以持久。政府發行消費券的金額約 800 多億元，振興券則約 500 億元。就效率而言，領消費券需要一堆人放假一天去排隊，浪費一天的工作時數，外加動員發放的人力。振興券似乎高明一點，隨時到郵局、超商都能領，也可以用手機或網路設定來領取，算是一種進步。

二 · 貨幣政策

　　貨幣政策主要透過貨幣數量及借貸成本的變化,影響生產活動。運用起來相當靈活,一切由中央銀行主導,在程序上不必經過國會審查。透過重貼現率調整、公開市場操作,隨時隨地可以決定是否干預市場。至於法定準備率,則因為影響相當大,除非經濟情況非常嚴重,否則前二項工具大多足以解決。貨幣政策看起來似乎很簡單,事實上絕非如此。以下將討論若干案例,首先要看的是經濟大恐慌時的情形。

　　1930 年代,美國經濟遭受前所未有的打擊。1925 年時的失業率只有 3%,1930 年時為 9%,到了 1933 年時則有 25%的人失業,相當於 1300 萬的失業人口。1930 年 1 月到 1933 年 3 月,約有 9000 多家銀行倒閉,許多人的終生積蓄,一夕之間煙消雲散。美國政府不得不通過法案,宣布 3 月 6 日到 3 月 12 日為銀行假期,讓體質好的銀行能有機會渡過難關[4]。在這個背景之下,美國總統羅斯福在接受民主黨提名時,決定採取新政(New Deal)。其具體行動是通過社會安全法案(Social Security Act)、支持工會組織、成立聯邦存款保險機制(Federal Deposit Insurance Corporation, FDIC)以保護存款人、協助農人和貧困的人、設立證管會(Securities and Exchange Commission, SEC)以保障投資人權益。另外,在田納西建造大水壩,提供電力、灌溉及工作機會。上述這些政策,大多和凱因斯學說的主張相符。不過,退休福利制度在 21 世紀面臨嚴峻的挑戰。少子化加上人口老化,退休的人變多、工作的人變少,退休制度似乎難以維繫。退休年齡延後、退休金少領,是無可避免的趨勢。

　　當時的美國經濟,除了失業問題之外,銀行的體質似乎也很脆弱。倒閉的家數非常多,這對銀行體系是一大打擊,嚴重影響其創造貨幣的功能。根據 Friedman 及 Schwartz 著作第七章的說法[5],此時美國的貨幣供給大跌,美國的聯邦準備局卻還擔心貨幣供給太多,使貨幣供給沒有得到適當的挹注。另一方面,一般銀行由於擔心倒閉,貸款格外謹慎。原來可以貸款的案子,現在大多被拒絕,使貨幣供給的增加更為有限。經濟情況惡劣,加上貨幣供給萎縮,使景氣長久持續低迷。[6]所以,Friedman 和 Schwartz 認為,只要適度增加貨幣供給,就可以解決經濟大恐慌。關於經濟大恐慌的概況,請參閱本章的歷史回顧。

---

[4] World Book Encyclopedia, 1999, CD-ROM Standard Edition.
[5] Friedman, Milton and Anna Jacobson Schwartz, 1963, *A Monetary History of the United States*, Princeton University Press.
[6] Bernanke, Ben, 1983, "Nonmonetary Effects of the Financial Crisis in the Propagation of the Great Depression," American Economic Review, Vol. 73, No. 24, 257-276.

　　21 世紀的第一個金融風暴，流動性的問題，比起 1930 年代更加嚴重。光是房地產的跌價損失，就可能達到 5 兆美元。[7]若加上股票市場、各項金融商品的跌價損失，保守估計總額應該不只 10 兆美元。如果貨幣乘數以 10 來計算，整個經濟體系短少的貨幣供給，超過 100 兆美元。看到這個數字，就可以瞭解問題的嚴重性。即使各國中央銀行聯手大量發行貨幣，稱之為量化寬鬆(quantitative easing, QE)，2010 年時仍然難以挽回持續三年多的經濟頹勢。

　　美國銀行體系在 1930 年代所面臨的危機，有一點像 1989 年至 2005 年的日本。此時日本的名目利率是 0，實質利率則是負的。日本經濟似乎落入流動性陷阱，利率已經是 0 了，可能再低嗎？此一看法忽略了日本銀行體系的體質。1989 年日本的股市大跌，引發房地產泡沫，並嚴重打擊銀行體系。日本政府用大筆納稅人的錢，才勉強挽救數家瀕臨倒閉的銀行。直到 2005 年時，主要銀行的體質仍有待加強。在銀行體質不好的情況下，再加上不少大企業也出問題，銀行在貸款時，自然會更加小心。因此，整個日本經濟最大的問題可能是流動性不足，而不是流動性陷阱。

　　解決之道是適度增加貨幣供給。但是若貨幣供給增加太多，可能引發通貨膨脹，利率可能因此被迫上升。日本政府公債多數為日本中央銀行持有，一旦利率上升，日本中央銀行的資產價值立刻受到衝擊，甚至可能發生倒閉的風險。此外，日幣匯率也會受到影響。日本是一個相當開放的經濟體系，有大量的國外資金投資日本市場。一旦日幣貶值，這些外資也許會為了規避匯兌損失而匯出日本，對日本經濟是負面的打擊。所以用通貨膨脹來對抗通貨緊縮，就日本的例子而言，可能行不通。要讓日本重回昔日榮景，絕非易事。

　　從以上的討論，讀者可以發現，貨幣政策的制訂和執行，並沒有想像中的簡單。不僅如此，事實上，有些變數不是在中央銀行的掌控之中。筆者在攻讀博士學位時，曾有美國聯邦準備銀行(Federal Reserve Bank)的研究員到系上發表論文。在會中他提到，聯邦準備銀行對貨幣數量的掌握實在有限。其實這句話是說，美國的中央銀行不清楚貨幣數量有多少。美國是一個少有管制的自由開放社會，而且美金是國際通用的貨幣，許多國家手中都有美金。錢的流通很快，只要按一下電腦的滑鼠，就可轉帳到世界各地，很難精確掌握貨幣數量的動向。更何況還有國際投機客，到處在找套利空間，錢的動向難以掌握。1997 年的亞洲金融風暴就是明顯的例子。總之，貨幣政策的運用，必須精確掌握相關的變數。在

---

[7]　美國 CBS 晚間新聞，2010-2-2。

全球化的趨勢之下，顯然越來越難做到。接下來再以中國的經濟為例，說明貨幣政策難以面面俱到的困境。

21 世紀初，眾人看升人民幣，加上中國的經濟成長快速，外匯存底大幅增加，越來越多人將錢匯入中國，期望賺取匯率差價。此時中國人民銀行可以調升利率，以緩和經濟成長的速度，但是調升利率之後，相對又會吸引追求高投資報酬率的資金。以利率來減緩生產的過程非常漫長，卻不能不採取行動；政策執行之後，又可能引發另一波熱錢流入。貨幣政策確實不是一般人想像中的容易。

三 • 安倍三支箭：安倍經濟學

日本在 1989 年 12 月 29 日東京股市大崩盤之後，到 2009 年之前，經濟欲振乏力，被稱為失落的 20 年。日經指數在 1989 年底時高達 38,957 點，在此後的 20 年中很少超過萬點，甚至在 2008 年的金融海嘯中跌落 7,000 點關卡。長久以來，世界 GDP 的排名日本都是第二。但是在 2010 年被中國超越，變成世界 GDP 排名第三的國家。

追根究底，整個事件的根本原因在日本 1980 年代的國際收支失衡。日本持續以壓低日幣價值的方式，刺激出口及經濟成長。照理說，累積龐大外匯存底，日幣應該升值才對。為了經濟及就業，日本企圖繼續以日幣貶值的方式維持經濟榮景。此舉引發美日貿易紛爭，指控日本操縱匯率，對日本造成一定程度的衝擊。在資金異常低廉的情況下，日本企業大舉購買美國地標及資產，許多資產的購買價格大大超過其隱含價值。美國作家傅高義(Erza Feivel Vogel)撰寫「日本第一」一書，反應日本不可一世的影響力。此一心態在東京股市大跌之後完全翻轉。

1989 年的東京股市崩盤，讓投資人的財富大幅縮水。另一方面，日本企業交叉持股的習慣，使各大企業和銀行的困境雪上加霜。小泉純一郎擔任日本首相期間進行若干改革，但是成效不彰。日本一直為通貨緊縮所苦，通貨膨脹率和低利率屢創新低，此一情境和經濟大恐慌，及日後 2008 年的金融海嘯極為相似。有人以為利率非常低而且接近零，就以為是發生流動性陷阱，日本的問題其實是流動性不足，造成通貨緊縮。解決通貨緊縮的方法是通貨膨脹。

安倍在第二任首相任內，以三支箭為名刺激經濟。第一支箭是積極的金融政策，成功地讓日幣貶值超過 25%。除了增加出口外，也帶來期盼已久的通貨膨脹。但是，第二支箭靈活的財政政策，和第三支箭促進民間投資，二者的成效有限。一個重要原因是日本的國債已經超過 GDP 的 200%。除了舉債空間有限之外，還得設法增加稅收來還債。而刺激民間投資方面，則因為日本企業固步自封未能與時俱進，日本順從的文化甚至成為包袱。日本企業確實曾經有過輝煌的製造業及科技創新，但是 2011 年發生 Olympus 醜聞。2012 年時 Sharp 因不堪虧損，被臺灣的鴻海併購。2015 年又再次爆發弊端，Toshiba 作假帳。企業文化不改，經濟體質難有根本的改善。

安倍在金融方面的努力值得嘉許，量化寬鬆政策也確實奏效。但是在財政政策方向，因為日本已是高度開發的經濟體，能夠發揮的空間不多。再者，為了解決國債問題必須加稅。2014 年消費稅調高到 8%，2019 年則是調到 10%，對經濟難免有衝擊。除了經濟政策之外，日本還面臨人口老化、少子化的危機。此一問題因為日本的排外政策而更加惡化。雖然日本開始放寬移民資格，成果尚待觀察。反觀美國，因為吸納眾多移民，不但在經濟上持續維持活力，學術及科學研究一直領先全球。日本要想突破困境，單靠經濟政策是不夠的，開放移民的腳步也得加速，順從文化的思維必須改變。

安倍三支箭確實有值得讚許的地方，然而其 QE 政策也有意想不到的副作用。日幣貶值確實對日本企業的競爭力有大幅提升的效果，獲利也確實增加。但是因為日本少子化、人口老化及勞動力欠缺等疑慮，反而促成日本企業增加海外投資。至於國內消費者則得承受日幣貶值之後的通貨膨脹，工資沒有上漲、生活水準下跌。

四·對症下藥談何容易

人生病的時候，會找醫生診斷，以便對症下藥。不過，到底有沒有生病、得了什麼病，常常需要借助精密儀器協助診斷。在眾多的檢查程序之後，有時候還是免不了出錯，或找不到問題的癥結所在。經濟學是一門社會科學，所使用的分析工具的精確度，比起醫學的要遜色許多。即使是太空科技，有時候也很難發現發生了什麼問題。1970 年 4 月，當阿波羅 13 號上的太空人說：Houston, we got a problem. 時，連太空科技專家，也束手無策。讀者可以想像得到，從來沒有任何人能夠看透整個經濟體系的運作。沒有人知道經濟體系到底有沒有出問題，或發生了什麼問題。因此，有部分學者認為，市場機制若能夠自由運作、充分發揮，經濟體系會自行調整，回到應有的均衡，不必採取任何政策。在狀況不明的情形下，貿然採取政策，只會加大經濟體系的波動，對解決問題一點幫助也沒有。

在瞭解問題、診斷經濟體系的階段，經濟學現有的工具，實在不足以呈現經濟體系的真正面貌，這種現象稱之為認知落差(recognition lag)。就算大家對經濟體系的現況有一致的看法，至於要採用什麼政策，一樣會引起諸多經濟學家的爭辯。以經濟大恐慌為例，凱因斯認為財政政策最有效，政府應該擴張公共建設。Friedman 則認為，增加貨幣供給就能夠解決危機。Friedman 曾經說過，3 個經濟學家會有 4 種不同意見[8]。要決定採用何種政策，更是莫衷一是，這種現象稱為決策落差(decision lag)。決定採用何種政策之後，未必能夠立刻執行。就財政政策和貨幣政策作比較，財政政策的執行落差(implementation lag)最大。不論是減稅或增加支出，都必須經過國會同意。這是一道相當繁雜、耗時的程序，而且國會也未必同意。羅斯福總統在 1930 年代推行新政時，國會數度阻撓，若干爭議幾乎要使美國發生憲政危機。反觀貨幣政策，中央銀行可以隨時介入金融市場，或藉由口頭宣示政策。貨幣政策使用起來，執行落差相對小許多。

然而政策執行之後，什麼時候才能看到結果，又需要一段時間，這種情形叫作成效落差(impact lag)。不論採用什麼政策，是否有效是另一個問題。既然有這麼多不確定因素，以不變應萬變可能是比較好的辦法。不過，在民主時代，政治人物很難忽視選民的訴求。經濟問題加上政治人物的無謂干擾，難怪很少見到失業的經濟學家。立志以經濟為專業的人，對這些政策辯論，應該抱持戒慎恐懼的態度。一旦辯論停止，可能會有不少經濟學家失業。

在此一辯論中，許多經濟學家抨擊凱因斯的政策只有短期效果，長期一點用處也沒有。凱因斯曾經回答：In the long run we are all dead.[9]他說的似乎也是事實。至於通貨膨脹和通貨緊縮的抉擇，凱因斯有獨到看法，二者都是惡，通貨緊縮對經濟的負面影響遠遠超過通貨膨脹。[10]日本失落的二十年是最佳見證。

2020 年的新冠病毒所引發的全球疫情，是一個非常奇特的例子。美國的中央銀行幾乎是以奇襲的方式大幅調降利率，總計達到 1.5%的額度。利率已經接

8　Friedman, Milton, 1968, *Dollars and Deficits*, Prentice-Hall, 1.
9　Keynes, John M., 1923, *A Tract on Monetary Reform*, St. Martin's Press, 65.
10　Keynes, John M, 1931, *Essays in Persuasion*, St. Marin's Press, 75.有關通貨膨脹與通貨緊縮之取捨，請看凱因斯之原始論述：Thus inflation is unjust and deflation is inexpedient. Of the two perhaps deflation is, if we rule out exaggerated inflations such as that of Germany, the worse; because it is worse, in an impoverished world, to provoke unemployment than to disappoint the rentier. But it is not necessary that we should weigh one evil against the other. It is easier to agree that both are evils to be shunned. The individualistic capitalism of today, precisely because it entrusts saving to the individual investor and production to the individual employer, *presumes* a stable measuring-rod of value, and cannot be efficient--perhaps cannot survive--without one.

近 0 了，但是股票市場卻是一再狂跌。緊接著，又再提出七千億美元的購買資產計畫，市場還是不領情，依舊大幅下滑。重點在，疫情嚴重到主要國家都封鎖邊境，航空運輸幾乎停擺，相關產業的衝擊，不是數千億美元可以解決的。

相較之下，在一般經濟衰退發生時，中央銀行的政策也一樣，可能會引發市場不同反應。有的時候市場認為利率降太少，因此而引起投資人的反向操作而下跌。有的時候雖然中央銀行調升，但是市場認為利率調升的幅度沒有預期的高，代表在中央銀行的眼中，經濟沒有那麼差，因此而引起投資人的反向操作而大漲。總而言之，貨幣政策工具的指標不變，但是市場的解讀則是千變萬化。這部分是要靠經驗累積的。葛林斯潘(Alan Greenspan)號稱是最具神格的美國中央銀行總裁，其來有自。經常講話模糊不清，讓市場猜不透他的政策動向。但是，在經濟不穩定時，則讓市場明確瞭解中央銀行穩住行情的意圖。貨幣政策看似簡單，實際如何運用則是一種藝術。

五 · 在做與不做之間

採取干預政策和放任市場自由運作之間，到底有何差別？參照圖 8-1，假設經濟體系的均衡點在 E，此時經濟體系處於充分就業的生產水準(Y_f)之下。由於某種因素，使總合需求下降，IS 曲線向左移，國民所得下降，利率水準也跟著下降，新的均衡在 E_1。市場會因應下降之後的利率水準、物價水準，慢慢調整到 E_2。此時也可以適度地運用貨幣政

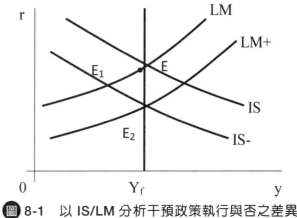

圖 8-1　以 IS/LM 分析干預政策執行與否之差異

策，增加貨幣供給使 LM 曲線向右移，均衡可能會早一點達到 E_2。在做與不做之間，其差別是回到充分就業狀態的時間，透過市場機制的調整會比較慢，採取干預政策則可能比較快。另一個可能是政府採取擴張的財政政策，使 IS 曲線回到原來的均衡點 E。無論如何，筆者認為還是不要干預市場，因為沒有人知道經濟體系到底處於什麼狀態，貿然干預市場只會增加經濟的波動，對解決問題少有助益。

重要名詞及摘要

新政	緊縮政策	擴張政策
成效落差	認知落差	執行落差
決策落差	財政政策	貨幣政策
十大建設	量化寬鬆	安倍的三支箭

　　財政政策或貨幣政策的實際運作，經常不如理論的預期。尤其是財政政策，牽涉許多政治利益糾葛，而且各國政府的效率一向為人詬病。財政政策的效力，到目前為止，還沒有真正膾炙人口的完美案例。至於貨幣政策，中央銀行的決策者，有時候必須和金融市場鬥智。若策略被市場猜中，則貨幣政策的效果會大打折扣。經濟政策對市場均衡是一大干預，然而人類對經濟體系的所知有限，故主張市場經濟的人，反對任何干預措施。讓市場發揮功能，市場自然會回到其應有的均衡。

問題與討論

8-1. 何謂貨幣政策？其主要工具為何？

8-2. 何謂財政政策？其主要工具為何？

8-3. 執行經濟政策可能會遇到哪些落差？

8-4. 緊縮的財政政策包括哪些項目？

8-5. 擴張的財政政策包括哪些項目？

8-6. 緊縮的貨幣政策包括哪些項目？

8-7. 擴張的貨幣政策有哪些項目？

8-8. 通貨膨脹和通貨緊縮相比，哪一個對經濟的傷害更大？

經濟現象探索 -1

Lucas 批判

　　經濟學家常常應用計量模型，來探討各經濟變數的關係。但是，這些關係都是根據過去的歷史資料求得。以過去的資料來探索未來的趨勢，似乎略顯不足。1995 年的諾貝爾經濟學獎得主 Robert E. Lucas 認為，人不是停滯不前的，對未來的發展會有所盤算，這種預期及其相應的行動，才能真正對經濟體系發生作用，此種學說稱之為理性預期學派(rational expectation school)。基於此種主張，凡是眾人所預期到的政策轉變，因為許多人已經採取行動調整，對經濟體系不會有任何作用。因此，經濟政策若要成功，必須出人意料之外。

美國的聯邦準備銀行主席葛林斯潘，他講的話是著名的模稜兩可，以避免市場過度猜測，影響政策的效力。但是在需要安定人心時，葛林斯潘也會讓市場知道他的意圖。例如：在 2001 年的 911 事變之後，美國數度降息以刺激經濟，葛林斯潘並力言維持經濟正常運作，如有必要會再適時干預。此舉使市場重拾信心。所以主持經濟政策的人，必要的時候也要讓市場知道主政者的意圖，不能一直都是模稜兩可。由此更顯示執掌經濟政策之不易。

Q1 假設中央銀行想以增加貨幣供給來刺激經濟。若市場已經猜測到此一政策，則貨幣供給增加之後，其效益如何？

經濟現象探索 -2

獨立的財政政策

大多數的人都認為，中央銀行執掌貨幣政策，應該獨立於政治運作之外，以免影響市場的秩序。然而財政政策由政黨及政府掌握，就理所當然由政客操弄嗎？

根據研究指出，受政治影響越深的中央銀行，該國的通貨膨脹率就越高。政府的支出，若中央銀行照單全收，以印鈔票的方式支應，通貨膨脹是必然的結果。假設貨幣政策可以不受政治干擾，中央銀行的政策走向，當然要以市場狀況為考量依據，才能維持經濟體系的穩定及成長。

雖然大家都知道，政府是由政黨政治運作而成，而財政政策又控制在政府手裡，同樣的論點適用在貨幣政策，沒有道理不能用在財政政策上面。2000 年布希和高爾競選總統時，布希強力促銷減稅方案。當時的美國聯邦政府有預算盈餘，減稅對經濟體系未必有害。到了 2004 年時，布希競選連任，再次強力推銷減稅計畫。不過，此時美國聯邦政府有嚴重的預算赤字，而且伊拉克問題尚無解決跡象，再加上日益增加的貿易赤字，此時還要減稅，很難說是明智的舉動。但是對布希而言，近程的目標是當選連任，至於預算赤字可以慢慢解決。就算引發不可收拾的危機，他也早已下臺了。

事實上，布希當選之後，還是在談減稅方案。不但如此，政府支出也沒有減少的跡象。2006 年的期中選舉將至，布希仍然要滿足國會議員的需求，增加若干地方建設，以爭取共和黨在期中選舉的勝算。美國的經濟在 21 世紀初，面臨許多挑戰。向中國施壓要求人民幣升值，其實是以鄰為壑，要別人承擔自己過錯的惡果。2004 年的臺灣總統大選，也有相同的劇情上演。臺灣政府的負債已經超過 GDP 的 20%，但是，兩黨的候選人仍然在強調增加社會福利措施，甚至要為公務人員加薪。為了競爭總統大位，候選人濫用國家資源，而且還嚴重影響經濟復甦的速度。要求獨立的財政政策，知易行難。只要這些政客所開的政策支票能夠換到選票，獨立的財政政策是不可能的任務。

Ⓠ1 美國的財政政策是否獨立？

Ⓠ2 臺灣的財政政策是否獨立？

⚮ 經濟現象探索 -3

財政政策辯論：加稅或減少支出[11]

21 世紀的第一個金融風暴，對全球經濟造成重大打擊。在景氣極為低迷之時，世界各國都將採取擴張的財政政策及貨幣政策，以解救瀕臨瓦解的金融體系、消費者信心及就業市場。然而多數國家早有財政短絀的問題。入不敷出的結果，頓時使國家債務成為焦點。在數年的擴張政策之後，不得不研究解決赤字疑慮。方法有二：加稅或減少支出。選項雖然簡單，但是經濟仍未完全復甦，哪一個方法才能減少對經濟的負面影響？

除了歐洲的西班牙、愛爾蘭、希臘、葡萄牙、義大利等國家，有嚴重的債務危機之外，美國、日本、英國的財政狀況也是日益惡化。宣示對國家債務的關注，可以減緩金融市場對債務危機不確定性的焦慮，不過也要選對方法，才不會讓經濟因緊縮的財政政策而下滑。哈佛大學的 Alberto Alesina 認為降低赤字的方法，最好是用減少支出。此一措施有可能刺激經濟成長，稱之為擴張的財政緊縮 (expansionary fiscal contraction)。

以加拿大為例，1990 年代中期，每增加一元稅收，相應的支出減少 6~7 元，以此成功減少預算赤字。[12]不過，此一政策執行的時候，正好遇到重要的貿

---

[11] The Economist, October 30, 2010 ,"Far from the Meddling Crowd."

[12] Henderson, David R., September 2010, "Canada's Budget Triumph," Mercatus Center, Working Paper

易夥伴美國急速成長，加拿大此一期間的出口由 GDP 的 33%成長到 45%。因此，加拿大的作法是否值得仿效頗有疑問。再者，現在的實際經驗中，愛爾蘭為了要解決債務問題，大幅刪減政府支出，使得名目 GDP 減少約 20%。換言之，減少政府支出造成 GDP 減少許多，代價如此之高，不禁令人懷疑減少政府支出之成效。

雖然多數人認為，減少政府支出確實會比加稅要來得好，因為加稅可能會扭曲工作及投資意願。無論如何，減少赤字無疑的將會減少 GDP 並增加失業。此外，政府赤字在景氣衰退中會受到雙重打擊。因為景氣衰退會使稅收減少，並因失業救濟而增加社會福利支出。

一般認為，政府增加支出會排擠民間的投資支出，也就是所謂的排擠效果。但此一效果並不容易證明，因為在不同的景氣循環階段，會有不同的排擠程度。再者，在景氣低迷的時候，民間企業的投資意願也不高，可能排擠的民間投資也有限。有研究指出，美國國會議員若成為委員會的主席，則一般而言，此一議員所屬的州，在特殊指定項目預算增加 40~50%，相對的民間企業的資本支出減少 8~15%，研究與發展的支出則減少 7~12%。[13]此一情況在不同的州和不同時期，大概都有一致的結果。顯然這個研究結果，可以排除景氣循環的干擾。

另外，若此一議員不再擔任委員會主席時，情勢就跟著反轉。這個研究並沒有發現完全的排擠效果。至於長期的效果，則有研究指出，政府消費支出增加 1%，會使民間消費支出減少 1.9%。[14]換言之，政府利用短期支出增加以減少景氣衰退的痛，可能換來長期更難忍受的苦。不過，當政府減少支出的時候，中央銀行必須降低利率以補償政府減少支出的效應。然而，在金融風暴加上經濟衰退之雙重影響之下，多數國家的利率已經很低了，貨幣政策難以補償緊縮財政政策的負面效應。

Q1 緊縮的財政政策中，一般認為何者最佳？理由為何？

Q2 實證研究是否發現完全的排擠效果？

Q3 何以排擠效果不易驗證？

No.10-52, George Mason University.

[13] Cohen, Lauren H., Joshua D. Coval, and Christopher J. Malloy, 2011, "Do Powerful Politicians Cause Corporate Downsizing?" Journal of Political Economy, Vol. 119, No. 6, 1015-1060.

[14] Furceri, Davide and Sousa, Ricardo M. Sousa, 2009, "The Impact of Government Spending on the Private Sector: Crowding-Out versus Crowding-In Effects," Working Paper 6/2009, University of Minho.

Q4 實證結果顯示，政府支出增加所造成的長短期影響如何？

Q5 何謂擴張的財政緊縮(expansionary fiscal contraction)？

▶ 歷史回顧 -1

簡要剖析經濟大恐慌

經濟大恐慌的故事大家都聽過，但是很少有人告訴我們，到底發生了什麼令人驚恐的大災難。簡單的說，整個事件只是投機熱潮過後的後遺症。為什麼後遺症會這麼嚴重而且持續這麼久？

類似的投機狂熱早在 17 世紀就發生過了。1635~1637 年的鬱金香熱，把一顆鬱金香的球莖的價格，炒到將近一個中產階級 21 年的薪水，人的理智何在？不過，各位讀者仔細想想，梵谷的名畫向日葵，一幅要數百萬美元，現代人似乎也高明不到哪裡去！如果想知道過去數百年歐洲投機狂熱的故事，可以參考 John Kenneth Galbraith 所著的 A Short History of Financial Euphoria。如果想進一步瞭解更詳盡的細節，並尋求其中的脈絡，則可以參閱 Charles P. Kindleberger 所著的 Manias, Panics, and Crashes。至於歐洲金融發展的概況，則可以看 Kindleberger 所寫的 A Financial History of Western Europe。上面這些書，對 1929 年發生的華爾街股市崩盤，都有介紹。

1929 年到底發生了什麼事情？歷史不是間斷的，而是持續以前的各種情勢發展而來的。套一個政治學鐵律：世界上沒有偶發事件。想要知道 1929 年的情勢，得先回顧 20 世紀初的大事。1914~1918 年之間，歐洲打了 4 年的大戰爭，死傷無數，破壞嚴重。德國的無限制潛艇政策，重挫世界貿易。在戰前都沒有人料到，這場戰爭會打這麼久。眾人渴望和平，戰後大家對未來的經濟發展看好，許多購併如火如荼進行，但是好景不如預期，多數的購併案失敗了。

當時的社會狀況也值得一提。美國的禁酒運動(prohibition)正在進行。不過，不喝酒似乎也沒有讓美國人更清醒。炒股票的活動，未因此減緩。反而引發幫派為私酒火拼，層出不窮的暴力事件。1933 年終於正式結束禁酒。另外，著名的大富翁遊戲(Monopoly)在 1934 年發明。間接反應當時人們，對經濟狀況的失望及無力感。

從 1918~1929 年之間，雖然股市起起落落，但是大勢看漲。不但沒有人預料到 1929 年的股市大跌，甚至在大跌數年之後，還有一群哈佛大學的學者，持續看好經濟成長，只可惜他們都錯了。著名的學者 Irving Fisher，不但預測錯誤，自己還賠了一大筆錢。

　　當時的利率水準不高，投資人一直在追求高獲利的投資機會。購併案失敗之後，資金流向美國佛羅里達的房地產。當時的佛羅里達人口不多，很多土地根本沒有開發價值，卻被炒到天價。讀者應該可以預期，泡沫幻滅時的慘烈局面。人類堅強的賭性，可能連上帝在造人的時候也沒有預料到。大約與此同時，Charles Ponzi 設計了一個老鼠會的大騙局，後來 Ponzi Scheme 還成為老鼠會英文的專有名詞。雖然這個騙局，造成投資人損失慘重，投資人還是前仆後繼尋找投資機會。最後，投資人終於衝向華爾街，美國的金融中心。

　　國際金融情勢也助長投機風潮。戰爭賠償的問題使德國陷入困境，賠款的安排催生了著名的 The Bank for International Settlement (BIS)。雖然 BIS 於 1930 年才成立，但是德國的戰後賠款及英法等國欠美國的戰債，對國際金融市場造成相當大的衝擊，並引發外匯投機熱潮。1924 年 3~4 月之間，奧地利的銀行體系，因為介入法國法郎的外匯投機，損失龐大，甚至有瓦解的危機。法郎的投機事件，在 1919 年就曾經發生。

　　另一個重點是，此時的各國政府都不穩定。在惡劣的國際情勢下，又沒有強國出面主導解決危機，使問題更加嚴重。1925 年時，邱吉爾為了大英帝國的光榮，把英鎊調到戰前的價位。可是英國國力衰退，而且經濟也沒有完全恢復，這個不智之舉，使國際金融市場更加不穩定。英鎊價位難以維持，英國轉而求助美國。美國政府決定調降利率，協助穩定英鎊價位。這項政策使美國的資金成本下降，更多錢投入華爾街股市。英國人自己打腫臉充胖子，受害的卻是整個世界經濟。

　　20 世紀發生的事件中，也有好的一面。當時的科學進步，很多新發明出現。電報、電話的發明，使美國西岸的人，也能及時投入華爾街的熱潮，加速資訊及資金的流通，使股市投資需求大增。當時的電報、電話，就如同 1990 年的網路一樣，成為股市的最大推手之一。其次是汽車業的興起，Ford 的裝配線，讓車子的價位大降。一輛 Ford Model T 的價格，原來要 825 美元，大量生產之後，1913 年降到 550 美元，1915 年時為 440 美元，1924 年時則只要 290 美元。由以上所述，讀者應可以看出大量製造(mass production)的效益，及其可能引發人類對未來憧憬。除了汽車之外，收音機、發電廠等等的出現，隱含無限商機。此時還有一項重大商業發明：分期付款。當時的美國人要購買商品，通常會準備現金。有了分期付款之後，先消費後付款，使企業的利潤頓時大增。當時的人，每週薪水大約有 25 美元[15]。以這樣的所得水準，要買數百美元的汽車，或上百美元的收音機，非常困難。分期付款使情況大為改觀，企業生意熱絡，盈餘大增，股價自然水漲船高。

當時的 GM 的股票價格，曾經高達數百美元，將近一個人一年的薪水。但是 GM 的獲利確實很高，而且還發放高額的股利，並曾進行好幾次的股票分割 (stock split) [16]。正派經營的公司固然不少，存心欺騙投資人、印股票換鈔票的公司更多。連擁有世界火柴獨占的 Ivar Kreuger，也把美國銀行家騙得血本無歸，最後他以自殺的方式，結束這場騙局。就像 1990 年代的網路泡沫，騙子也是到處可見。觀察股票市場，最根本的問題是，從個別角度看，每個人都是理性的。但是一群人在一起，可能就變成盲目的烏合之眾，被過度樂觀的消息沖昏頭。接著要討論當時的社會背景。

20 世紀初的美國，是一個極不平等的社會，所得差距非常大，而且政府官員貪汙腐敗的不在少數。炒作股票的方式，無奇不有。花錢找記者寫專欄製造高獲利假象，與公司上屬勾結賺取 IPO 價差，有的則成立炒作集團，公開炒作股票。此時出現最早的基金公司，是共同基金的前身，不過大多以炒作自己集團公司的股票為主要業務。當時股市的另一特徵是融資買股票，也叫作 call loan。只要有 10% 或更低的資金，就可以買股票。這在股價上漲的時候，投資人以少數的錢，賺全額的價差，四兩撥千斤，人生一大樂事。然而一旦股價翻轉的時候，不但投資人血本無歸，銀行或金主為求保本，不得不將股票廉價賣出，使下跌的股市雪上加霜。

1929 年 10 月 24 日禮拜四，股市震盪激烈，但是收盤的時候，跌幅有限。接下來二天的交易，其實都還很穩定。到了 10 月 28 日禮拜一的時候，股市大跌。如果觀察個別股票的表現，其實不是所有的股票都下跌，不過整個市場的走勢確實是越來越糟。金融市場上的惡果，逐漸反應到經濟的其他層面。社會的財富下降，消費力大減，使公司的獲利變差。原來分期付款買的商品，沒有能力還款而被收回。公司收回這些已經折舊的商品，不但侵蝕公司利潤，也很難再賣出去。

除了國內的混亂狀況之外，國際間的保護主義興起。美國在 1930 年通過 Hawley-Smoot 關稅法案。緊接著各主要貨幣脫離金本位，也就是以貨幣貶值來

---

[15] 1938 年時的最低工資是每小時 0.25 美元，一年 365 天，天天工作，一年也只有 730 美元。

[16] 股票分割指的是將原有的一張股票分成更多張，公司的市場價值並沒有改變，但是股票價格因此減少，讓更多投資人買得起。

爭取市場，形成嚴重的惡性循環。結果是每個國家的市場都極度萎縮，整個惡劣情勢持續到 1933 年，大批銀行面臨擠兌的壓力。3 月 6 日美國總統宣布銀行假期，以避免銀行體系瓦解。這段期間破產的公司無數。

關於 1929 年經濟大恐慌的文獻，汗牛充棟。對於整個事件的起因，有許多不同的解釋。經濟學者對於解決的辦法，更是爭論不休。由上述簡單的剖析，讀者可以發現，真正發生危機的，絕對不只是華爾街股市，還包括國際金融市場，外匯市場的失衡；政治也是重要的一環，各主要國家的政府都不太穩定。另外，新成立的國際聯盟(League of Nations)未能發揮作用。在如此艱難的環境，各國卻以關稅、匯率競爭來回應，使情況更難收拾。

經濟上的紛亂，造成另一場浩劫。1918 年第一次世界大戰結束之後，不到 20 年又有另一場傷亡更大的戰爭，這真是人類的不幸。或許回顧這一段歷史，可以讓我們深刻體會合作的重要性。讀者若想要再深入瞭解，請參閱 Robert Sobel 所著的 The Great Bull Market 及 John Kenneth Galbraith 的 The Great Crash 1929。

問題 ❶

試比較 2007 年、1987 年及 1929 年的美國股市崩盤。

問題 ❷

1929 年美國的股市崩盤，其主要原因為何？

問題 ❸

著名的大富翁遊戲(Monopoly)是在何時發明的？

◉ 歷史回顧 -2

美國連續多次降息，臺灣是否也應該降息？

其他國家採行的政策，臺灣需要照做嗎？經歷美中貿易戰所造成的經濟衝擊，美國的中央銀行考量企業所受到的影響，以及諸種談判所引發的不確定性和就業水準的不利因素，2019 年連續多次降息。在此情況下，美元持續貶值。換言之，新臺幣隨之升值。

美國降息明顯衝擊臺灣的出口，臺灣也要跟著降息嗎？臺灣若降息至少可以緩和新臺幣升值的壓力。然而此時，有不少臺商因應美中貿易戰而將資金匯回臺灣。貨幣供給已經有增加的潛在風險，降息又可能刺激需求。若資金導入土地、房屋市場，恐怕有過度刺激不動產市場的危機。再者，臺商資金回流本身就可能導致新臺幣升值，所以，臺灣推動南向政策、拓轉海外貿易發展，以減緩對國內不動產市場，包括工業用地、一般住宅、土地的漲價壓力。尤其年輕人已經為買不起房子而苦惱，資金若沒有導入合宜的投資項目，可能造成其他社會問題。簡單的說，各國的經濟情勢不同，政策考量的重點也不一樣，並不是某國採用的政策，其他的國家必須比照辦理。即使採納，在強度上也未必要完全相同。

在金融海嘯肆虐之際，美國、日本及歐洲接連採行 QE 政策，大量增加貨幣供給，造成亞洲新興國家的貨幣升值。主因是，美國、日本、歐洲等地，錢滿為患，加上利率又低，因此這些新發行的貨幣轉往新興國家，尋求更高的投資報酬率。臺灣此時的經濟並不好，但是因為眾多外匯四處流竄，新臺幣曾經升值到 28 兌換 1 美元。歐洲 QE 促使歐元貶值，日本也藉由日幣大幅貶值擺脫通貨緊縮的陰影。於是臺灣也有不少人支持推行 QE 政策。尤其，臺灣是以出口為導向的經濟，貶值對出口有極大的激勵。

然而，新臺幣頂多只能算是地區性貨幣，美元、歐元及日幣則是國際通行的貨幣。美元在國際上更是通行無阻。若臺灣真的推行 QE，其效果可能和美元、歐元之狀況不同。大量增加發行的新臺幣可能無處可去，加上臺灣的內需有限，很可能會造成不動產市場及股票市場狂飆。

以日本的 QE 為例。日幣大幅貶值刺激出口成長，企業獲利回升，股市隨之起舞。但是對一般日本民眾而言，日幣貶值引發通貨膨脹。企業雖然獲利增加，但是員工的薪水沒有太大變化。換言之，日本的貨幣政策是犧牲一般民眾的福利，換取企業的復甦。日本還面臨龐大的國債危機，極低的利率加上發行大量的日幣，一度造成負利率的現象，衝擊日本民眾的財富及儲蓄，間接深化所得分配不均。這樣的結果是不是臺灣人所樂見的，可能也是值得深思的議題。

問題 ❶

美國連續多次降息，臺灣是否也應該降息？

問題 ❷

美國、日本或其他國家的政策，若成效不錯，臺灣是否都應仿效？

問題 ❸

臺灣若採取 QE 政策，能否刺激經濟？可能會有何後遺症？

—— EXERCISE ——

綜合測驗

CHAPTER **05 — 08**

( ) 1. 在 IS/LM 模型中，當政府支出增加時，會造成　(a)IS 曲線向左移　(b)LM 曲線向右移　(c)IS 曲線呈水平線　(d)LM 曲線向左移　(e)IS 曲線向右移。

( ) 2. 承上題，當貨幣供給增加時，會造成　(a)LM 曲線呈垂直線　(b)IS 曲線向左移　(c)IS 曲線向右移　(d)LM 曲線向左移　(e)LM 曲線向右移。

( ) 3. 人們利用貨幣從事投資以獲得報酬，是屬於凱因斯對貨幣需求所提出的三大動機之　(a)交易動機　(b)投機動機　(c)預防動機　(d)套利動機　(e)投資動機。

( ) 4. 如圖所示，試問圖中 A、C 點趨向均衡的原因與方向，下列何者正確？　(a)在 A 點時，利率會上升，則趨向均衡的變動方向為向上　(b)在 C 點時，利率會下降，則趨向均衡的變動方向為向下　(c)在 C 點時，利率會上升，則趨向均衡的變動方向為向左　(d)在 A 點時，利率會下降，則趨向均衡的變動方向為向下　(e)在 A 點時，利率會下降，則趨向均衡的變動方向為向右。

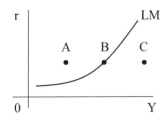

( ) 5. 無論是財政政策或貨幣政策，都會有四種落差現象，下列何者敘述正確？　(a)財政政策的執行落差最大　(b)貨幣政策的認知落差最小　(c)財政政策的認知落差最小　(d)貨幣政策的決策落差最大　(e)無論財政政策或貨幣政策，其落差現象皆相同。

( ) 6. 已知 A 國的經濟資料如下：$C = 92 + 0.8 Yd$，$T = 0.2Y$，$I = 18 - 40r$，$G = 50$，出口 $= 50$，進口 $= 10 + 0.14Y$，$MD = 310 - 10r + 0.5Y$，$MS/P = 500$，求 LM 曲線方程式？　(a)$0.8Y - 12r = 200$　(b)$0.5Y - 10r = 190$　(c)$Y - 10r = 190$　(d)$0.5Y - 20r = 190$　(e)$0.6Y - 10r = 250$。

（　）7. 承上題，求均衡所得及利率？　(a)Y = 384，r = 0.2　(b)Y = 260，r = 0.5　(c)Y = 200，r = 0.2　(d)Y = 320，r = 2.1　(e)Y = 250，r = 2。

（　）8. 承上題，若稅收 T = 0.2Y 變成 T = 0.4Y，則新的 IS 曲線是　(a)0.6Y + 40r = 200，變得更陡　(b)0.45Y + 40r = 200，變得更平坦　(c)0.66Y + 40r = 200，變得更陡　(d)0.5Y + 30r = 200，變得更平坦　(e) 0.4Y + 30r = 200，變得更平坦。

（　）9. 試問圖中的 A、C 點趨向均衡的原因與方向，下列何者正確？　(a)在 A 點時，投資水準因利率較低而下降，則趨向均衡的變動方向為向下　(b)在 C 點時，投資水準因利率較低而下降，則趨向均衡的變動方向為向上　(c)在 C 點時，投資水準因利率較低而增加，則趨向均衡的變動方向為向上　(d)在 A 點時，投資水準因利率較低而上升，則趨向均衡的變動方向為向上　(e)在 B 點時，因為投資等於儲蓄，則趨向均衡的變動方向為向上或向下。

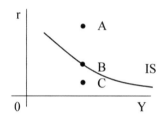

（　）10. 在投資陷阱裡，下列何項敘述正確？　(a)指 IS 曲線為水平曲線時　(b)財政政策有效，可改變所得和利率　(c)貨幣政策的實施無法改變利率，可以改變所得　(d)投資者無法進行投資　(e)指 LM 曲線為水平曲線時。

（　）11. 關於 IS 與 LM 曲線，下列敘述何者錯誤？　(a)LM 曲線越陡，表示財政政策越有效，貨幣政策則未必有效　(b)IS 曲線越平坦，表示貨幣政策越有效，財政政策不一定有效　(c) LM 曲線越平坦，表示財政政策越有效，貨幣政策不一定有效　(d) IS 曲線越陡，表示財政政策越有效，貨幣政策不一定有效　(e)以上皆非。

（　）12. 假設小美有 3,000 元，她將全部的錢存入 A 銀行，而銀行的法定準備率為 20%，利率為 10%，銀行體系創造貨幣的過程若可無限延伸，貨幣供給將會增加　(a)$3,600　(b)$10,000　(c)$15,000　(d)$20,000　(e)無限大。

（　）13. 何謂排擠效果？　(a)政府支出的增加，造成民間投資減少的現象　(b)政府支出的增加，造成民間投資跟著增加的現象　(c)政府支出的增加，無法影響民間投資的現象　(d)儲蓄與投資的反向關係　(e)利率與投資的反向關係。

（　）14. 在流動性陷阱裡，下列何項敘述正確？　(a)指 LM 曲線為垂直曲線時，財政政策可以改變所得或利率　(b)貨幣政策有效，財政政策無效　(c)指 LM 曲線為水平曲線時，貨幣政策可以改變所得或利率　(d)貨幣政策無法改變所得或利率，但財政政策可改變所得　(e)指 IS 曲線為垂直線時，財政政策無法改變所得和利率。

（　）15. 下列何者是中央銀行用來影響貨幣供給量的工具？　(a)買賣公債　(b)公開宣示政策走向　(c)重貼現率　(d)存款準備率　(e)以上皆是。

（　）16. 如圖所示，請問圖中的 A 點所代表的涵意為何？(1)表示貨物市場有超額需求；(2)表示貨物市場有超額供給；(3)表示貨幣市場有超額需求；(4)表示貨幣市場有超額供給。正確的是　(a)14　(b)23　(c)13　(d)24　(e)2。

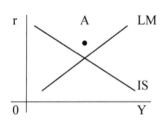

（　）17. 貨幣需求是所得、利率、物價的函數，以下敘述何者正確？　(a)當物價水準上升時，用於交易的貨幣數量增加，貨幣需求也會增加，故貨幣需求與物價為正相關　(b)當人們感受到物價水準上升時，會暫時性地反彈，於是在某一段時間內會減少消費，貨幣需求減少，故貨幣需求與物價為負相關　(c)貨幣需求與所得、利率皆為負相關　(d)利率越高時，持有貨幣的成本就越高，故貨幣需求與利率為正相關　(e)以上皆非。

（　）18. 已知 B 國的經濟資料如下：$C = 100 + 0.8 Yd$，$T = 200$，$I = 240 - 500r$，$G = 150$，出口 $= 70$，進口 $= 150 - 0.1Y$，$MD = 50 - 500r + 0.3Y$，$MS/P = 100$，求 IS 曲線方程式？　(a)$0.1Y + 500r = 250$　(b)$0.2Y - 20r = 200$　(c)$0.5Y - 250r = 300$　(d)$0.5Y - 500r = 350$　(e)$Y - 100r = 250$。

（　）19. 承上題，求均衡所得及利率？　(a)Y = 500，r = 0.8　(b)Y = 750，r = 0.35　(c)Y = 200，r = 1　(d)Y = 750，r = 2　(e)Y = 300，r = 5。

（　）20. 承上題，若 MS/P 增加至 300，試問新的均衡所得及利率為　(a)Y = 1000，r = 0.2　(b)Y = 1500，r = 1　(c)Y = 1250，r = 0.4　(d)Y = 1000，r =1.5　(e)Y = 1250，r = 0.25。

（　）21. 菲力普曲線(Phillips curve)主要在說明　(a)工資率與失業率之間的正向關係　(b)通貨膨脹率與失業率之間的負向關係　(c)通貨膨脹與工資率之間的正向關係　(d)通貨膨脹與工資率之間的負向關係　(e)以上皆非。

（　）22. 1929 年的經濟大恐慌、1990 年代的日本經濟衰退、和 21 世紀的第一個金融風暴，有何共同特徵？　(a)流動性陷阱　(b)房地產價格大漲所引起　(c)流動性不足　(d)物價指數大漲　(e)各國合作解決危機。

09
CHAPTER

成長模型

MACROECONOMICS
Theory and Practice

經濟成長是每一個國家追求的目標，但是成長率太高、速度太快，也會造成問題。1998 年時，著名的飛機製造廠波音公司(Boeing)發生虧損，原因是生意太好，有接不完的訂單，生產線的調整因此出了問題。除了上述這個層面之外，大家都想知道，經濟成長的來源在哪裡，以便採取適當政策，創造更多的就業機會，提高生活水準。

有人說，所得增加、人口成長、就業率上升，就是經濟成長。其實這些是經濟成長的表現，並不是促使經濟成長的根本原因。根據 1993 年諾貝爾經濟學獎得主 Douglass C. North 的說法，經濟成長的基礎在有適當的制度引導，經濟成長並不是必然的結果。不當的制度設計，反而會使經濟停滯，甚至倒退。西班牙在中古世紀時，位居世界強權之首，現在卻是歐盟最貧窮的國家之一。不良的制度設計，使西班牙人安於現狀，逐漸被世界潮流淘汰。凱因斯對經濟成長的看法，先前已經介紹過。接下來要回顧馬爾薩斯(Thomas Robert Malthus)，對人類悲慘境遇的描述，以及二個簡單的成長模型。

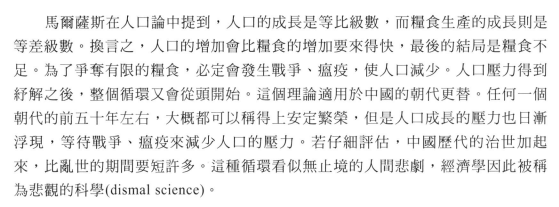

一 ・ 悲觀的科學

馬爾薩斯在人口論中提到，人口的成長是等比級數，而糧食生產的成長則是等差級數。換言之，人口的增加會比糧食的增加要來得快，最後的結局是糧食不足。為了爭奪有限的糧食，必定會發生戰爭、瘟疫，使人口減少。人口壓力得到紓解之後，整個循環又會從頭開始。這個理論適用於中國的朝代更替。任何一個朝代的前五十年左右，大概都可以稱得上安定繁榮，但是人口成長的壓力也日漸浮現，等待戰爭、瘟疫來減少人口的壓力。若仔細評估，中國歷代的治世加起來，比亂世的期間要短許多。這種循環看似無止境的人間悲劇，經濟學因此被稱為悲觀的科學(dismal science)。

科技的發展，大幅提高生產力，使同一單位面積的生產可以養活更多人。現代人不必再面對同樣的悲慘境界。馬爾薩斯提到，解決上述悲慘境遇的作法是禁慾。過去沒有適當的避孕方法，所以提倡禁慾成為逃避悲慘命運的良方。然而時代在變，潮流也在變。現在各國人口的出生率大減，許多國家鼓勵生產，以免人口日益減少，真的是今非昔比。接下來要看現代的經濟成長模型。

二 • Solow 模型

Robert Solow 在 1987 年榮獲諾貝爾經濟學獎，他對成長理論貢獻卓著，著名的 Solow 模型，就是他的傑作之一。此一模型假設所有資源充分就業，沒有政府或國際部門，生產函數為

$$Y = f(L, K, A) \tag{9.1}$$

其中 L 為勞動，K 為資本，A 則為技術。一個經濟體系成長的來源，可以分解如下，式(9.1)對 t 微分：

$$\frac{dY}{dt} = f_L \frac{dL}{dt} + f_K \frac{dK}{dt} + f_A \frac{dA}{dt} \tag{9.2}$$

其中 f_L, f_K, f_A 分別是生產函數對 L, K, A 微分所得到的一階導數。上式可以進一步化簡

$$\frac{dY/dt}{Y} = \frac{f_L \cdot L}{Y} \cdot \frac{dL/dt}{L} + \frac{f_K \cdot K}{Y} \frac{dK/dt}{K} + \frac{f_A \cdot A}{Y} \frac{dA/dt}{A} \tag{9.3}$$

令 $dY/dt = \dot{Y}$，以同樣的方式定義，可以得到 $\dot{L}$, $\dot{K}$, $\dot{A}$，則式(9.3)可以改寫成

$$\frac{\dot{Y}}{Y} = E_L \cdot \frac{\dot{L}}{L} + E_K \cdot \frac{\dot{K}}{K} + E_A \cdot \frac{\dot{A}}{A} \tag{9.4}$$

其中 E_L, E_K, E_A 分別是由 L, K, A 所衡量的產出彈性。最後一項 $E_A \cdot \dfrac{\dot{A}}{A}$ 稱為 Solow 殘差項(residual)。不能由勞動或資本解釋的經濟成長，就以 Solow 殘差項來說明。

若不考慮技術因素，生產函數為

$$Y = f(K, L) \tag{9.5}$$

上式除以 L

$$\frac{Y}{L} = f(\frac{K}{L}, 1) \tag{9.6}$$

不是所有的函數都可以如此運算，此處假設生產函數滿足相關的性質。令 K/L = k, Y/L = y，則

$$y = f(k, 1) \qquad (9.7)$$

y 代表的是平均每人生產，k 則為平均每人資本。上式可以再簡化成

$$y = f(k) \qquad (9.8)$$

圖 9-1 展現的是生產函數，縱軸是平均每人生產，橫軸則為平均每人資本。f(k)代表生產，也是所得。s 代表儲蓄率，所以 sf(k)就是平均每人儲蓄，f(k)和 sf(k)之間的差距則是平均每人消費。

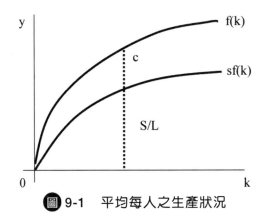

圖 9-1　平均每人之生產狀況

在沒有政府及國際貿易的情況之下，

$$Y = C + I = C + S \qquad (9.9)$$

$\Rightarrow$　S = I 為整個經濟體系均衡條件

換算成平均每人的情況則為

$$y = c + I/L = c + S/L \qquad (9.10)$$

其中 c = C/L，經濟體系的均衡條件，由平均每人觀點來看是

$$I/L = S/L \qquad (9.11)$$

若經濟體系要維持在穩定狀態(steady state)下，投資必須足以彌補資本在折舊上的損耗，才能使經濟體系保持與以往相同的表現。若δ為折舊率，則

$$I/L = \delta k \tag{9.12}$$

式(9.12)是經濟體系達到穩定狀態的條件。配合式(9.11)的均衡條件，則

$$I/L = S/L = \delta k = sf(k) \tag{9.13}$$

上式即為穩定狀態之下的均衡條件。

參照圖 9-2，經濟體系的均衡點在 E。k^*為穩定狀態均衡之下的平均每人資本水準。在 k+時，$\delta k > sf(k)$。也就是說，折舊大於投資。經濟體系的資本因投資不足，逐漸耗損而減少，直到$\delta k = sf(k)$時，調整才停止。反之，在 k-時，$sf(k) > \delta k$，投資大於折舊，所以資本有淨增加，但是資本的淨增加逐漸減少，直到 E 時達到均衡點。

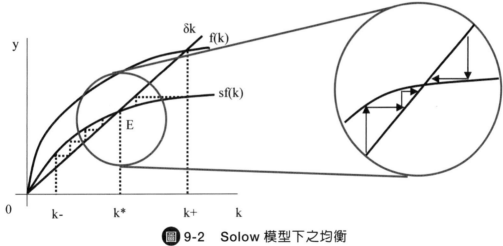

圖 9-2　Solow 模型下之均衡

參照圖 9-3，當δ上升，也就是折舊率增加，由δ_1變成δ_2，資本的損耗變大，則每人的平均資本減少，穩定狀態下的均衡資本量，由 k_1 變成 k_2。換言之，每個人都變窮了，平均每人生產力也下降。

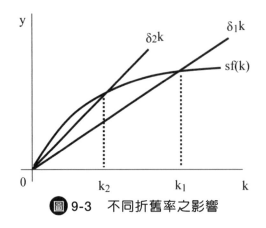

圖 9-3　不同折舊率之影響

　　參照圖 9-4，若儲蓄率增加，則平均每人資本上升，生產也會增加。儲蓄率由 s_1 增加到 s_2，則穩定狀態下的每人平均資本增加，由 k_1 變成 k_2，每人平均所得也同時增加。Solow 模型的看法和凱因斯模型完全不同。凱因斯強調節儉的矛盾，每個人都節儉，社會反而會變得貧窮，生產、所得都會減少。Solow 則說，經濟成長和儲蓄是正相關。

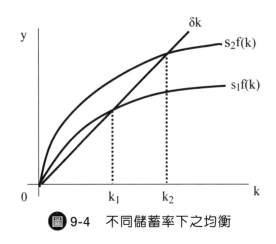

圖 9-4　不同儲蓄率下之均衡

　　為什麼這二個模型對儲蓄的功能，有這麼不同的詮釋？凱因斯強調的是，市場不是完美的，價格有向下調整的僵固性。所以，凱因斯由需求面著手，供給不是問題，需求有多少，供給就有多少，均衡是由需求決定。因此，凱因斯基本模型看不到投資在生產上的貢獻。天下沒有白吃的午餐，投資需要儲蓄來支撐。因此，Solow 模型從生產函數著手，看到供給面及投資對生產的貢獻，而且假設市場可以達到均衡 $S = I$，卻沒有說明需求。

　　基本上，這二個模型用不同的角度觀察經濟體系的運作，所以才有不同的結論及不同的政策意涵。到底誰的對？凱因斯的理論，反應 1930 年代經濟大恐慌的時空背景。許多經濟學者認為，當時發生的經濟困境，在 21 世紀應該不太可能發生。市場確實有相當的調整能力，加上有國際間的協調，及國際貨幣基金和世界銀行的運作。所以，凱因斯的說法，與實際的經濟運作有若干差距。

　　現在考慮人口成長對經濟體系的影響。參照圖 9-5，若人口成長率為 n，則為了維持穩定狀態下的均衡(steady state)，投資必須彌補人口的增加，使穩定狀態下的均衡平均每人資本下降。參照圖 9-6，如果人口成長率上升，均衡的 k, y 都會下降。1970 年代，臺灣積極推行家庭計畫，控制人口成長，與此一模型不無關連。反觀中國在毛澤東統治之下，強調人多好辦事，結果拖累經濟發展。以至於不得不實施一胎化政策，反而引爆更多社會問題。目前中國雖然已經廢除一胎化政策，但是，尚有許多衍生的人口老化、勞動力不足、勞動成本增加等，未來有不少社會、經濟問題亟待解決。

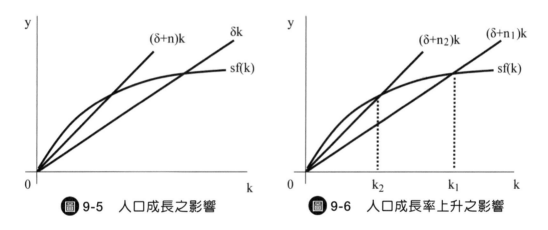

圖 9-5　人口成長之影響　　　　圖 9-6　人口成長率上升之影響

　　每個人都希望有很高的生活水準，要怎樣才能做到呢？Solow 模型中，提出了一個黃金法則(golden rule)，指的是使個人消費水準最高的穩定狀態下的均衡。參照圖 9-7，要讓平均每人消費最高，作一條線平行於δk，但是切於 f(k)。因為二平行線之間的垂直距離最大，所以此時的消費額度最大。切於 f(k)的線之斜率等於邊際產量，故

$$MP_k = \delta \tag{9.14}$$

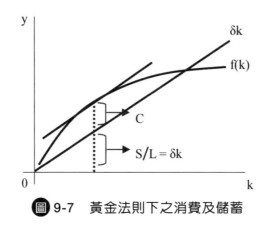

圖 9-7　黃金法則下之消費及儲蓄

在考慮人口因素之後，

$$MP_k = \delta + n \tag{9.15}$$

接下來要看經濟成長在 Solow 模型中的角色。令經濟成長率為 g，則在穩定均衡之下，一個經濟體系的儲蓄，除了要彌補資本的折舊，還要支撐資本邊際貢獻的增加。參照圖 9-8，加入經濟成長率之後，穩定狀態均衡下的 k, y 都會下降。這個現象似乎有一點反常，為什麼考慮了經濟成長之後，k, y 反而下降？重點在其他條件不變。此時假設儲蓄率沒有改變。若要支撐更高的經濟成長，則儲蓄率也要跟著增加，否則高成長率難以支撐。從另一個角度看，當資本的生產力增加之後，要達到相同的生產水準，所需要的資本會下降。

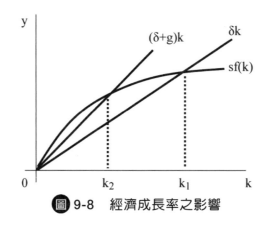

圖 9-8　經濟成長率之影響

要長期維持高經濟成長率，絕對不是容易的事。從英、美、日本、亞洲四小龍，甚至現在的中國，都可以發現同一個現象。在開發之初，經濟快速成長，但是，過了這個「經濟起飛」的階段，經濟成長就開始減緩。主要原因是，經濟體系逐漸開發之後，高報酬率的投資機會越來越少，資本使用越多，資本的邊際貢獻也會減少。由簡單的生產函數觀察，就可以解釋上述現象。在 1980~1990 年之間，中國的經濟成長率超過 10%，但是到了 1990 年代末期，經濟成長率開始減緩，已經降到 10%以下。

參照圖 9-9，如果經濟成長率由 g_1 上升到 g_2，則穩定狀態下的均衡的 k, y 都會下降。但是由於經濟成長的緣故，K, Y 是否會減少則不確定，要看要素生產彈性的大小。

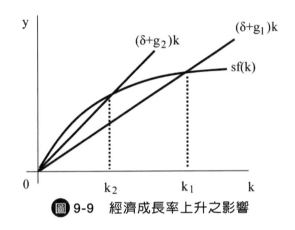

圖 9-9　經濟成長率上升之影響

綜合以上討論，表 9-1 整理出各個變數對經濟體系的影響。

表 9-1　各項變數改變對資本及產出之影響

	K	Y	k	y
$\delta\uparrow$	↓	↓	↓	↓
$s\uparrow$	↑	↑	↑	↑
$n\uparrow$	?	?	↓	↓
$g\uparrow$	?	?	↓	↓

三・Harrod-Domar 成長模型

Harrod-Domar 成長模型由 R. F. Harrod 及 E. D. Domar 二人各自獨立提出。他們二人的看法，深受凱因斯理論的影響。其目的則在分析景氣循環，後來用以解釋經濟成長。

H-D 模型中的均衡條件仍然是 I = S。不過，I 的角色不只是需求的一部分；投資使資本增加，也有供給面的效應，會使產能及生產力增加。其基本假設為：經濟體系的生產調整，L、K 維持固定的比例關係，生產函數則為 Leontiff 生產函數。此種生產函數的等產量線的形狀，就像完全互補的消費組合的無異曲線，如圖 9-10 所示。

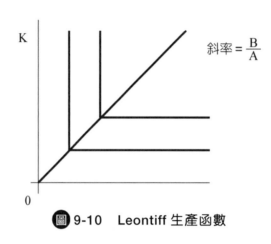

斜率 = $\dfrac{B}{A}$

圖 9-10　Leontiff 生產函數

Leontiff 生產函數的公式如下：

$$Y = \min\{AK, BL\} \tag{9.16}$$

換言之，資本勞動比為

$$\frac{K}{L} = \frac{B}{A} \tag{9.17}$$

參照圖 9-11，資本勞動比上升，代表生產採用資本密集的方式。資本勞動比下降，則是採用勞動密集的方式生產。

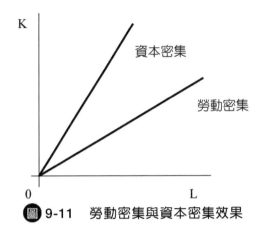

圖 9-11 勞動密集與資本密集效果

此外，H-D 模型還假設，資本投入存在某一固定關係，$K = \sigma Y$，σ稱為資本產出比(capital output ratio)。長期的消費函數為：$C = MPC \cdot Y$。所得等於消費加上投資：$Y = C + I$。其中，投資等於資本的變動，$I = \Delta K$。由以上各項假設可以得到

$$Y - C = I \qquad\qquad (9.18)$$

$$(1 - MPC) \cdot Y = I = \Delta K = \sigma \cdot \Delta Y \qquad (9.19)$$

由上式可以導出

$$g = \frac{\Delta Y}{Y} = \frac{1 - MPC}{\sigma} \qquad\qquad (9.20)$$

上式中的 g 就是 H-D 模型中所說的自然成長率，維持充分就業所需的總合需求的增加率。讀者可以看到 H-D 模型和凱因斯基本模型明顯不同的地方。H-D 模型認為，MPC 上升會使成長率下降。凱因斯基本模型的看法則完全相反，MPC 越大，乘數效果越大，經濟成長越高。這二個模型導出不同的結果，到底哪一個對？

H-D 模型的均衡是剃刀邊緣的均衡(razor edge equilibrium)。因為如果成長率偏離了均衡，經濟體系就會持續處於失衡狀態。以下用一個實例來作說明。假設充分就業下的產能為 $Y = 1,000$，資本產出比 $\sigma = 4$。根據上述資訊，現在的資本 $K = 4,000$。令 $MPC = 0.6$，換言之，$MPS = 0.4$。依照公式換算成長率為 0.1。

$$g = \frac{1 - MPC}{\sigma} = \frac{0.4}{4} = 0.1$$

依目前的 GDP，儲蓄 = 0.4 × 1,000 = 400。GDP 的成長為 0.1 × 1,000 = 100。在此情況下，維持均衡的生產，必須再投資 4 × 100 = 400 的資本。這個數字正好等於儲蓄，所以 I = S。接下來要看總合需求的部分。在新的生產水準之下，消費 = 0.6 × 1,100 = 660。10 % 的所得增加，產生 440 (0.4 × 1,100) 的需求缺口，而投資正好是 440。因此，C + I = 1,100，故經濟體系達到均衡。

現在假設實際的投資是 450，加上消費 600，總合需求是 1,050，超出現有的產能 1,000。為了滿足多出的 50，生產必須再加上 200 (4 × 50)的資本配合。但是，儲蓄只有 400，已經有所不足，沒有辦法再支應額外多出來的資本需求，經濟體系的失衡將會更加嚴重。

如果實際的投資比均衡水準小，會發生什麼狀況？現在假設實際的投資為 380，加上消費 600，總需求的總額是 980，比經濟體系產能還小。如果生產跌到 980，則產能過剩，沒有任何投資的必要，總合需求因此下降，消費也會跟著減少。同樣的，經濟體系的失衡會更加嚴重。因此 H-D 模型中的均衡叫作剃刀邊緣的均衡。一旦脫離均衡，即無法再回到原均衡。

四 • 其他影響成長的因素

許多其他外在因素也會影響一個國家的經濟，例如：移民。中國的春秋戰國時代，各國無不極力爭取優秀人才，富國強兵是最大目標。近代歐洲也有相同的現象。荷蘭的興起，和法國在 1685 年廢止南特敕令(Edict of Nantes)有關。新教徒不再被保護，這些被稱為 Huguenots 的人遂大舉外移，使法國的經濟活力大減，荷蘭及英國則是最大的受益者。在此之後，宗教迫害的事件一再發生，最後這些人投向新大陸，為美國的經濟及科技，源源不斷注入新血。

2004 年美國、歐洲發生嚴重紛爭，當時的美國國防部長 Donald Rumsfeld 把歐洲說成 old Europe，其來有自。因為歐洲人口已經有明顯老化的跡象，而美國則因為採取開放的移民政策，接受來自世界各地的菁英，及尋求美國夢的一般勞工，人口一直保持成長。因此，美國比歐洲更有經濟活力。所以，在經濟成長中，人口結構、人口政策也是一項非常重要的因素。臺灣面臨人口老化及少子化危機，2020 年人口絕對數字開始下降。南向政策雖然也有吸引移民的相關措施，成效如何尚待觀察。

重要名詞及摘要

Harrod-Domar 模型	Leontiff 生產函數	Solow 模型
Solow 殘差項	黃金法則	經濟成長
南特敕令	穩定狀態	馬爾薩斯
悲觀的科學	資本產出比	剃刀邊緣的均衡
穩定狀態下的均衡		

　　傳統的經濟學對經濟成長是悲觀的，馬爾薩斯的人口論，是其中的經典之作。事實證明科技的進步，讓人類享有空前的繁榮，超越馬爾薩斯所說的惡性循環。Solow 模型指出，成長的動力是儲蓄，是對凱因斯學說的一大反撲。Harrod-Domar 模型也有類似的結論。經濟成長的要素，除了上述模型的解說之外，人口的遷徙、人口的素質及年齡結構，也都是重要的變數。

問題與討論

9-1. 馬爾薩斯對經濟成長的看法如何？

9-2. 何謂 Solow 殘差項？

9-3. 當儲蓄率上升，根據 Solow 模型，對平均每人資本及所得會有何影響？

9-4. 根據 Solow 模型，人口成長率上升，則平均每人資本及所得將有何變化？

9-5. 根據 Solow 模型，何謂黃金法則？

9-6. 考慮人口成長因素的黃金法則為何？

9-7. 為何 Solow 模型和凱因斯基本模型，對刺激經濟成長的方式，有不同的結論？

9-8. 根據 Solow 模型，折舊率增加對平均每人所得及資本有何影響？

9-9. 根據 Solow 模型，經濟成長率上升對平均每人所得及資本有何影響？

9-10. Harrod-Domar 成長模型的基本假設有哪些？

9-11. 為什麼 Harrod-Domar 模型的均衡叫作剃刀邊緣的均衡？

經濟現象探索

金融海嘯話從頭：代理問題才是關鍵所在

金融海嘯的源頭可以追溯到 2007 年夏天。問題所在似乎是令人難以理解的衍生性金融商品(derivative)，稱之為有毒資產(toxic asset)。其中有若干連動債也在臺灣出售，造成投資人重大損失。事實上，危機的癥結是更根本的管理及監控，也叫作代理問題。所謂的代理問題(the agency problem or the principal-agent problem)，也叫作主雇關係。只要有授權就會發生代理問題。老闆不可能什麼事都自己做，有些事情勢必要交代下屬。任務是否完成，必須有適當的監督。企業控管出差錯，時有所聞。只是沒想到，發生在金融業，竟變成難以收拾的局面。沒有銀行是因為沒有錢而倒閉的，背後的因素都是控管出問題。

此次金融危機的導火線是次級房貸(subprime mortgage)。有的人認為資本主義出問題，市場太過自由，金融從業人員被貪念沖昏頭，胡作非為。美林(Merrill Lynch)在即將被接收之前，大發 36 億美元紅利，比起 AIG 的二億多，有過之而無不及；花旗銀行(Citigroup)接受數百億美元的政府紓困，還有錢買價值五千萬美元的噴射客機；美國銀行(Bank of America)同樣處於困境，卻花 120 萬美元裝潢辦公室。為了爭取紓困，美國三大汽車公司的大老闆搭乘公司飛機到華盛頓首府，引起輿論撻伐，缺錢還這麼浪費。後來才改用公司生產的汽車開車前往。這些都是金融機構、大企業肆無忌憚的最佳證明。銀行更是有恃無恐，自以為大到不會倒(too big to fail)，衍生出道德風險(moral hazard)。如此嚴峻的金融危機，發生的根本原因，可能是出乎意料的簡單而又不可思議。

（一）次級房貸與金融資產證券化

所謂的次級房貸，指的是信用不好的貸款人所衍生的房屋貸款。信用不好，工作、所得不固定的人，當然會有高違約風險。1980 年代的金融風暴是由垃圾債券引起的。垃圾債券(junk bond)雖然也叫作高殖利率債券(high yield bond)，它的本質則是高風險。垃圾債券讓人望而生畏，投資人卻對次級房貸趨之若鶩，著名的投資銀行、商業銀行都受到衝擊，理由何在？

最重要的原因是 2004 年左右，美國市場資金十分寬鬆，造成房地產市場異常繁榮。主要都會區的住宅價格上漲超過一倍，買房子成為美國全民的賺錢妙方。買了房子之後，二、三個月再轉手就可以賺一筆。業務人員為了獲利，不顧買者的信用或所得，全力推銷房子。告訴買者，只要房屋一漲價，就立刻轉手再賣出，不會有任何負擔，還可以賺一筆。為了鼓勵民眾購屋，銀行還配合提供長期貸款，由 20 年延長為 30 年，或者前數年有所謂的超低優惠利率(teaser rate)來吸引購屋人，甚至可以只付利息不必攤還本金。然而，因為經濟逐漸好轉，通貨膨脹的風險提高，美國聯邦準備銀行陸續調升利率，使房屋貸款負擔日益沉重。只付利息不攤還本金的人，情況更為惡劣。這和 1980 年代的美國儲貸機構(savings and loans)的風暴，有若干相似之處。

當時也是因為利率上升，使銀行帳面上的資產品質惡化，引發銀行倒閉風潮。美國聯邦存款保險公司無力承擔，最後還另外成立資產管理公司處理善後。許多銀行也看準政府必定出面解救，不少即將倒閉的銀行，競相以高利率吸收存款，以挽回破產的命運。快倒的銀行還能提供高利率吸收存款，其間的利差被戲稱為道德風險溢酬(moral hazard premium)。

照理說，業務人員的不負責任行徑，應該會受到銀行的監督。但是 1980 年代的金融危機，讓銀行發展出規避風險的方法，不會因為利率上升，使帳面上資產遭受跌價的損失。銀行一方面將房貸利率變成浮動，將利率變動的風險轉嫁給消費者。另一方面，引進金融資產證券化，將房屋貸款、應收帳款，或其他金融資產包裝成投資商品，轉賣給投資人。如此一來，這些資產的所有人就變成投資人而不是銀行。銀行發行這些金融商品，上市就可以賺一筆。替投資人代收利息又有手續費，而且不必煩惱利率變化所帶來的風險。手上又立刻多出一筆資金可以運用，有百利而無一害，何樂不為。

金融資產證券化對銀行的經營，有正面的貢獻。銀行的負債是短期的，隨時要應付存款人的提款需求。銀行的資產則是長期的，貸給客戶的錢，多數要好幾年才收得回來。以長期的資產來應付短期的負債，使銀行必須承受相當大的存續期間風險(duration risk)。金融資產證券化正好解決銀行資金運用的難題。不過，水可載舟也可覆舟。金融資產證券化運用不當，會發生惡果。

（二）信評公司助紂為虐、房屋價格不會跌

如前所述，業務人員不當促銷，竟然找沒有能力負擔房貸的人買房子。銀行理應扮演監督的角色，解決其間所衍生的代理問題。銀行畢竟要承擔房貸收不回來的壞帳損失。但是自從有了金融資產證券化之後，銀行早就把風險轉嫁給投資人。因為「死道友不死貧道」的關係，銀行沒有把關的誘因。不過，任何金融資產上市，都需要經過信評公司的評鑑。在經過適當的信用評比之後，才能夠將資產上市賣給投資大眾。

信評公司的競爭有限,全球著名的只有三家:S&P、Moody's 及 Fitch。這些公司所做的評比,也不是沒有出過問題。著名的世界通訊(WorldCom)在破產前一天,信用評等才被調降。在金融資產證券化的熱潮當中,信用評等公司獲利不小。為了滿足銀行及投資人對高獲利、低風險的需求,將不同等級的貸款,混合包裝成具有投資等級的商品。這些金融商品也有好處,在出問題的時候,投資人不會一下子就血本無歸。違約會從等級最差的開始,其餘尚未違約的,仍能為投資人帶來獲利。然而,商品中到底包裝了哪些金融資產,投資人完全不知道。一般人在購買時,只看信用評等。理財專員也未必知道賣的是什麼,投資銀行、信評公司總不會出錯吧?

信評公司在把關金融商品上市的時候,確實也有代理問題。為了要爭取評等的生意,信評公司對銀行是有求必應,配合包裝各種等級的金融資產,讓它們具有投資等級。如果評比出錯,信評公司不會,也不必負擔任何損失。果然沒錯,金融商品發生問題之後,他們對外宣稱,他們的評比結果,只具有參考價值,投資人購買金融商品,要自負投資損失的責任。投資人和銀行對信評公司的信任,完全付諸流水。由以上說明可以發現,在各個關鍵點,出了一連串的控管問題,使情勢一發不可收拾。

更嚴重的是,幾年前美國中央銀行總裁貝南克(Ben Bernanke)曾經說過,房屋價格不可能下降。連美國金融界的靈魂人物,都有這樣的看法,其他小老百姓及房地產投機客就更不用講了。大力炒作的結果,加上金融資產證券化,使得銀行有更多資金可以借貸。此時適逢新興國家對原物料的需求大增,許多基金大炒能源市場。加上避險基金、私募基金蓬勃發展,正好解決銀行多餘資金的困擾,使得金融業、房地產以及企業購併大為興盛。著名的凱雷集團,還跨海到臺灣購併。

(三)財務工程與七個標準差

韓特(Brian Hunter)負責操盤的 Amaranth(原意為不朽之花),撐不過幾年就凋謝了。2006 年因為能源炒作失利,虧掉 60 億美元,以倒閉收場。其實早在1998 年,長期資本管理公司(Long Term Capital Management, LTCM)就曾經因為衍生性金融商品,大虧了 46 億美元,取名長期卻很短命。

這些事件背後有一個非常重要的趨勢。很多人想藉由數學模式,尋找套利空間。華爾街出現了眾多不同的套利模式。然而人類的智慧有限,真正不同而又傑出的套利模式,可遇而不可求。到最後變成大家都在用相近的套利模式,套利空間必然減少。若要賺大錢,只有借更多錢,才能達到獲利目標。

曾經有一個獲利可觀的模式：今天賣昨天上漲的股票，買昨天下跌的股票。此一模式在 1990 年代的獲利在 1%以上，但是到了 21 世紀，投資報酬率不到之前的一半。雖然還是有利可圖，賺大錢越來越不容易。事實證明，人算不如天算。霸菱集團在 1818 年時，法國首相李希留公爵(Duke of Richelieu)稱之為世界六強之一：英、法、普魯士、奧地利、俄國、霸菱兄弟。200 多年悠久歷史的集團，在 1994 年卻被一個新加坡營業員毀於一旦。1998 年的 LTCM，由二位諾貝爾經濟學獎得主領導，也是殊途同歸。2008 年初，爆發法國興業銀行的一個營業員，也因為衍生性金融商品，造成公司損失 75 億美元。由此可見，再厲害的專家，即使有諾貝爾經濟學獎的光環，投資也不見得穩賺不賠，甚至還會有意想不到的嚴重後果。難怪投資之神巴菲特(Warren Buffett)，把衍生性金融商品叫作大量殺傷的金融武器(financial weapons of mass destruction)。

承繼過去的經驗，現在的人知道要做風險控管。曾經有分析師指出，LTCM要發生全面性的風險，那是七個標準差以外的事。所謂七個標準差指的是，事件發生的機率非常低。一般的常態機率分配表只到 3.09 標準差，發生的機率大概是千分之一。可以想見，七個標準差之外，發生的機率更低。不幸的是，全面性的風險確實發生了，而且危機出現後，所有原本認為相關性極低的金融商品，全部變成骨牌中的一環，接連發生問題。之前借錢可以賺大錢，造成過度使用財務槓桿。問題發生之後，資產價格下跌，各個避險基金、私募基金，因為保證金不足，必須賣資產彌補資金缺口。結果所有的人都在賣資產，使資產價格下跌更深更快，情勢每下愈況。

（四）最毒資產：CDS

除了次級房貸之外，引爆此次危機的商品還有 CDO (collateralized debt obligation), MBS (mortgage backed securities), RMBS (residential mortgage backed securities), ABS (asset backed securities)。不管名稱為何，基本上都是有擔保的債券。如果用極差的房貸來做擔保，這些債券其實和垃圾債券無異。總之，投資人在購買任何金融商品的時候，都要做好功課、注意風險，才不會遭受損失，這是所有監督關卡中最重要，也是最後的一環。然而信用違約交換(credit default swap, CDS)的推出，改變金融市場的面貌。投資人再也不用擔心買的債券會有任何損失，只要付保費，就可以買 CDS，保障本金可以拿回來。於是投資人毫無心防，有恃無恐，怎麼亂買也不必擔心血本無歸。

在景氣好的時候，買什麼都賺，更不必擔心違約的問題。再者，避險基金、私募基金不斷炒作購併議題，能源及原物料大漲，一切行情看好，加上金融資產證券化，使銀行手上多出許多可用資金，市場利率又低，眾人為了追求更高獲利，把股票、房地產炒到高峰，潛在的風險終將出現。在 2007 年的時候，CDS 的流通價值曾經高達 62 兆美元，超過全世界各國 GDP 的總和，幾乎是美國 GDP 的 4 倍，額度之高令人驚訝。CDS 雖然是一種保險，卻也變成另一種賭博工具。

一般人開車買保險，是為了讓自己開車安心；CDS 卻提供投資人賭別人會不會出車禍的機會。有的人根本不是股東，也沒有買債券，但是就是要買 CDS，賭某些公司會不會倒閉。甚至有人賭美國政府會倒，據說行情還不錯。美國負債、預算赤字大增，美國公債中國也不太願意買，還得派國務卿當推銷員。美國的負債如此之高，美元貶值的潛在壓力不容忽視。

終於，因為美國景氣逐漸好轉，加上對通貨膨脹的顧慮，市場利率逐漸上升。多數房貸都是浮動利率，只要市場利率調高，房屋貸款的負擔就會跟著加重。因此，信用最差的房屋貸款開始發生違約，而有次級房貸風暴。由於這些房貸都被包裝成金融商品中的一部分。所以，剛開始的時候，投資人的損失只有一小部分。但是市場資金急速緊縮，風暴逐漸擴大，連信用較好的也受到影響。此外，景氣衰退引發的石油價格暴跌，炒作能源及替代能源的基金因此大受衝擊。

危機發生之後，眾人束手無策。因為 CDS 都是在店頭市場交易，沒有人清楚買方、賣方是誰，或者金額有多大。2006 年的 Amaranth 破產，虧掉 60 億美元，對市場的影響非常有限。1998 年的 LTCM 損失只有 46 億，卻對市場造成重大衝擊。重點在衍生性金融商品交易不透明，一旦發生疑慮就完全失去流動性，沒有人願意買賣，即使有行情也賣不出去。解決危機的過程中，美國財政部和全球各主要國家的中央銀行，聯合出手數兆美元的資金，利率幾乎已經是零，還是不容易讓資金市場產生動能。銀行因為本身體質的問題，不願意核准貸款。只要貸款增加就要多提列準備金，更何況景氣低迷，許多人、公司都有潛在風險。另一方面，社會大眾也開始節衣縮食，多儲蓄以渡過難關，不願意向銀行借錢。

（五）自由市場何罪之有

其實市場對未來前景並不悲觀，2008 年陸續發生問題時，許多公司仍能募到不少資金。其中包括貝爾斯登(Bear Stearns)、雷曼兄弟(Lehman Brothers)，在宣告破產前，都還能募到不少資金。連多金的主權基金，也因為看錯時機，太早出資而損失慘重。誰也沒有料到，這些曾經創下百元價格的股票，最後竟變成無用的壁紙。花旗銀行也是如此，2008 年出資買下新股份的人，絕對沒有想到 2009 年 3 月時的股價，會掉到 1 美元以下。當時巴非特在 GE 的投資也有高額損失。

很多人在檢討整個事件的時候，怪罪市場太自由，沒有好好管制。同樣的聲音也在網路泡沫出現，怪罪會計公司為了生意作假帳，應該加重公司主管對財務報表真實性的責任。這些都是典型的代理問題。會計公司除了帳務處理之外，也有其他投資諮詢業務。後面這些項目的獲利，比處理帳務的更高。另一方面國際級的會計公司只有那幾家，因此大公司對會計公司的選擇也不多。在此一情況下，會計公司本來應該對受託公司，執行嚴格的內部稽核，卻為了爭取其他諮詢業務的收入，難免放水或提供方便。

資本主義或自由市場本身並沒有問題。亞當‧斯密(Adam Smith)曾經說過，那一隻看不見的手，為個人和社會創造最大利益。如果亞當斯密的話是對的，為什麼會有大衰退？房地產業務人員，要推廣客戶才會有錢賺，當然會鼓勵顧客買房子。房貸對銀行而言，也是一大利基所在，但是顧客的信用不好，無論如何也不可能獲利，必定要考察顧客的信用及職業的穩定性。然而當銀行可以把資產包裝轉賣出去時，銀行也不在乎賣出去的金融商品，信用評比到底好不好。好東西和好朋友分享，只有在廣告才會出現。

至於信評公司，其目的也在賺錢。雖然眾多投資人仰賴信評作為投資決策的依據，為了能夠多接業務、多賺錢，銀行想賣的，信評公司必定配合，讓它成功銷售。最後到了投資人所扮演的角色。投資人必須自負盈虧，要投資賺錢，就必須做好功課，知道買的金融商品到底是什麼。不過投資人也找到了轉嫁風險的方法，買 CDS 付保費，就不用擔心能否收回本金。

因此，美國 AIG 這家巨無霸保險公司會出問題，就不意外了；全因為介入高額的 CDS。據悉，其經手 CDS 的帳面價值超過一兆多美元。另外，由於 CDS 大多在櫃臺市場交易，一通電話幾分鐘內就可以決定。但是，買賣雙方交易金額、是否完成交割、誰是買方或誰是賣方、是否有提列履約準備金等，外界完全不清楚。雷曼兄弟、貝爾斯登出問題時，美國財政部、中央銀行積極找其他公司接手，其目的就是避免交易對手風險(counterparty risk)。買賣任一方出問題，對金融市場會有意想不到的危機。若 CDS 的賣方倒閉，對買方而言，所買的保險等於沒用；若買方倒閉，賣方收不到保費，也會造成疑慮。

人類的智慧還沒有進化到不讓歷史重演。1998 年時,貝爾斯登要求 LTCM 支付 5 億美元,引爆 LTCM 之倒閉風潮,可能影響價值高達 1,000 億美元的衍生性金融商品。當時主要提供 LTCM 交易服務的貝爾斯登,在賺錢之餘,卻不願伸出援手。最後還是靠美國中央銀行紓困。而今,卻是其他人不願意接貝爾斯登的燙手山芋。諷刺的是,當時接收 LTCM 資產的金融機構,因為事後景氣回升反而大賺一筆。

(六) 沒有人知道黑洞有多大

市場這麼多衍生性金融商品,令人眼花撩亂。行情看好的時候,連中規中矩的銀行也會心動。UBS 素以穩健財富管理著稱,看到衍生性金融商品的高利潤也逐漸介入。在賺錢的時候,沒有任何人質疑風險控管是否有疏失。2007 年第四季驚傳虧損上百億美元,2008 全年虧損也創紀錄。瑞士金融監管當局要求 UBS 徹底檢討。結果發現,衍生性商品部門所做的一切,從沒有任何人過問。不論是金融商品的選擇,有無適當的避險措施,完全放任營業單位處理。造成高風險資產過多,而且避險不足。同樣的情形也發生在花旗銀行和 AIG 身上。美國各大銀行帳面上,還有 10 兆以上的有毒資產。只要其中 1%出現壞帳,總損失金額就會超過 1,000 億美元。貝爾斯登的資產只有數十億美元,但是透過同業每天拆借的資金竟然高達 750 億美元。當貝爾斯登出問題的時候,一部分投資人不但不願意再借錢給貝爾斯登,還拿出一筆錢賭貝爾斯登會快速下跌。某一個案中,花旗銀行曾經為了 CDS 損失 2,000 萬美元,結果對手竟是一家境外公司,根本不知如何求償起。據悉,AIG 曾經發行 50 年後油價的衍生性金融商品。由此可知其荒謬之處,連五天後的油價都無法掌握,竟然有人在賭 50 年後的油價。

由 LTCM 的案例,可以看出問題的深度。LTCM 的資產最高時,也只有 75 億美元,卻借了 1,250 億美元,而買賣的資產總額超過 1 兆美元。只要買賣的商品損失 1%,其虧損就超過公司的資本。所以,除了要處理根本的代理問題之外,避險基金和私募基金的運作,都應該透明化,接受金融監管當局的監督。黑洞是天文學的專有名詞,卻也適用於此時的金融危機,讓人感受到問題的嚴重性。

大家都關心景氣什麼時候會開始復甦。雖然金融體系受到重創,但是在美國中央銀行極力紓困之下,各主要銀行雖然被喬治·索羅斯(George Soros)名之為行屍走肉銀行(Zombi Banks),至少還沒有立即倒閉的風險。有毒資產的估價,會受到超低利率、政府紓困、及其他市場因素，而有起死回生的希望。不過，傳統產業以及就業市場的復甦，就必須等到投資人恢復信心，一切塵埃落定，才可能看到底部。衍生性金融商品似乎是此次金融風暴的重心，次級房貸的發生，則是更根本的代理問題。如何藉由市場機制，恢復金融仲介的相互監督，是金融主管機關的另一個努力方向。

　　值得注意的是，2021 年在疫情蔓延之下，極度寬鬆的資金市場，正埋下另一個金融風暴的種子。當景氣出現復甦跡象時，若中央銀行太早提高利率，可能會延後景氣的恢復。若太晚採取行動，則另一個泡沫又將出現。中央銀行的難題還沒有結束！

Q1　2007 年夏天開始的全球金融風暴，問題的癥結為何？

Q2　何謂次級房貸？

Q3　何謂代理問題？

Q4　資產證券化對銀行營運，有何正面影響？

Q5　信評公司的作用為何？全世界有哪三大信評公司？

Q6　Amaranth 之原意為何？

Q7　投資大師巴菲特給衍生性金融商品的另一名稱為何？

Q8　2007 年之金融危機，許多有問題的金融商品被稱為有毒資產，其中最毒的為何？為何是最毒商品？

▶ 歷史回顧

近代生產力的成長[1]

　　有時候科技進步是可遇而不可求的。中古世紀造船的需求雖高，但是造船的技術尚在摸索中。荷蘭似乎是歐洲造船技術最好的。小國家沒有資源卻有高技術，地理位置有其重要性。當時的科技研發和創新速度緩慢，教育非常不普及，一切都在摸索之中。

---

[1]　North, Douglass C., 1968, "Sources of Productivity Change in Ocean Shipping, 1600-1850," Journal of Political Economy, Vol.76, No.5, 953-970.

Cipolla (1965)指出 13 世紀時造船開始演進，抵禦海盜跟運貨的商船慢慢合而為一。[2]15 世紀時威尼斯用大砲武裝船隻，並積極搜捕海盜。1450~1550 年之間，船隻噸位倍增，可達 750 噸左右。指南針的廣泛使用也讓航行更加安全。此外，14 世紀因為黑死病使人口大減，平均生活水準增加，貿易需求隨之增加等，皆有利於生產力的增加。

13 世紀帆船由一桅桿變成三桅桿，對航運助益不少。發展到 17 世紀時，船的噸位變得更大。1855 年的時候，平均有 1,500 噸。17 世紀中葉，運費減半代表船的製造成本下降，水手的薪資減少，另外是每噸船重需要的人力減少。再者，海盜及私掠船不再猖狂，商船不需要那麼多的武裝水手。船的武裝大砲等相關成本也下降。海盜減少，保險費用也可以省下不少。中古世紀的海運，回程大多是空船。這當然是很浪費的事情。17 世紀時船大多一年一趟來回，18 世紀時可以到一年兩趟。特定型的船(pachet boat)可以一年三趟，代表船在載貨的時間變多，待在港口的時間變短。至於船的速度在 18 世紀時，加勒比海到紐約的航線速度約 1.3~1.6 節，返航則大約 1.7~1.8 節。直到 19 世紀，船的速度才有真正增加。

13~18 世紀之間，航海技術持續發展，效率一直在提高，造就近代的貿易發展及經濟成長。歐洲的生活水準也跟著提高，人口隨之增加，加上人類的知識開拓，為工業革命奠下基礎。接下來蒸汽機取代水力、獸力，讓工廠可以設在人口集中的城市。將之用在交通，火車的運輸讓許多偏僻地區也有開發價值。應用在海上則增加海運的效率及速度，而且航行不再受到季風的限制，隨時可以航行。19 世紀電報、電話的發明，讓生產力大增。汽車、飛機在 20 世紀，讓人類的交通徹底改觀，生產力再次突飛猛進。

1960 年代末期人類邁入太空時代，間接觸發半導體產業及電腦的發展。1990 年代個人電腦開始大量生產，加上網路的盛行，購物不必再人擠人。網路商店沒有存貨成本，售價比實體店家更便宜。在生產面，亨利福特在 1920 年代引進大量製造，生產裝配線大幅增加生產力。一個工人只需要專精幾個工具、專做某幾個動作。成本降低之外，生產一輛車的時間也縮短許多。1970 年代日本的生產管理更進化，即時的(just in time)存貨管理，減少存貨的囤積。不過在供應鏈受衝擊的時候，也可能讓整個生產線停頓。

---

[2] Cipolla, Carlo M, 1965, *Guns, Sails, and Empires: Technological Innovation and the Early Phases of European Expansion, 1400- 1700*, Sunflower University Press.

人類生產力成長的空間似乎越來越小。21 世紀初，石油價格因需求大增而高漲，刺激美國頁岩油的生產。再生能源的開發，也減少對石化燃料的依賴。1970 年代大家在談的是何時石油會用盡，2020 年時談的則是何時需求到達頂峰。另外，LED 燈的發明省電至少 80%，而燈泡的壽命長達數年，比傳統的日光燈、熾熱燈泡更有效率。手機的推出，除了生活便利之外，叫車平臺送餐服務、住家變成住宿等，帶動分享經濟的發展。

真正影響生產力的還是制度。若沒有自由的研究空間，人類再多的創意也是無用武之地。印度和中國是世界兩大人口國家，人口都在 10 億以上，但是制度的缺陷大大影響發展潛力。美國的國力持續不衰，最大的原因就是良善的制度，吸引世界各地的人才為其服務。春秋戰國的國力之爭，善用誘因吸引移民以及給人民發揮空間，生產力才能上升。春秋戰國群雄爭霸，施展各種政策大力吸引各方豪傑，追求富國強兵之法，雖然生產力沒有增加，但是勞動供給上升，GDP依舊會上升。重點在誘因及適當的制度，經濟才能持續成長。

問題❶

從中古世紀到近代，船運有哪些技術進步？

問題❷

1960 年代到 21 世紀的技術進步有哪些？

CHAPTER 10

國際貿易及國際金融

MACROECONOMICS
Theory and Practice

人與人之間互通有無的行為，遠古時代就已經出現。孟子說：「一日之所需，百工斯為備」，就是眾人交換日常生活所需的最佳寫照。一個人若要自給自足，自己生產糧食、布料，及其他日常用品，困難又沒有效率。同樣的，各個國家的資源、技術各有所長，相互貿易才能發揮各自的專長。雖然貿易有很大的利益，各國仍免不了設置若干貿易障礙，以維護自己的利益。再者，每個國家有不同的政治立場，甚至有競爭或敵對的關係，戰略考量有時候勝過貿易之利。

除了貨物或勞務的往來之外，國際間的金融交易更是頻繁。外資在 21 世紀的臺灣金融市場，占有舉足輕重的地位。臺灣早期有外匯管制，其原因在保障國家寶貴的外匯資源，現在放寬管制是否會造成外匯的浪費？其實，任何管制都會產生沒有效率的現象，關係好或有門路的，才能取得資源，而這些人的經營卻未必有效率。失去市場的引導，資源沒有辦法依其最有利的用途使用。所以，反而是在外匯管制時，外匯資源的浪費更嚴重。由於國家政體的不同，國際貿易、國際金融有許多限制，既然知道這些限制沒有效率，為什麼又要採取這些措拖？問題的源頭是，各國的利益糾葛難解難分。貿易戰在 2010 年代，變成每日金融市場關切的頭條標題。事實上在 19 世紀的時候，英國和法國就曾經大打出手，並在拿破崙戰爭時達到高峰。以上所述的相關議題，本章有簡要討論。

一 • 早期的國際貿易及國際金融

中國地大物博，與他國貿易的需求不大。但是中國各地的物產不同，為了滿足各地的日常生活所需，中國各地區的相互貿易非常重要。漢武帝時曾經實施平準、均輸政策，以調節各地物資的供需。唐朝時，關中的生產漸漸無法滿足朝廷的經常費用，必須仰賴大運河的運輸。唐宋兩代的命運，隨著大運河的沒落而由盛轉衰，由此可知貿易的重要性[1]。臺灣雖然是一個小島，南北的物資流通，也是經濟運作順暢不可或缺的環節。

古代的絲路是中國對外貿易的重要管道。不過，經由絲路的貿易，對當時的世界經濟的影響不大。真正的世界貿易，可能要從十字軍東征談起。歐洲在歷經黑暗時代(The Dark Ages)之後[2]，受到 11~13 世紀之間十字軍東征的影響，東西再度交流。東方的奢侈品，諸如：香料、瓷器等商品，刺激西方國家對東方的嚮

[1] 全漢昇，1991，中國經濟史研究（上），稻鄉，265-392。

[2] 黑暗時代約在西元 5~10 世紀左右，西洋史學家對是否真有黑暗時代，曾有激烈辯論。

往。這段期間的貿易主導權，控制在義大利城邦的手裡。15~16 世紀時，西班牙、葡萄牙藉由海上探險，發現往東方的新航路，打破義大利的壟斷局面。荷蘭、英、法等國，緊接著急起直追，後來居上。地中海風華被大西洋時代取而代之。東方貿易的利潤相當高，吸引大量資金投入。[3]為了提高資本的使用效率，需要新的經營模式，以分散海上長途貿易的風險，累積了數百年的經驗之後，股市在歐洲漸漸興盛起來。

在 17 世紀時許多貿易公司成立，以新的組織型態，克服殖民地貿易隱含的商機及風險。著名的公司有：1600 年成立的英國東印度公司(English East India Company)及 1602 年成立的荷蘭東印度公司(Dutch East India Company)等。這些公司以聯合股份公司(joint-stock company)的型態經營，是現代股票公司的前身。在此同時，許多歐洲銀行如雨後春筍般成立。但是到了 18 世紀時，眾人對股市的狂熱造成嚴重的後遺症。1720 年英國發生南海泡沫(South Sea Bubble)，法國則有密西西比泡沫(Mississippi Bubble)。當時有不少人在英、法兩國投資，這可能是最早的大規模國際金融運作。荷蘭雖然只有彈丸之地，卻是當時歐洲的金融中心，英國還經常跨海向荷蘭借款。[4]在中古世紀時，比較常用的跨國交易標的是匯票(bill of exchange)，跨國投資則在 18 世紀逐漸成形。到了 19 世紀初期，法國勢力席捲歐洲大陸，英國為了對抗法國的大陸封鎖，以金錢資助在歐洲大陸的盟邦，打擊拿破崙政權。這也是大手筆的國際金融運作，其中也涉及貿易之利的競爭。

從中古世紀到近代，歐洲成立不少貿易公司，這些貿易公司其實是現代跨國企業的前身，也為現代的金融市場立下典範。不過，有若干臺灣的經濟學者，認為英國東印度公司是 corporation，但是這是完全錯誤的說法。英國東印度公司最早的募款方式，仍然是依各船次的需求而募集資本。在 1650 年之後，才有比較固定的資本。總而言之，現代股份公司的形成，經過相當時間的醞釀。即使在 1721 年時，英國著名而又經營有成的上市公司，也是屈指可數。

以上是早期貿易的概略介紹。至於國際間金錢的使用，數百年前的貨幣，以貴重金屬為單位。所以各國貨幣的匯率，不難確定。只要看各國的貨幣可以兌換多少金或銀，再看金銀的價格比，就可以知道匯率應該是多少。匯率(exchange rate)指的是，以外國貨幣衡量的本國貨幣的價值。2021 年時，1 美元大約價值

---

3   Scott, W. R., 1912, *The Constitution and Finance of English, Scottish and Irish Joint-stock Companies to 1720*, Vol. 2, 123–7.

4   Grellier, J. J., 1810, *The History of the National Debt*, Burt Franklin.

28 元新臺幣，此為直接匯率(direct exchange rate)。換算成 1 元新臺幣可以買到 1/28 美元，此為間接匯率(indirect exchange rate)。一般匯率都以美金作為比較基準，市場報價大都是看一美元要多少本國貨幣才能買到。英鎊、歐元則因為價位比美元高，都是以一英鎊、歐元，價值多少美元來報價。在以金、銀為本位的貨幣制度之下，通貨膨脹十分有限。只要沒有重大的供需變化，金銀的價格非常穩定，以金銀為基準的貨幣，其價值亦隨之穩如泰山。反觀現在使用的信用貨幣，常常發生幣值下跌的情形。

1980 年代雷根政府的經濟顧問，還曾經研究是否要恢復金本位，以解決通貨膨脹的問題。事實上，恢復金本位無法解決幣值下跌的危機。因為，如果金的價格下跌，則以金為本位的貨幣，其價值也會下跌，同樣會發生通貨膨脹的風險。接下來要從理論著手，討論國際貿易的形成及其模式。

二 · 國際貿易理論

有的國家物產豐富或科技發達，但是這並不代表這些國家，應該生產所有的產品。美國是高科技的發源地，市場上眾多的科技產品，卻有許多是由臺灣企業製造的。同理，身為會計師，自己的帳或報稅，可能還是另請其他人代勞。對此一會計師而言，時間的機會成本高，相同的時間替別人服務的所得，可能比自己報稅所節省的成本要來得高。國際貿易的形成，基本上有兩種說法：絕對利益說(absolute advantage)及相對利益說(comparative advantage)。由以上的例子看來，相對利益說似乎是比較合理的解釋。

南非是黃金、白金的大輸出國，因為南非的礦藏豐富。南非也出產很多鑽石，但是鑽石加工的中心，則在荷蘭的阿姆斯特丹，因為荷蘭掌握技術的優勢。阿拉伯半島上的國家，輸出非常多的石油，也是因為石油礦藏豐富。泰國、菲律賓、越南等國輸出許多勞工，原因則是人口眾多，而且本國的就業機會有限。由以上的例子可以證明，絕對利益說也有其可取之處。資源或技術的優勢，可以決定貿易的模式。真正引導貿易的，還是相對利益說。以下要用一個簡單的模型，來看相對利益說。

相對利益說其實是機會成本概念的另一種展現。假設阿根廷及巴西這兩個國家，各有如下的生產可能狀況：

表 10-1

	魚	牛
阿根廷	10,000	25,000
巴西	7,000	14,000

　　表 10-1 的含意是，若阿根廷投入所有的資源，可以生產 10,000 單位的魚，或 25,000 單位的牛。巴西的情況則是能夠生產 7,000 單位的魚，或 14,000 單位的牛。換言之，不論生產牛或魚，阿根廷比巴西更有優勢，享有絕對利益。但是若以魚來衡量生產牛的成本，情況就不一樣。因為同樣的資源，阿根廷可以生產 10,000 單位的魚或 25,000 單位的牛，表示兩者的價值相等，也就是

$$10,000 \text{ 魚} = 25,000 \text{ 牛} \tag{10.1}$$

　　由上式知道，阿根廷生產一單位魚的成本是 2.5 單位的牛。巴西的情況則是生產一單位的魚，要犧牲 2 單位的牛。很明顯的，阿根廷生產魚的成本比巴西的高。所以，巴西在生產魚上享有相對利益。反之，阿根廷生產一單位牛的成本是 0.4 單位的魚，巴西的則是 0.5 單位的魚，阿根廷享有生產牛的相對利益。兩國的貿易模式為阿根廷輸出牛，交換巴西的魚。換言之，阿根廷應專注在牛的生產，而巴西則是魚。

三 · 外匯市場供需及匯率制度

　　外匯的交易越來越頻繁，在 1990 年代時，每天的外匯交易總額約有 1.5 兆美元，2000 年代則有 2 兆美元，2010 年代已經達到 3 兆美元的規模。在全球化的趨勢之下，外匯對國家經濟的影響越來越大，其供給、需求的運作，和一般財貨的市場略有不同，請見下文分曉。

（一）外匯的需求與供給

　　如果一個人足不出戶，不會有和人交易的需求，也不會用到錢。同樣的，如果一個國家都不和其他國家來往，就不需要用到外匯。不同地域的人，很可能在國家形成之前，就已經開始互通有無。每個國家各有貨幣，其他國家的貨幣在本國不能流通，一般人也不一定接受。臺灣的進口商想買美國商品，必須先買美

元。同理，想到美國留學的人，也有美元的需求。臺灣的金融業經常代銷海外基金，這些金融機構收到的新臺幣，必須換成其他貨幣匯出。著名的自行車公司捷安特，在美國設有分支機構，也需要美金完成交易。只要牽涉購買其他國家的財貨或勞務，就會有外匯的需求。相對的，外國人想到臺灣設廠、買股票、購買各種商品、觀光等，必須將手中的外國貨幣兌換成新臺幣，成為外匯的供給者。另外，外匯市場專業化的趨勢越來越明顯，有一些金融機構及投資人，以外匯交易為其謀生工具。

參照圖 10-1、圖 10-2 及圖 10-3，展現在圖形上，外匯的需求和供給，與一般財貨的需求和供給沒有不同。這裡所指的匯率是直接匯率，匯率越高，表示外匯越貴，也就是本國貨幣貶值(depreciate)，外國貨幣升值(appreciate)。當外匯的供給量和需求量相等時，外匯市場達到均衡，均衡匯率為 ER*，均衡外匯交易量則為 Q*。外匯的供給增加，匯率會下跌；反之，外匯的供給減少，則匯率上升。外匯需求的變化，對市場的影響，和一般財貨的需求一樣。

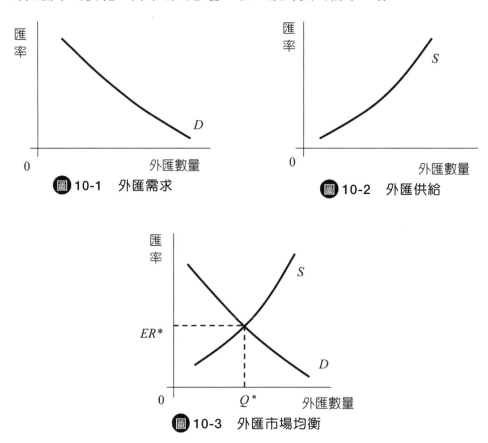

圖 10-1　外匯需求

圖 10-2　外匯供給

圖 10-3　外匯市場均衡

外匯的需求、供給牽涉到至少兩個國家的經濟狀況。以下為影響匯率的因素：

1. 相對經濟情勢

若本國的經濟情勢比國外的好，則本國貨幣的國際需求會增加，本國貨幣會因此而升值。相反的，如果其他國家的經濟表現強勢，外國貨幣的需求轉強，外匯需求增加，外匯價格上升，外國貨幣升值，本國貨幣貶值。

2. 相對物價水準

物價上漲代表貨幣的價值下降。如果本國的通貨膨脹率高於其他國家，表示本國貨幣的價值相對下跌，外匯的需求將因此增加，外匯的價格上升。反之，如果本國的通貨膨脹率低於其他國家，則本國貨幣會升值。

3. 相對利率水準

在其他條件不變之下，某一貨幣提高利率之後，則此一貨幣之投資報酬率會增加。因此，調升利率會使本國貨幣的需求增加，本國貨幣將會升值。如果其他國家調升利率，則外匯需求增加，使外匯價格上漲。2004 年的美元雖然一直貶值，但是在此一期間，美國聯邦準備銀行數度調升利率，使美元價格獲得若干支撐。

4. 外匯管制與貿易政策

有外匯管制的國家，外匯市場由政府控制。即使沒有外匯管制，各國中央銀行仍然會為了市場的穩定而干預匯率。此外，多數開發中國家，傾向壓低貨幣價值，以促進出口成長，這些國家包括新加坡、臺灣、中國、甚至日本。從1970~2000 年代，許多外匯市場的改變，是由貿易摩擦引起的。美國時常批評臺灣及其他國家的匯率政策，這種評論的目的，其實是要迫使其他國家的貨幣升值。

曾經有記者訪問臺灣的中央銀行總裁，探詢未來的匯率走勢。臺灣的中央銀行總裁發表過非常有趣的評論：「尊重市場機制。」事實上，在金融業工作的人都知道，中央銀行足以左右外匯市場，卻又說尊重市場機制，這可能是最標準的「雞同鴨講」。各國中央銀行干預外匯市場是常有的事。1997 年亞洲金融風暴中，許多投機客進軍香港，香港當局曾經以負利率作為威脅，阻止熱錢流入。2004 年底多數亞洲國家的貨幣對美元升值，南韓則因為貿易因素，曾經短暫逆勢貶值，這都和貿易政策等有關。

5. 對市場的預期

　　對市場的預期也會影響匯率走勢。著名的投機客喬治‧索羅斯(George Soros)在 1992 年時賭英金鎊貶值，賺了數億美金。2004~2005 年之間賭美金貶值，似乎是穩賺不賠的致富妙方。不過市場的情勢瞬息萬變，常出人意料之外。1998年時，不少人賭日幣貶值。但是不久情況就開始轉變，不少名人也賠上鉅款。市場的預期也有可能落空

　　總之，影響匯率的因素很多，到目前為止，沒有任何人有本事預測股價，更沒有人能夠完全掌握匯率動向。

（二）匯率制度

　　除了外匯市場的運作之外，各國貨幣匯率的決定，也涉及各國所採取的匯率制度。外匯制度大略可以分成以下三種：1.固定匯率制度(fixed exchange rate system)；2.浮動匯率制度(floating exchange rate system)；3.管理的浮動匯率制度(managed floating exchange rate system)。固定匯率，顧名思義是匯率固定不變。有的是在某一個區間內波動；過去歐洲主要國家在尚未採用歐元時，即用此一方式，維持各主要貨幣的匯率，包括德國馬克、法國法郎、義大利里拉等。有的則是依可兌換的貴重金屬而有固定匯率，例如：1870~1914 年之間，世界主要國家都以金為本位金屬。各主要貨幣的匯率，只需以兌換的黃金來換算。即使黃金價格變動，匯率也不會有大波動。有的國家則管制外匯，採取固定不變的匯率。

　　浮動匯率則是匯率可以自由變動，隨著市場供需變動而升降。但是匯率的波動過大，對經濟體系的衝擊不小，所以大多數國家採取第三種模式：管理的浮動匯率。多數國家的中央銀行，為了避免匯率波動的衝擊，會適時進場干預匯市。美國雖然號稱自由經濟的龍頭老大，也免不了干預匯市的運作。美國財政部官員，甚至還遊說其他國家改變匯率政策。為了國家利益，干預市場的行為，時有所聞。

　　圖 10-4 所示為 1951~2019 年的新臺幣兌美金匯率。現在的人很難想像，新臺幣在 1949 年 6 月 15 日剛發行的時候，5 元新臺幣就能購買到 1 美元。早期的新臺幣採用固定匯率，以穩定民眾對新發行貨幣的信心。然而，臺灣的經濟還在起步階段，加上國防支出龐大，財政狀況不佳的情況下，新臺幣持續貶值。1960~1970 年代維持在 1 美元兌換新臺幣 40 元。1970 年代的匯率，政府強力主導，波動幅度不大。1985 年之後，外匯存底增加，造成新臺幣升值壓力及大筆熱錢流入，對股市、房市、及外匯市場有相當大的衝擊。1995 年之後，投機熱

潮逐漸衰退。1996 年的飛彈危機使新臺幣大幅貶值。其後的匯率波動，大致上比較能夠反映基本面。2020 年時，一方面政府鼓勵臺商回流，另一方面因為中國新冠肺炎疫情、美中貿易戰的影響，許多資金匯入臺灣，造成臺幣升值到 27.9 比 1 美元。如果持續下去的話，臺灣的傳統產業將面臨生存危機。

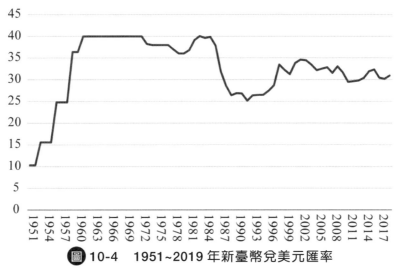

圖 10-4　1951~2019 年新臺幣兌美元匯率

資料來源：中華民國統計網／金融統計／外匯統計

　　中央銀行經常會介入外匯市場，阻止本國貨幣升值或貶值。在此一過程中，貨幣市場也會受到衝擊。中央銀行在外匯市場的干預，只想影響匯率而不是貨幣市場。因此，還要再採取沖銷政策(sterilization)，以去除干預匯率的副作用。

　　假設中央銀行想要阻止新臺幣升值。那麼中央銀行必須進場購買美元，支撐美元價格，同時也會釋出新臺幣，使貨幣供給數量增加。如果此時的景氣熱絡，那麼貨幣供給增加對經濟體系將有不良影響。若要去除支撐美元價格所引發的貨幣供給增加，則中央銀行必須同時出售債券或可轉讓定期存單。相對的，若要阻止新臺幣貶值，此時的沖銷策略是購買債券，使市場上的貨幣供給不致過低。

　　到底一國貨幣的合理價位在哪裡，很難有定論。以中國的人民幣為例，20世紀末時，許多人認為人民幣的價值被低估了，但是也有不少人認為，人民幣沒有升值的本錢。這個問題直到 21 世紀，仍是眾人辯論不休的主題之一。以下將介紹一個理論說明，如何客觀判斷外匯的合理價格。不過，合理的匯率在哪裡，可能永遠找不到答案。

至於固定匯率和浮動匯率哪一種比較好，有一個案研究值得參考。[5]固定匯率制度在 21 世紀並不多見。但是有不少國家採取緊盯美元或其他國家的貨幣，某個程度上類似固定匯率，不過仍有小部分浮動空間。香港、新加坡這兩個國家正好可以做個比較。1983 年之後，香港採取緊盯美元政策，而新加坡則是自由浮動匯率。兩者的出口占 GDP 的比例大、都是開放的小經濟體，條件大致相當。正好有共同的比較基準。

　　穩定的匯率有助於貿易及出口，但是在經濟情勢轉變時，採取固定匯率的經濟體系就少有因應空間。拉丁美洲國家為了取信國際資本市場，而被迫採取固定匯率。不過，經常發生政府亂花錢而陷入困境。一旦景氣動向轉變，必須被迫放手讓幣值大貶。上述這兩個情況在香港和新加坡都不曾發生。相較之下，浮動匯率的優點則是，能藉由匯率的波動因應市場情勢轉變，匯率的波動雖然也有其風險，但是 GDP、通貨膨脹的波動會小一點。

　　在 1997~1998 年的亞洲金融風暴中，相對於美元，新加坡幣貶值 25%，港幣則少有變動。緊盯美元的香港，相較之下，受外界波動的影響大，因此 GDP 大跌，新加坡之 GDP 則變動不大。香港 1998 年依據通貨膨脹率調整之實質匯率，比 1983 年高出 90%，新幣的則只有 40%。換言之，新幣貶值而港幣則繼續升值。雖然港幣的名目匯率升值，香港的通貨膨脹約 6.8%，新加坡的則是 1.6%。香港之非貿易財通貨膨脹率更高。再者，因為必須防止 1997~1998 年國際投機客對港幣之套利攻擊，香港之利率風險升高，GDP 波動變大。反觀新加坡的 GDP 波動小，但是幣值波動大。香港 GDP 下跌 5.3%，新加坡則下跌 1.5%。

　　對新加坡而言，GDP 的成長率和實質匯率呈負相關，對香港則是輕微的正相關。此一研究顯示，固定匯率和浮動匯率各有利弊，但是浮動匯率似乎比較能夠，減緩國際投機客炒作匯率的風險。

　　金融當局的因應策略也是重要因素之一。如果不是香港當局的強力作為，否則香港可能走上泰國、馬來西亞、印尼等國家，貨幣狂貶的後塵。世事難料，沒人能夠說得準。若非新加坡財政健全，在亞洲金融風暴的高峰中，情勢能否維持也很難說。總之，匯率制度的抉擇並不容易，不要跟市場對抗是不二法門，才能維持經濟正常運作，不致大幅衰退或過熱。

5　Devereux, Michael B., 2003, "A Tale of Two Currencies: the Asian Crisis and the Exchange Rate Regimes of Hong Kong and Singapore," Review of International Economics, Vol. 11, No. 1, 38-54.

（三）購買力平價說

購買力平價說(purchasing power parity, PPP)是討論合理匯率的理論，其根據是一價律(the law of one price)。如果有完全自由的貿易，則同一種產品若有不同的價格，就會出現套利空間，套利行為會使在各地販賣的同一商品，價格趨於一致。如果一價律成立，那麼同樣的商品在不同的地方，雖然以不同的貨幣定價，他們的實際價格應該一樣，根據這個原理就可以算出合理的匯率。例如：如果東京的迪士尼樂園的門票賣¥5,600，而南加州迪士尼樂園的門票賣$56。假設消費者對兩者的偏好一樣，則兩者的價值應該相當。換言之，$1 的價值應為¥100。如果外匯市場的匯率$1 = ¥105 則表示美金的價值被高估了。因為根據 PPP，實際上$1 只能買到價值¥100 的商品，在市場上卻可以買到¥105。

討論匯率價格的理論，還有相對購買力平價說(relative PPP)。匯率的變動對進出口商而言，有相當大的風險。外匯市場變化萬千，一有消息，匯率就可能大幅波動。2004 年底時，美金的價位大約 34.2 元新臺幣。2005 年初時，美金跌到31.5 元新臺幣左右。短短幾個月美金貶值了將近 8%，任何人都難以承受這樣的劇烈波動，於是有避險的需求。避險的方式大致上可以分成遠期外匯(outright forward)及外匯交換(foreign exchange swap)。簡單地說，遠期外匯就是以後才實際交割的外匯。在計算遠期外匯價格時，利率是一重要因素，此時 PPP 就無用武之地。相對 PPP 才能反應時間的隱含成本。而外匯交換的情形則是，有人（進口商）預期以後有外匯需求，有另外一些人（出口商）預期以後有外匯入帳，雙方就各自的需求，約定一匯率價格，以規避匯率變動的風險。以下將討論匯率和貿易及國際資本往來的關係。

（四）國家的兩本帳及匯率

一個國家和每一個個人或企業一樣，必須透過某些方式來瞭解其財務狀況，此即國際收支平衡表(balance of payments)的主要功能：記錄某一段期間內，本國與他國之金融往來狀況，大致上可分為兩項：經常帳(current account)及資本帳(capital account)。

經常帳記載的是本國與他國的貿易往來，包括貨物(goods)與勞務(services)。出口的項目為正，進口的項目為負。資本帳則是記錄本國與他國的資本往來狀況。本國購買他國的資產為資本流出(–)，外國購買本國的資產則為流入(+)。統計各項交易之後，可以得到經常帳的餘額及資本帳的餘額。國際收支餘額是前兩項的總和。

$$國際收支餘額 = 經常帳餘額 + 資本帳餘額 \qquad (10.2)$$

若國際收支餘額為正值，代表國際收支有盈餘。若為負值，則國際收支出現赤字。上述資訊的統計，就和 GDP 一樣，難免會有誤差。圖 10-5 為 1984~2019 年臺灣國際收支概況。

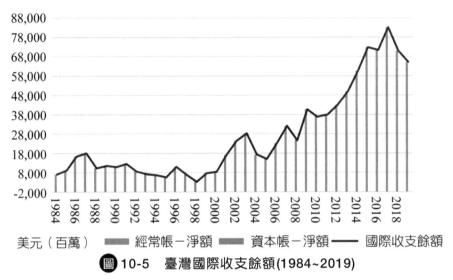

美元（百萬） ▬▬ 經常帳－淨額 ▬▬ 資本帳－淨額 ▬▬ 國際收支餘額

🔵 10-5　臺灣國際收支餘額(1984~2019)

資料來源： 中央銀行，國際收支統計，http://www.cbc.gov.tw/ct.asp?xItem=2337&ctNode=538&mp=1，
2009/3/22

參照圖 10-6，臺灣有貿易順差是眾所周知的事。除了 1960~1970 年代，因為經濟尚待開發之外，而有經常帳赤字之外，其餘時間臺灣大都有貿易順差。

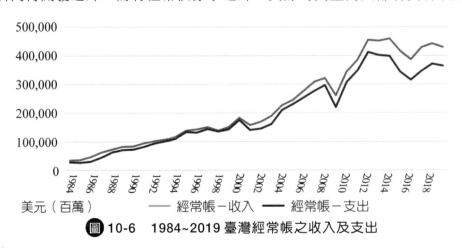

美元（百萬）　——— 經常帳－收入　——— 經常帳－支出

🔵 10-6　1984~2019 臺灣經常帳之收入及支出

　　但是在服務部分（或者稱為勞務），臺灣處於赤字的狀況，參照圖 10-7。相較之下，在看美國的貿易赤字時，很多人可能忽略了，美國在服務上，其實多數是處於順差的狀況。

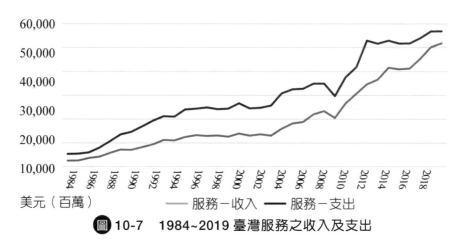

圖 10-7　1984~2019 臺灣服務之收入及支出

　　當國際收支發生不平衡時，可以透過外匯市場調整使國際收支回到平衡。以美日兩國的情況為例，如果外匯市場是完全自由的話，由於日本長期累積巨額的貿易順差，日本有許多美金，而且每年又有大量美金進帳。因此，美金的供給持續增加，將導致美金貶值。美國的產品對日本人而言，將變得便宜，而日本的產品對美國人而言將會變貴。如此一來，美國對日本及世界各地的出口應該會增加，而日本從美國進口的產品也會增加。由此可見，外匯市場的調整會影響到貿易，促使美國、日本的國際收支趨向平衡。不過，日本一直刻意壓低日幣，而且以許多藉口阻止美國產品進口到日本。1970 年代初期，全世界受到能源危機的衝擊，日本所生產的省油汽車，開始受到美國人的喜愛，日本對美國的貿易順差大增。由於日本堅持壓低日幣價位，使美、日兩國發生貿易糾紛。

　　在 1960 年代末期時，1 美元大約等於 360 日幣。1970 年代，由於美國政府的壓力，日幣升值到大約 300 日幣兌換 1 美元。1980 年代升值到 240 日幣換 1 美元。1990 年代則一度升值到 90 日幣換 1 美元。經過數十年的調整，日本對美國依舊有高額的貿易順差。光靠外匯市場的調整還是不夠，美國因此積極推動日本開放國內的金融市場，及允許其他國家投入日本的公共建設，使市場更接近自由貿易。

　　1980 年代發生第三世界債務危機，其中一個重要的原因是石油輸出國家組織因為油價大漲而增加收入，不知該如何運用這筆錢，只得將之轉往美國。美國金融業也不知如何是好，正好遇到第三世界國家在開發當中急需用錢，使這些油元(oil dollar)有處可去。但是，許多第三世界國家政治腐敗，錢沒有用在建設上，反而投入炒作美國的房地產市場。美國政治人物對此不無所悉，美國的銀行業更是幫兇，錢沒有用在有益經濟成長的建設，生產力沒有增加如何還錢，遲早會出問題。第三世界國家債務危機的本質，和 2008 年的金融海嘯有部分相似之處，都是源自國際收支不平衡。1980 年代的根源是，石油輸出國家賺得大量美金，這些資金四處流竄造成危機。2008 年則是新興國家大賺外匯，又刻意壓低本國貨幣的價值，讓美國有便宜的資金可用，加上房地產市場的熱潮。一旦遇到中央銀行調升利率，情勢開始翻轉，難以挽回。

20 世紀末，美、中兩國的貿易，遇到與上述相同的困境。中國對美國的貿易順差日益增加。理論上，人民幣升值就可以讓此一不平衡現象趨緩。但是人民幣緊盯美元，使外匯市場失去調節作用。另一方面，中國不願意見到人民幣升值，使其經濟成長減緩。刻意壓低本國貨幣的價格，其實是補貼外國人來購買本國的商品，廉價讓其他國家用本國的寶貴資源，甚至可能使本國的環境汙染更為嚴重，對本國的整體福祉未必有利。不過，人都是短視的，只看到眼前的利害，沒有辦法看到未來。雖然日本人的經驗舉世皆知，中國當局為了避免對經濟產生衝擊，還是延緩改革外匯市場運作。越晚採取行動，只會讓日後的問題更加嚴重。

四・貿易障礙

雖然貿易有許多利益，但是對開發中國家而言，若要建立自己的工業基礎，非得相當時間培育不可。如果國內市場完全開放，勢必無法面對國際競爭的壓力。因此，有的國家採取關稅或輸入限額，以照顧本國的工業，增加工作機會。但是整體而言，國家的福利未必增加，且看下文分析關稅與輸入限額的影響。

（一）關稅

關稅是保護國內產業的重要政策工具。課徵關稅會使國內市場價格上升，國內消費量減少，進口量減少。國內廠商的產量則增加，國內廠商的獲利增加，消費者的福利則下降。T 代表產品每單位的關稅。參照圖 10-8，假設國際價格 P_W，比國內的市場均衡價格低。若允許自由進口，則產品的供給線，由 S 變成 $ABCS_1$，國內生產的數量只有 Q_B，進口量則為 $Q_C - Q_B$。

政府課徵關稅之後，價格變成 $P_W + T$，產品供給線變成 $AEFS_2$，國內生產增加的部分為($Q_E - Q_B$)，進口量為 $Q_F - Q_E$，政府收到的關稅則有 $EFGH$。ΔFGC 的部分，則是課徵關稅，造成的社會福利無謂損失，ΔBEH 為國內生產增加，引發的額外生產成本。整體而言，消費者的犧牲，大於政府及廠商收益的增加。降低關稅稅率，未必會造成關稅收入減少，全看進口彈性的大小。若進口彈性大於 1，降低關稅稅率之後，關稅收入將增加而非減少。

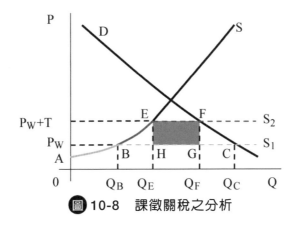

圖 10-8　課徵關稅之分析

關稅是自由貿易的障礙，歐美先進國家一向以推動自由貿易自居。事實是否如此，頗有商榷餘地。這些先進國家，一再要求開發中國家尊重智慧財產權，以增加其高科技產業的收入。但是，卻同時補貼自己的農業，抹煞開發中國家的生機，並以種種勞工保護作為藉口，袒護自己的勞動密集產業。2002 年 3 月 5 日，美國宣布對進口鋼材課徵關稅。主要目的在保護美國扶不起的鋼鐵業者。消息發布之後隔天，National Steel 宣告破產，來不及享受關稅保護。除了競爭對手歐盟之外，事實上，美國其他用鋼量很多的產業，也群起攻擊上述保護措施。在鋼鐵業所挽回的工作機會，會比其他產業失去的，還要來得少。然而，關稅是政治運作下的產物；George W. Bush 高喊自由貿易的口號，還是抵不過工人的選票威脅[6]。

（二）輸入限額

為了保護國內產業，政府可以限制商品進口的數量，不可超過某一額度，此一措施稱為輸入限額(import quota)；結果將造成市場價格上升，國內生產量上升。參照圖 10-9，假設國際價格為 P_W，輸入限額為 $\overline{BC}$。在有輸入限額的情況

---

[6]　The Economist, March 9, 2002, "Rust Never Sleeps."

下，供給線變成 $ABCFS_2$ 市場價格為 P_T，銷售量為 Q_F。同樣的商品，只因為有輸入限額，消費者必須支付更高的價格，消費者所犧牲的福利為 P_TFHP_W，進口商所得到的超額利潤則為 $EFHG$。不論是輸入限額或關稅，都會使價格上升，犧牲消費者的福利。社會有無謂的福利損失，在此情況下為 ΔFHI。不論關稅或輸入限額，都會引起社會福利重分配，犧牲消費者、補貼廠商，並造成社會福利的無謂損失。兩害相權取其輕，關稅似乎比輸入限額好，政府至少還可以增加一些收入，支應公共建設的費用。另一方面，如何分配有限的輸入限額，由誰進口；各方爭奪利益的結果，常造成更大的弊端。

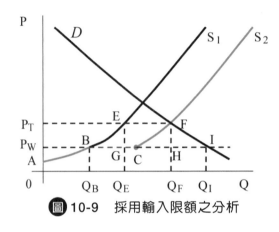

圖 10-9　採用輸入限額之分析

除了關稅和輸入限額之外，還有許多其他限制貿易的措施。例如：反傾銷稅 (anti-dumping tax)、自願出口限額(voluntary export restriction)、國內生產內涵 (domestic contents)等。

自由貿易也需要公平競爭，對任何一方才不會有傷害。因此，若各國有不當補貼，或以低於成本的價格爭取市場占有率，則進口國家會以反傾銷稅對抗。有時候某些國家不願意引起貿易紛爭，自己設定出口額度。例如：日本在 1980 年代曾經限制自己的汽車輸出，以避免引發美日之間的貿易衝突。另外，有些先進國家為了鼓勵開發中國家的經濟發展，設定優惠條件刺激其出口產業發展。但是為了避免這些國家，都只是在作簡單的裝配，成為已開發國家的裝配廠，遂設定其出口產值中，出口國的實質貢獻必須在某一個額度以上，以使其國家產業能夠確實受惠，並間接促使外國廠商能在當地轉移生產技術。

此外，某些國家可能因為政治或其他因素，禁止其他國家的貨物在本國銷售，或禁止本國的貨物銷售到其他國家。前者稱之為杯葛(boycott)，後者稱為禁運(embargo)。中國在民國初年，曾經拒用日貨，以對抗日本的軍事及經濟侵略。石油輸出國家組織在 1973 年底時，以石油禁運為武器，反擊美國及以色列在中東的軍事行動。另外，聯合國安理會也可採取經濟制裁(economic sanction)，禁止會員國與之貿易。美國至今仍然對古巴實施禁運，限制兩國人民的往來，屬於同一類型的政策。

國際貿易也是國家經濟發展的重要工具。歐洲中古世紀盛行的重商主義就是明顯的例子。朴正熙執政下的南韓，甚至要求以內銷補貼外銷。這種作法是否真的有利經濟發展，值得商榷。直到 21 世紀，不少國家超縱匯率、緊盯美元，讓自己的貨幣貶值以刺激出口。否則，以美國負債之多，美金其實應該貶值才對。因為負債很多的國家，難免會像希臘一樣有債信疑慮。但是因為許多國家都以出口救經濟，而且都以美國為主要市場。2015 年還發生人民幣帶頭競貶，此一政策反而讓各國將寶貴資源，奉送給已經非常富有的美國人，實屬不智。部分學者認為，此一現象是引發 21 世紀初的金融風暴的主因之一。

五・國際組織在世界經濟的角色

第一次世界大戰之後，國際政治、金融混亂的局面，讓有識之士相當警覺。在第二次大戰結束之前，戰勝國就準備協調戰後的國際秩序，其中最重要的是 1945 年 10 月 24 日成立的聯合國(United Nations)。在聯合國的主導下，周邊的國際金融機構也跟著成立。1944 年的布里頓森林會議(Bretton Woods Conference) 的催生，產生兩個國際金融組織：國際貨幣基金(International Monetary Fund, IMF) 與 國 際 重 建 及 復 興 銀 行 (The International Bank for Reconstruction Development)，簡稱世界銀行(The World Bank)。1930 年代的關稅壁壘，造成全世界經濟衰退，遂有 GATT (General Agreement on Tariffs and Trade)產生，以促進國際間的自由貿易為要務。然而，各國依舊貿易紛爭不斷。1995 年世界貿易組織(World Trade Organization, WTO)取代 GATT。臺灣和中國在 2000 年一起加入 WTO。不過，WTO 的誕生，並不表示世界貿易從此完全自由，沒有紛爭。

貿易必然牽涉國家利益。WTO 的模式其實是偏袒已開發國家。有了 WTO 之後，貿易糾紛也沒有大幅減少。歐洲和美國為了鋼鐵關稅而不悅，因 Airbus 和 Boeing 的補助而爭吵。更嚴重的是，因為歐美大幅補助農民，使經濟落後國家的農民，沒有生存空間。這些問題促使美國和許多國家簽訂雙邊貿易協定，以促進貿易，並致力推動美洲自由貿易區(Free Trade Area of the Americas, FTAA)。現在的國際貿易比起 50 年前，雖然已經進步不少，還是有許多改進的空間。至於未來的發展如何，要看有多少先進國家，願意放棄既得利益。他們不能只要求開發中國家購買先進科技產品，保護智慧財產權，卻不給他們的農業適當的生存空間。WTO/GATT 到底發揮多少功能，備受質疑。根據 Andrew K. Rose 的研究[7]，這兩個機構對促進貿易的貢獻，似乎非常有限。他還提出一個非常有趣的評論：If you ignore its many failures, GATT/WTO has been successful。大意是：如果忽略 GATT/WTO 的許多敗筆，則這兩個機構還頗為成功的。這個評論可能是另一個超典型的雞同鴨講。

　　北美自由貿易協定(North America Free Trade Agreement, NAFTA)，在 1994 年生效，為美國、加拿大、墨西哥創造無數商機及就業機會。Ross Perot 在 1992 年競選美國總統時，大力反對 NAFTA，認為對美國工人大不利。事實上，NAFTA 確實對某些美國工人造成衝擊，許多工人因為低技術勞力產業南移，而失去寶貴的工作機會。但是，美國所擅長的科技產業、儀器製造，則有大幅成長，這也符合國際分工的原則。整體而言，美、加、墨三國獲利匪淺。2005 年美國持續推動自由貿易區，要將 NAFTA 的模式，推廣到中美洲，促成中美洲自由貿易協定(Central America Free Trade Agreement, CAFTA)的成立。

　　2016 年美國總統川普上任之後，依據自己的單向思考，要求重新檢討 NAFTA，因而於 2019 年 12 月簽訂了 USMCA(US, Mexico, Canada)，也叫作 NAFTA 2.0 或者是新 NAFTA。此一協定的簽訂，純粹只因為川普覺得 NAFTA 對美國不公平。以大國之姿強迫墨西哥及加拿大讓步。USMCA 與 NAFTA 不同之處包括：環保及勞工條件限制、鼓勵美國生產汽車及卡車、智慧財產權保障、美國奶製品可以輸出加拿大，並對加拿大、墨西哥的汽車生產設限。此外加拿大人網路購買美國商品之免稅額，由 20 美元增加到 150 美元。

　　川普忽略了墨西哥、加拿大及美國的汽車產業緊密結合的事實。美國雖然從加拿大及墨西哥進口很多汽車，但是這些車子的零組件大多是美國出口之後，在加拿大及墨西哥完成最後組裝。美國如果對加、墨的汽車課稅，最大受害者可能是美國自己的汽車產業。美國如此對待貿易夥伴，實在是不智之舉。川普不但改變 NAFTA，還退出跨太平洋夥伴全面進步協定(Comprehensive and Progressive Agreement for Trans-Pacific Partnership, CPTPP)。[8]歷史將證明這是錯誤而又魯莽的舉動。

---

[7]　Rose, Andrew K., 2004, "Do We Really Know That the WTO Increases Trade?" American Economic Review, Vol. 94, No. 1, 98-114.

[8]　原稱跨太平洋戰略經濟夥伴關係協定(The Trans-Pacific Partnership, TPP)。

南美各國也成立了一個南方共同市場(Southern Common Market, Mercosur)，參加的國家有阿根廷、巴西、烏拉圭、智利等國。不過這些國家的經濟型態類似，所能夠享受的分工利益有限，不但成效不彰，還經常發生內訌。亞洲的東南亞國協(Association of South-East Asian Nations, ASEAN)和 Mercosur 有同樣的缺點，加上各會員國的政治不甚開明，成立至今乏善可陳。任何一個組織意圖促進整體利益，只要有人不願放棄既得利益，就很難達成任務。雖然促進貿易確實可以擴張市場、增加就業，但是各國的執政者也都想持續掌權，不得不考慮國內的利益。如此一來，許多理想都是空談。這個現象不只發生在落後國家，美國和歐洲的貿易紛爭，是最明顯的例子。同理，臺灣在面對各種開放壓力的時候，也不必退讓。自由貿易如果不是在互惠的原則之下，其實只是強國剝削弱國的代名詞而已。

美國總統川普就任之後退出跨太平洋戰略經濟貿易夥伴國際協定(The Trans-Pacific Partnership, TPP)的協商。他主觀認定此一協定對美國不利，實在過於武斷。其他國家基於貿易互惠的立場，改名為跨太平洋夥伴全面進步協定(Comprehensive and Progressive Agreement or Trans-Pacific Partnership , CPTPP)，繼續推動區域性貿易自由化。或許在 2021 年美國新任總統拜登(Joseph Robinette Biden)執政之後，有可能重啟加入 CPTPP 的談判。對臺灣而言，與美國簽訂雙邊貿易協定(Bilateral Trade Agreement, BTA)效益會比較大，不論是傳統產業或半導體，都有很大的利基。

2020 年底的重大轉變是在 11 月 15 日，正式簽署區域全面經濟夥伴協定(Regional Comprehensive Economic Partnership, RCEP)，由東南亞國協(ASEAN)十個會員國，包含印尼、馬來西亞、菲律賓、泰國、新加坡、汶萊、柬埔寨、寮國、緬甸、越南，另外加上中國、日本、韓國、澳洲、紐西蘭等總共 15 國。其目的在削減關稅及非關稅壁壘，擴大區域市場整合的自由貿易協定。經批准生效之後，各國將於 10 年內降至零關稅。不過，要達成這個目標不是那麼容易。

首先東南亞國協成立數十年以來成效有限，已如前述。反而是會員國的政治紛擾影響區域的經濟整合。RCEP 加入中日韓澳紐等大國，勢必對東南亞國協有更大的衝擊。再者，五大國之間也有歧異，到底能發揮多少促進貿易的功效，恐怕還得先解決彼此的政治糾葛。再者，中國的一帶一路(The Belt and Road Initiative)[9]，自 2013 年倡議以來，積極向中亞、東南亞、南亞、非洲等地投資。

---

[9] 全名為絲綢之路經濟帶與 21 世紀海上絲綢之路(The Silk Road Economic Belt and the 21st-Century Maritime Silk Road)。

連接中亞、中歐部分的鐵路已經完成，雖然可以節省運輸時間，但是陸路運輸費用太高，沒有經濟效益，海運的優勢不變。至於在海上絲路的建構，各國對中國都有戒心。斯里蘭卡的漢班托塔深水港(Hambontota)因為還不出錢而被迫租借給中國 99 年。到這個時候，各國終於瞭解中國的真正意圖。此外，為了推動一帶一路政策，中國引導成立的亞投行（亞洲基礎建設投資銀行，Asian Infrastructure Investment Bank, AIIB），其實是控制各國參加一帶一路計畫的誘餌。等到各參加國家無法還債時，後果不堪設想。由這個角度看日韓澳紐，雖然也想從 RCEP 獲利，以中國的野心看，其他國家要獲取貿易之利的機會應該有限。

經濟是政治的延伸，任何經濟或貿易政策，皆有其政治意涵。RCEP 的協商及簽訂也是如此。有不少臺灣學者認為，如果臺灣沒有辦法加入 RCEP，傳統產業將面臨前所未有的挑戰，甚至是只能關廠或遷廠的悲慘命運。事實上，RCEP 的運作才簽字沒多久就發生糾紛。2020 年 11 月 28 日中國對澳洲葡萄酒課徵 107.1~212.1% 的反傾銷稅，與會員國追求關稅全免的終極目標相反。紐西蘭發聲支持澳洲，中國應該也不會放過對紐西蘭採取反制措施。這起事件充分反應中澳之間的政治衝突。所以那些認為臺灣沒有加入 RCEP 就會面臨關廠命運的人，應該要認清中國的經濟政策和政治目標是不可能分割的。一旦陷入中國的經濟圈套，恐怕連關廠的自由都沒有。中國的市場雖然很大，但是如果要犧牲自主權來換取利潤，確實要三思而行。2017 年南韓因為部署美國的薩德反飛彈系統而被中國抵制，殷鑑不遠。至於日本和中國的政經紛爭更多，期望在中國市場獲利，代價恐怕不小。RCEP 能夠發揮多少增進貿易的功效，尚待考察。

六・十九世紀的貿易戰與國際金流

1789 年的法國大革命，意識型態反對當時歐洲的主流政體，給君主體制帶來莫大衝擊，引發英國和法國之間十多年的權力鬥爭。戰爭需要用經費，決定勝負的關鍵就是在比誰的錢多。在法國國王路易十二世攻擊義大利之前，大元帥崔不朽(Tribulzio)曾說，陛下需要的是錢，更多錢，一直都需要錢。戰爭的勝負是由錢決定。[10]換言之，經濟力越強的國家，或者越有能力募款的國家，才能獲得最後勝利。

---

[10] 原文如下： "What Your Majesty needs," Marshal Tribulzio told Louis XII before his invasion of Italy in 1499, "is money, more money, money all the time." Ferguson, Niall, 2001, The Cash Nexus: Money and Power in the Modern World, 1700-2000, Penguin Press, 25.

　　政府募款的方式有課稅和舉債。在那個年代，所得的概念不明確，課稅的對象也很有限，對要募集應付戰爭的大筆經費，幫助不大。於是，能借到越多錢的，勝算越大。舉債能力則牽涉到政府的信用。財政政策、貨幣政策、國際金流等，都變成戰爭工具。以下藉由兩篇論文，闡述法國貨幣和英鎊的不同際遇，以及法國大革命如何成就英國的工業革命。[11]

　　法國大革命之後，由於其主張挑戰歐洲各國的傳統君主制度。1792~1797 年法國和奧國、普魯士、英國陸續發生戰事。由於基本意識形態不同，加上利益衝突，在拿破崙掌權之後，英法衝突加劇，演變成英國與整個歐陸的戰爭。法國雖然是歐陸強權，但是英國在 18 世紀時早已是歐洲海上霸主。在殖民地上的拓展及貿易利益，遠遠超過歐洲其他國家，金融市場的發展也是突飛猛進。法國經濟實力在英國之下。但是在此一戰爭中，反而是英國脫離金本位，大筆舉債來支付戰爭費用。法國則是仰賴傳統的課稅來應急，兩相比較之下似乎矛盾。政治體制是兩者重要的差異所在。

　　英國的財政有國會監督，所以國王沒有辦法亂花錢。在 1688 年的光榮革命之後，國王的一舉一動更是備受關注。為了解決財政困難，1694 年成立英格蘭銀行(Bank of England)，借錢給政府的所有帳務公開，讓國王不得不履行還債義務。取信於民之後，政府借款大幅上升，利息負擔也因此減少，名之為金融革命(Financial Revolution)。英國在遇到戰爭支出大增時，借債雖然隨之增加，在戰後也會設置償債基金(Sinking Fund)來取信市場及債權人。這些事情看來無關緊要，卻是戰場上勝利的必備要件。

　　反觀法國，國王的地位至高無上，無人能夠挑戰。雖然政府也知道財政紀律的重要，但是法國位於歐洲大陸，不時介入鄰國的紛爭，戰費支出不斷增加。和平時期的開銷又不知節制，以至於下次戰事發生時，舊債未還又要借新債。違約成為常態，或是用通貨膨脹稅來解決債務。「人而無信，不知其可」，這是債信不佳所引發的國安危機。

　　在戰時，英法兩國都缺錢。但是英國的債信比法國的好，借款利率也比法國的低。在募款能力上，法國已經屈居下風。英國因為黃金存量不足而脫離金本位，也就是開始印鈔票、大筆借債。在資源有限的情況下，通貨膨脹勢所難免。法國也面臨同樣的困境，但是因為法國的債信差，無法選擇脫離金屬本位，以免

---

[11] 此時法國因為財政困難，加上革命所引起的動盪不安及大規模破壞，百廢待舉需要大筆經費。大量發行貨幣的結果，發生嚴重的通貨膨脹而曾經使用幾個不同的貨幣。為了論述便利起見，都以法郎代表法國的貨幣。

造成信心危機，只能訴諸課稅。法國所能得到的資源因此大為受限。拿破崙只得對被占領地區及盟友徵收資源。英國雖然強勢，在 1811 年時遭遇英鎊大貶，法郎的幣值反而相對穩定。[12]強國的幣值大貶，弱國的幣值卻非常穩定，似乎矛盾、也違反經濟理論。其實這正反應債信的重要，以及財政政策、貨幣政策的極限。即使是專制君主也不能為所欲為。以下介紹的英法貿易戰及國際金融市場的動向，可以解答其中的奧妙。[13]

英法戰爭初期，法國頗有斬獲，征服的土地日益增加。但是歐陸許多國家仍然持續與英國貿易，等於資助法國的敵國。1806 年英國對法國沿海實施封鎖，法國則以大陸封鎖(Continental Blockade)反制，對英國貿易實施禁運，導致英國對歐陸之出口大跌。不過，因為英國控制海權，加上法國占領之下的歐陸國家，還是有不少走私牟利的人設法規避封鎖。雖然英國的貿易受創，此一封鎖的效果有限，因為英國可以從波羅的海及地中海突破法國的圍堵。歐陸封鎖的另一個好處是，刺激法國的產業發展。此一措施雖然阻止英國貨物的流通，但卻無法防止英國金流資助歐陸的反法勢力，其中最重要的因素是匯票(bill of exchange)。18世紀末 19 世紀初的國際金融市場，比想像中的還要先進。

匯票之系統運作如下：在倫敦的匯款人(drawee)以當地貨幣（英鎊），向匯款銀行(drawer, merchant banker)購買匯票，支付給阿姆斯特丹的受款人(payee)，並向支付銀行(payer, merchant banker)兌現。此處雖然是銀行，在當時做此業務的很多是商人兼做。匯票制度的便利在，阿姆斯特丹的商人從英國進口貨物時，不需要支付現金，只需在各自進出口商的帳戶調整即可，對進出口雙方都很便利，名之為商業革命也不為過。匯票制度盛行於歐、亞、非、美洲等地之貿易，節省許多風險與成本。英國政府也用匯票支付在歐陸作戰的英軍。作法是由英國政府財政部購買匯票，再由位於歐陸的代理人應用。因為歐陸對英國之工業製造品及殖民地再出口的貨物有需求，歐陸的商人願意接受這些匯票，並以之支付購買自英國的商品。

1793~1802 年之間的戰爭，法國大勝，前已述及。英國因為黃金儲量不足以支應政府支出，而不得不脫離金屬本位，同時也代表通貨膨脹無可避免。戰爭失利的結果，英國同時也失去出口的市場。1802 年短暫的和平，貿易大增，英國恢復歐陸市場。但是拿破崙也同時整合歐陸勢力，展開大陸封鎖，阻止英國貨進

[12] Bordo, Michael D. and Eugene N.White,1991, "A Tale of Two Currencies: British and French Finance During the Napoleonic Wars," Journal of Economic History, Vol. 51, No. 2, 303-316.

[13] Neal, Larry, 1991, "A Tale of Two Revolutions: International Capital Flows, 1789-1819," Bulletin of Economic Research, Vol. 43, No. 1, 57-92.

口到歐洲大陸，並企圖阻斷英國的金流，英鎊因此貶值。1808 年英鎊大貶，證實大陸封鎖有其功效

前面提及，在歐陸國家需要英國貨物的時候，對英國匯票有需求。大陸封鎖之後情勢轉變，因為英國貨物無法進入歐陸，歐陸商人因此接收英國匯票的意願大減。然而，法國革命政府之恐怖統治不得人心。歐陸貴族、富商紛紛將資產出售，轉移資金到英國。由於法國對占領土地人民的搜括及迫害，歐陸貴族、富商資金外移英國的情況嚴重。因此，許多歐陸資金投入英國的資本市場，促進英國的工業發展。另外，由於大陸封鎖之故，英國農業大盛，生產力增加，使部分人力可以轉移到工業生產。因此 1789 年的法國大革命，演變成英國工業革命的最大推手。在此期間，英國東印度公司、英格蘭銀行的股價上揚，英國的國債價格穩定，以上皆證明英國之經濟狀況穩定。此外，英國也開發中南美洲、波羅的海、地中海等新市場，以減緩大陸封鎖的衝擊。

歐陸資金藉由匯票購買英國的資產，等於是借錢給英國政府。此時英國的交通建設、運河、道路、港口、鐵工廠等投資大增，促進生產力。1790 年代，英國就鼓勵荷蘭的商人、漁民移民英國。英國政府同時也自東印度公司取得不少資金。大陸封鎖和英國的海上封鎖，雖然阻斷歐陸的海外貿易，但是歐陸境內的貿易則是增加，萊因河下行的貨物，比上行的還要多。未被法國占領的歐陸各國，經濟利益和法國不同，尤其俄國的立場更是難以掌握。可惜拿破崙無法藉由選新皇后進行聯姻政策，結果娶了奧地利公主，以至於法國必須和俄國對抗。

最後法國因為在俄羅斯戰事失利，加上龐大的戰費，終於不得不承認失敗。法國沒有能力取信債務人而募得更多資金從事戰爭，而英國則全國一心還能找到國外的投資人購買英國國債，展現相對優勢。英國雖然也經歷相當的通貨膨脹，其額度相對有限。一場戰爭讓貨幣政策、財政政策的效率有充分發揮的機會，也見證一個國家實力的內涵。

在兩個強權交戰的過程，有一個小插曲。1802 年的戰爭情勢轉變，驗證貿易及國際金流動向。短暫的和平為英國帶來貿易順差，因此有資金外流歐陸的現象。大陸封鎖讓英國原有的貿易順差變成貿易逆差，讓資金動向也隨之翻轉，資金變成由歐陸流向英國。歐洲大陸資金外流到英國的另一個原因是，歐洲大陸的貴族和有錢人，懷疑法國的實力。

英法經濟鬥爭的勝負，是在戰場上決定。但是，某個程度上，戰場上的勝利卻是由經濟勢力決定。法國在俄國慘敗，對英國的大陸封鎖失敗，經濟因素不可

忽略。英國雖然在戰場上獲勝，戰後原先潛逃歐陸的資金，陸續回歸到歐陸，造成英國經濟停滯，這也是眾人始料未及的結局。然而英國在工業及金融上的優勢，已非歐陸各國所能及，獨霸海上及工業的情勢早已成定局。拿破崙戰爭 (1803~1815) 可能是歷史首見的大規模貿易戰，外加國際金融市場的運作。此一期間的財政政策及貨幣政策運作頗為驚人。英國獲得最後勝利，與其工業、貿易、金融及財政上的優勢有極大關連。

重要名詞及摘要

ASEAN	Bill of Exchange	FTAA
CAFTA	CPTPP	GATT
IMF	Joint-stock company	Mercosur
NAFTA	RCEP	TPP
USMCA	World Bank	WTO
關稅	一價律	外匯
資本帳	輸入限額	國際金融
國際貿易	自由貿易	南海泡沫
遠期外匯	固定匯率	浮動匯率
國際收支	間接匯率	直接匯率
匯率風險	反傾銷稅	外匯交換
相對利益說	絕對利益說	東南亞國協
自願出口限額	購買力平價說	世界貿易組織
密西西比泡沫	國際貨幣銀行	南方共同市場
國內生產內涵	聯合股份公司	英國東印度公司
荷蘭東印度公司	管理的浮動匯率	關稅貿易總協定
北美自由貿易協定	相對購買力平價說	

　　人類的貿易往來起源非常早，「一日之所需，百工斯為備」，就是明顯的例子。任何人不可能提供自己所需的一切，貿易可以促使分工合作，增加生產及分配的效率。現在的國際貿易模式，可以追溯到中古世紀時義大利城邦的興起。現代公司的經營，則和 16~17 世紀興起的聯合股份公司有密切關連。國際貿易之起源，主要有兩種說法：相對利益說和絕對利益說。

　　自由貿易雖然可以增進生產及分配的效率，但是政治因素導致無數的貿易障礙，諸如：配額、關稅等措施。然而國際間仍成立不少組織，促進自由貿易。國際貿易的發展，使國際金融更為發達，外匯交易日益熱絡。但是匯率的變動，國際投機客的行為，也造成國際金融秩序的混亂。各國如果能讓匯率適度調整，反應貨幣合理的價值，應可減少匯率的波動，及對世界經濟的衝擊。

　　英國與法國在 18~19 世紀的爭霸戰中，廣泛運用工業、貿易、財政政策，強國的貨幣貶值，弱國的貨幣反而價值穩定，其中因素頗為耐人尋味。戰場上的勝利，其實是由經濟因素決定。

💬 問題與討論

10-1. 解釋國際貿易的學說有哪兩種？

10-2. 匯率制度有哪幾種？

10-3. 何謂購買力平價說？

10-4. 課徵關稅之後，對國內生產及就業、市場價格、進口量、社會整體福利等，有何影響？

10-5. 試比較課徵關稅及輸入限額，對社會可能造成的影響。分別就國內生產者、消費者、政府及社會整體福利論述之。

10-6. 實施關稅或輸入限額，會使國內的市場價格上升，對國際市場則有何影響？

10-7. 相對購買力平價說和購買力平價說的主要差別為何？

10-8. 請列出五個國際貿易組織或協定。

10-9. 根據表 10-2，哪一個國家有生產稻米的絕對利益？哪一國有生產晶片的絕對利益？

🌑 表 10-2

	稻米	晶片
臺灣	10,000	100,000
越南	20,000	8,000

10-10. 根據表 10-2，何者有生產稻米的相對利益？何者有生產晶片的相對利益？兩國的貿易模式為何？

10-11. 據報導，如果以每小時生產男性襯衫的數目，來衡量生產力時，印度的生產力只有美國的 35%，中國的則只有美國的 55%[14]。顯然美國的生產力比較高，為什麼美國還要從中國、印度進口紡織品？

10-12. 假設中央銀行想要阻止新臺幣升值，又不想影響貨幣供給數量，則中央銀行應該採用何種沖銷政策？

10-13. 2008 年春天，因為國際糧食價格大漲，越南、泰國等稻米輸出國家，禁止稻米出口。阿根廷對農民課徵出口稅，此種政策對國際稻米市場、稻米輸出口短期長期各有何影響。

10-14. 試就本文提到香港及新加坡的例子，論述固定匯率和浮動匯率的利弊。

10-15. 英國與法國在 18~19 世紀的爭霸戰中，哪一國的國力比較強？哪一國的貨幣貶值？

經濟現象探索-1

哪一種匯率制度比較好？

2004 年時，臺灣有一些電子公司操作外匯規避匯率風險，結果發生巨額損失。本業雖然獲利不少，但是外匯選擇權的操作，卻賠上公司資本額的好幾倍。2003 至 2004 年，歐系車廠在美國市場營業大有成長，但是實際獲利卻非常有限。因為在這段時間美元大跌，將在美國市場賺到的美元兌換成歐元之後，產生巨額的匯兌損失。對廠商而言，要應付商品價格及原物料的波動，已經是非常困難的事，再加上匯率風險，使經營更加艱辛。因此，很多經濟學家預測歐元使用之後，歐洲的經濟少了這些匯兌風險，應該會有大幅改善。不過，因為許多歐洲市場規範的問題，歐元的效用並未展現出來。

阿根廷的經濟，長期受到通貨膨脹的困擾，眾人對阿根廷的貨幣 peso 沒有信心。1990 年代末期，阿根廷改採固定匯率之後，解決投資人的信心問題，經濟開始成長。只是好景不常，到 2000 年代初，阿根廷經濟開始走下坡，無法支撐被高估的固定匯率。阿根廷政府擔心，一旦調低 peso 的價值，會造成市場信心崩盤，遲遲不肯調整。然而經濟一直沒有起色，最後還是引發 peso 狂跌的局面。許多人走上街頭抗議，並造成無數人死傷。

---

[14] The Economist, Nov 13, 2004 "Special Report: The Textile Industry."

　　由上述的例子看來，哪一種匯率制度最好？其實固定或浮動匯率各有利弊。總之，匯率的決定不可以偏離市場的供需。1997 年的亞洲金融風暴，就是因為眾人期望過高，而當時亞洲各國的經濟表現，其實只能說是差強人意。國際金融投機客找到可趁之機，一發不可收拾。管理的浮動匯率，也不可以管理得太過火。

　　2004 年亞洲各國，包括中國、臺灣、日本等國，累積了相當多的美金資產。

　　這些國家為了自己的利益，不希望看到美元貶值，進場大筆購買美元，以維持本國貨幣的低價，藉以提升出口競爭力，刺激經濟成長。但是，美國的經濟表現不好，加上雙赤字屢創新高，美元理應貶值。然而亞洲各國的干預外匯市場，阻止本國貨幣升值，在此過程中累積許多美金外匯存底。這些國家手中的美元也無法閒置，遂流向美國的金融市場，大量採購美國國庫券，使美國政府得以更低廉的成本獲得資金。否則，以美國的負債狀況，預算赤字不斷上升。照理說，美國政府要大幅提高利率，才能夠吸引外人購買美國國庫券。這個市場失衡現象，肇因於各國不當干預匯市。將來若引發全世界的金融風暴，亞洲各國的中央銀行，難免遭受慘痛的投資損失。

　　除此之外，貿易失衡還會有一個後遺症：荷蘭病(the Dutch Disease)。國家的某一部門極為繁榮，可能而傷害到其他產業。通常是因為貨幣升值導致國家其他產業的競爭力因此受到影響。2019~2021 年之間，新冠肺炎影響全世界，由於封城及在家上課的需求，電腦、筆電及其他半導體產品大為暢銷，臺灣因此出口大增，當然新臺幣也跟著大幅升值。半導體產業確實是引領風騷、全臺之冠。不過，新臺幣升值也讓傳統產業吃盡苦頭，這是荷蘭病的一個案例。

Q1 試簡述固定匯率的優缺點。

Q2 試簡述浮動匯率的優缺點。

Q3 何謂荷蘭病？

∿ 經濟現象探索 -2

大麥克指數(Big Mac Index)

　　經濟人雜誌(The Economist)自 1986 年開始統計大麥克指數，其原理來自一價律(The Law of One Price)；如果有完全的自由貿易，則任何一種財貨或勞務的價格應該一樣。理論雖然如此，要看到相同產品的價格一致，必須完全無阻礙的自由貿易。大麥克是食物，好像很接近自由貿易，其實不然。

各地麥當勞的店面是不可以貿易的(non-tradable)，各國的勞工也無法自由遷徙。美國和臺灣的麥當勞漢堡，其中的勞動價格不同。即使同在臺灣，臺北和屏東的麥當勞漢堡，店面的租金成本不同。所以大麥克指數只能作參考，並不代表以大麥克指數所換算出來的匯率，就必然正確。更何況貿易往來，還要再加計運輸成本或交易成本。有了一個指數當然可以幫助我們瞭解經濟狀況，但是也不要過於沉迷指數。任何一個指數或理論，都有假設或前提，在推論之前，必須再檢視其前提為何。

Q1 大麥克指數可以完全反應真實匯率嗎？

〰 經濟現象探索 -3

搞破壞的關稅保護：關稅真的能夠保護產業、促進經濟成長？

新興國家面對先進國家的強大競爭優勢，為了爭取本土產業的生存機會，常常採取關稅、輸入限額或其他貿易障礙，以扶植尚在發展中的產業。即使是先進國家，有時候也會採取類似的措施。事實上，此一政策等於給受扶植產業獨占權，結果國內消費者必須付出高價，而產品品質也不好。廠商得利卻苦了消費者。

早期為了扶植家電業，臺灣政府課高額關稅，結果家電產品的品質不好，但是政府還是大力推廣，用愛國情操訴求愛用國貨。國內家電業者則保證服務好，其實就是產品容易壞。換言之，消費者買的東西貴又不好用，獲利最大的是本土業者和協助生產的外國企業。一旦開放進口，這些品質顧慮一下子全消失了。

早期臺灣的燈泡品質差又貴，本土產業在關稅保護之下，有恃無恐。開放進口之後，燈泡的品質就變好了。有競爭才有進步，似乎是不變的道理。不過這些小家電的生產技術不高，臺灣的市場也夠大，若談起汽車就不一樣了。花了數十年的工夫，臺灣依舊無法建立自己的汽車工業。主因是臺灣的市場規模太小。不過現在的電動車興起，不同的技術要求，或許臺灣有不少發揮的空間。

保護關稅弄巧成拙的不只有臺灣。2017 年美國對世界各國課徵鋼鋁關稅。剛開始的時候，確實讓美國的鋼鋁產業興盛，鋼鋁公司的股票價格也大漲。但是，卻重創以鋼鋁為原料的製造業。結果到 2019 年，不但美國汽車業蕭條，鋼鐵業也因為需求不振而面臨衝擊。不當干預的結果是顧此失彼。順應市場的趨勢才是正道。然而，同樣的戲碼一再上演，歐美先進國家為了選票或國內就業機會，而限制進口的情況屢見不鮮，也讓經濟學教科書，一直不缺弄巧成拙的經典素材。

Q1 關稅保護必定能增加本國的利益嗎？

🎬 歷史回顧-1

小國釀大禍

塞普路斯(Cyprus)的人口約 10 萬，面積 9000 平方公里，GDP 每年約 360 億美元，每人平均所得約 3 萬美元。冰島(Iceland)人口更少，只有約 36 萬人，面積 10 萬平方公里，比臺灣還要大，GDP 每年約 190 億美元，每人平均所得 5 萬多美元。這兩個國家的共同特徵是地小、人少，但是生活水準相當高。不過，金融業所帶來的麻煩也不小。[15]

2019 年 3 月時，希臘的外債共有 3,943 億美元，GDP 約有 3,240 億美元。換言之，希臘的債務約占 GDP 的 122%。情況似乎很嚴重，其實未必如此。以美國的次級房貸危機為例，光拯救 AIG 一家公司，保守估計就投入將近 1,820 億美元。若加上歷次 QE 投入的資金，更是驚人。舉美國的例子是在證明，歐債危機的金額實在不算大。但是因為歐元區一共有 19 個國家，雖然歐洲也有中央銀行(European Central Bank, ECB)，不過各自為政的結果是治絲益棼。沒有一個國家可以干涉其他國家的內政，使得歐債危機持續不斷，無法徹底解決。直到 2021 年為止希臘依舊沒有還清所有債務。

希臘及塞普路斯使用歐元雖然有利，但是弊病也不少。最大好處是給投資人安心，不必煩惱投資之後遇到貨幣可能貶值的損失。許多國家因為是通貨膨脹累犯，或者是債信不佳，發行外債都要以美元、歐元計價，來吸引投資人購買。理由正是讓投資人不必操心，債券會因為情勢轉變而遭受貨幣貶值的損失。希臘及塞普路斯因為使用歐元，可以節省債務成本，這是使用歐元之利。

相較之下，希臘及塞普路斯也失去重要的貨幣政策工具。因為歐元的走勢及政策動向，完全操縱在歐洲中央銀行手中。若希臘和塞普路斯使用自己的貨幣，

---

[15] Iordanidou, Sofia and Samaras N. Athanassios, 2014, "Financial Crisis in the Cyprus Republic," Janovst-the Public, Vol. 21, No. 4, 63-76.

在經濟狀況不好的時候，自己的中央銀行可以調降利率刺激經濟，讓貨幣貶值促進出口和觀光。使用歐元的結果，貨幣政策完全派不上用場。不僅如此，連財政政策也無用武之地。因為負債過大，加上其他債權國的不信任，赤字預算也無法應用。反觀日本的情況，國債問題比希臘的更嚴重，額度超過 GDP 的 200%。但是因為持有的大多是日本機構，沒有外債問題，加上使用自己的貨幣，享有財政政策、貨幣政策自由度。在景氣不佳時，仍然能夠將日幣貶值刺激出口，並大幅增加政府支出，解救經濟困境。

為了取回貨幣政策的主導權，希臘、義大利等國都曾經主張脫離歐元區。這種訴求雖然有吸引力，但實施的難度很高。首先，必須發行足夠使用的鈔票。這是浩大工程，不容易達成。再者，若沒有相當的外匯存底或發行準備金，一旦新貨幣發行，恐怕會發生擠兌潮。因為，許多人寧可使用歐元或美元，也不要本國的新貨幣。尤其在債務危機之下，連本國人都沒有信心，更何況是外國人。可以想像新貨幣發行的首日，一堆人搶著將手中的本國貨幣兌換成美元、歐元或英鎊等世界通行的貨幣，大幅貶值是意料中的事。這些負債嚴重的國家，禁得起這樣的打擊嗎？此外，若他們的國債改成以本國貨幣計價，還有多少人願意繼續持有？他們的募債成本勢必高到難以招架。所以，印製新鈔的成本、大幅貶值的壓力和發行新國債的成本等，都是考慮的因素，脫離歐元區不是件容易的事。

已如前述，塞普路斯是一個小國，人口、資源、生產都很有限。在政治上還有希臘、土耳其之紛爭。在 1960 年代獨立之後，慢慢由農業經濟轉型，成為以服務業為基礎之出口導向經濟。1980 年代之後，觀光和金融服務成為主流，金融業之發展尤其突出。許多俄國資金流入，並促使塞普路斯成為國際商業中心，大幅增加 GDP 及就業。但是此一榮景幾乎完全仰賴國外資金，能否持續完全受受制於外在勢力，其中隱含的風險更是難以評估。

2008 年 1 月 1 日，塞普路斯正式採用歐元，引發另一波資金流入。由於資金過剩，公司部門都處於高度負債的狀況。2008 年希臘債務危機爆發之後，塞普路斯的金融業不但在希臘國債遭受損失，更成為眾矢之的。塞國的金融業之資產約為 GDP 7 倍之多。危機發生後，其慘況難以想像，全球股市還曾經因此大跌。外行人看熱鬧，內行人看門道。瞭解內情的人，在此時正好可以趁機買進大賺一筆。因為對塞國而言，這個債務危機確實是一場大災難，但對全世界而言，其影響微不足道。整個事件讓大家見識金融市場的影響力，也讓所有人理解深入問題核心的重要性。

　　冰島金融危機的性質，和塞國的情況相近，也是金融業擴張太快有關，而且額度大到危害國家安全。在 2008 年時，冰島的外債高達 GDP 的 7 倍，遠超過安全範圍。金融業的資產則有 GDP 的 11 倍。同樣的，這個額度對冰島而言絕對難以承受。但是對整個世界而言，其實是微不足道。整個事件的發展，要從冰島的開放政策談起。

　　冰島的傳統產業只有農漁業，為了發展經濟對金融業解禁，於 1994 年成為歐洲經濟區成員，引進資金開發金融業、生技產業及製造業。問題是冰島的經濟體很小，龐大資金流入造成通貨膨脹。若不解決通貨膨脹疑慮，可能對經濟發展不利，但是若提高利率對抗通貨膨脹，又會吸引更多資金流入。在兩害權其輕的考量下，冰島的中央銀行決定調高利率，結果一般冰島人的借錢成本大增。資金繼續大量湧入，各行各業大肆擴張版圖。企業和個人都有融資要求，本國的利率太高，只好向外舉債，因為日幣及其他貨幣的利率比較低。不過，這也埋下日後大災難的禍根。

　　除此之外，冰島也對外吸金。各國投資人發現本國的利率太低。冰島 5%以上甚至超過 10%的利率，非常誘人。然而，這些將資金轉往冰島的人，很快就會後悔。金錢遊戲的結局大同小異，就看誰是最後一隻老鼠。當 2008 年金融海嘯發生的時候，一切開始反轉。歐美各國自身陷入困境，不但沒有資金流入冰島，反而急抽銀根。冰島難以承受衝擊，宣布外匯管制凍結銀行資產。如果一般冰島人在借外債時，也買了外匯避險，有可能免除日後龐大債務負擔。但是有先見之明的人畢竟不多，冰島貨幣貶值超過 50%，代表借外債的債務人負擔加倍。

　　相同的情節也曾經發生在臺灣。1990 年代臺灣經濟起飛的成果吸引熱錢湧入，新臺幣由 40 比 1 美元，一路升到 25 比 1。流行歌還提到臺灣錢淹腳目，臺灣的中央銀行頓時手足無措，不知如何因應。中央銀行不願意一次升足來壓制市場的預期心理，造成新臺幣每天升值 5 分，慢慢減緩升值壓力，卻吸引許多廠商及投資人，大玩匯差遊戲，等於把中央銀行當作搖錢樹。此時的中央銀行有數千億美元的外匯存底，每 1 美元的匯兌損失以 10 元新臺幣計算，若不是有國家支撐，中央銀行早就宣告破產。

　　中國在開放市場後的第二十年，因為經濟急速成長，大量資金湧入，因此也面臨升值及通貨膨脹的壓力。不過，中國是有外匯管制的國家，資金進出中國都需要經過許可，所以中國對匯率有更多的監管。即便如此，許多外資還是透過匯差發大財。1994 年時人民幣 8.62 兌 1 美元，到 2013 年時變成 6.13 兌 1 美元，光匯差就大賺一筆。和冰島一樣的情況出現，外資大舉進入中國造成通貨膨脹，為了緩和通貨膨脹的壓力，中國人民銀行調高利率，以降低總合需求，結果是吸引更多外資匯入。中央銀行在此情況下能做的似乎不多。

當出口大幅增加、外匯快速累積的情況下，貨幣通常會面臨升值壓力。澳洲、加拿大、東歐各國，在經濟看好的時候都曾經發生貨幣大幅升值的情況。澳洲、加拿大是發生在 2006~2008 年原物料大漲的時候，東歐則是在東西德合併，西歐大筆資金湧入東歐之時。

一般而言，加幣的價值比美元還低。當加幣超越美元的時候，出現跨國交易的奇特現象。2006 年左右，因為原物料價格大漲，加拿大出口行情異常繁榮，導致加幣一再升值並超越美元。對加拿大人而言，日常生活所需價格大漲，同樣的一本書或商品，加幣的標價就是比美元高。在加幣價值比美元低時，不成問題。但現在加幣的價值比美元高，書籍、日常用品的標價卻沒有改變，於是引發加拿大人南下美國採購的風潮。想買書的人則是上網購買，可以選擇以美元計價，買書或其他日常用品反而便宜許多。類似的情況也在臺灣發生過，新臺幣升值之後，許多進口商品並沒有隨之降價，進口商大賺匯差的錢。導致部分臺灣民眾自己從美國進口車子，比臺灣經銷商的價格還便宜。就臺灣而言，國界是相當有效的市場區隔，進口商有恃無恐沒有感受到降價的壓力。

相形之下，美加兩國緊臨，兩國人民來往不需要簽證，加拿大南下消費進行匯差套利，其實有助於藉由貿易來平衡匯率走勢。相對而言，臺灣是一個海島國家，臺灣民眾要做這樣的匯差套利就難上加難。這也是為什麼進口商不動如山，不願意降價求售。能多賺一筆，有誰會想虧待自己的荷包。

問題 ❶

當新臺幣持續升值而進口商又不降價時，會發生什麼現象？

問題 ❷

小國家有某些產業或公司占 GDP 的比重很高。如何規避相應的風險？

歐洲單一貨幣：歐元所帶來的利與弊

歐元在 1999 年 1 月正式問世，歐元現鈔則在 2002 年正式啟用，引發眾人的遐想及期待。上市之初，其價值超過美元，但是不久之後，即跌破眾分析師的眼鏡，最低時只價值約 0.8 美元，其原因何在？另外，12 個國家採用同一種貨幣的優點為何？如果真的有這麼大的好處，吸引 12 個國家用歐元，為什麼英國拒絕採用呢？請看以下簡單分析。

採用歐元的國家包括：奧地利、比利時、芬蘭、法國、德國、希臘、愛爾蘭、義大利、盧森堡、荷蘭、葡萄牙、西班牙。西歐的面積比美國要小，但是卻有許多國家，各自用不同的貨幣，貿易往來十分不便。因為商人不但要面對商品價格變動的風險，也要接受匯率波動的挑戰。許多國家只是咫尺之隔，跨越國境之後，同樣的生意風險倍增。除此之外，使用另外一種貨幣，也有兌換的手續費。總之，從效率的角度看，歐洲國家選擇使用共同的貨幣，可以促進生產及交換的效率。因此，在歐元推出之後，許多人預測歐洲經濟將會大幅成長，歐元並有取代美元的地位。

不過採用了歐元之後，各國財經政策的自由度跟著下降。歐元的發行由歐洲中央銀行(European Central Bank, ECB)掌握。雖然各國仍有中央銀行，而且其總裁也都是 ECB 的成員，但是使用同一種貨幣之後，各國已把貨幣政策的決策權交給 ECB。歐洲各國的經濟情勢不見得相同，有的需要擴張的政策來刺激就業，有的則是景氣過熱，需要緊縮政策。因此，ECB 在決定政策走向的時候，很難同時滿足各國的需要。再者，各國的經濟狀況、法律、稅制不盡相同，確實需要不一樣的貨幣政策。更何況各國的產業結構也有極大的差異。接受同一種貨幣，貨幣政策就拱手讓人。緊盯他國貨幣的匯率變動，也會有同樣的效應，等於接收他國的貨幣政策。

採用歐元，除了失去貨幣政策的自主權之外，也失去了財政政策的自由。因為歐元有一項穩定條款，各國的財政赤字不可以超過 GDP 的 3%。義大利在 2005 年初時，就曾經揚言要退出歐元，想要恢復里拉，藉由擴張的貨幣政策振興經濟。歐元自採用以來，ECB 的政策偏向穩定，力求通貨膨脹率的穩定。但是適度的通貨膨脹，其實應有助於經濟成長。若干學者認為 ECB 的作風過於保守，如果 ECB 調降利率，應可刺激歐元區的經濟成長。雖然會有相應的通貨膨脹風險，應該還可以忍受。

　　歐洲的市場整合由於國境的侷限，並不十分完備。美國的面積比歐盟各國的總合大許多，但是都屬於同一國境之下，為同一國人民。雖然美國東部、中西部、西部、南部等各州的產業結構也不盡相同，但是各州人民可以跨州尋求機會。某些地區受到衝擊的人，可以向工作機會比較多的地方遷移。西歐要做如此的調整，難免會有一些困難。此外，歐洲各國應該更進一步，解除勞動市場及產品市場的若干管制。德、法兩國的失業率非常高，經濟表現不如理想，其來有自。勞動市場的改革非常困難，勞工不會輕易放棄既得利益。加上財政、貨幣政策皆拱手讓人，因此在 2005 年時，德、法兩國的執政黨都面臨支持率低落的問題。西歐採用單一貨幣歐元的利益似乎還沒呈現，其弊端卻早為各國詬病。21世紀出時，義大利因為遭遇空前的財政及經濟困境，還曾經揚言退出歐元區。歐洲地區的經濟表現長期落後美國，對 ECB 將是一項重大挑戰。

問題 ❶

　　歐洲地區採用同一貨幣的優點為何？

問題 ❷

　　歐洲地區採用歐元的缺點為何？

問題 ❸

　　歐元採用至今，其成效如何？

附　錄　　　　　　　　　　　　　　　　　　解　答

Chapter 01　導論

➡ 問題與討論

1-1. 1930 年全世界籠罩在經濟大蕭條之中，歷經數年之久，市場仍無法恢復繁榮景象，引起眾人對傳統經濟學的批判，而有新的經濟思潮興起。

1-2. 當時美國是世界的政治、經濟強國，領導民主集團對抗共產國家，更是世界各國的債權國，以各種援助協助歐洲復甦。日本此時也逐漸由戰爭廢墟中崛起。

1-3. 1970 年代眾人關注的課題是通貨膨脹，能源危機使許多國家的經濟停滯不前，並發生嚴重的失業問題，臺灣政府在此時推動十大建設，大幅增加公共建設，以解決困境。

1-4. 1980 年代仍然受到能源短缺的威脅，美蘇二國的武器競爭，造成美國的龐大預算赤字。雷根政府採用供給面的經濟政策，獨樹一格。另外，1980 年代初期，發生第三世界國家嚴重的債務危機。

1-5. 1990 年代是所謂知識經濟時代的開端。網路盛行創造無限商機，但是也引發眾人對網路的狂熱，造成泡沫幻滅，使 21 世紀的經濟，承受無比壓力。

1-6. 略。

1-7. 詳見本章 三 的討論。

1-8. 貿易赤字太大，表示國家在借債度日。長久持續下去，可能發生信用危機，致使投資不振，引發嚴重的經濟蕭條。

1-9. (i) $I = S$。(ii) $S + (T - G) = I$。(iii) $S + (T - G) = I + (X - M)$。

1-10. 根據式(1.7)，$S + (T - G) = I + (X - M)$　$5,500 + (T - G) = 6,000 - 800$
因此，$(T - G) = -300$ 代表公共部門的儲蓄為-300
因為貿易逆差變成 1,200 代表公共部門的儲蓄$(T - G)$ 要減少 400，變成-700

1-11. $Y = C + S + T$　　$10,000 = 6,000 + 1,500 + S$　　因此 $S = 2,500$
$S + (T - G) = 2,500 + 1,500 - 1,700 = 2,300 = I$

➡ 經濟現象探索-1

Q1 略。

Q2 略。

Q3 新臺幣升值，臺灣出口商的競爭力將下降，而臺灣又是以出口為導向的經濟，故新臺幣升值對股市有負面的影響。

➡ 經濟現象探索-2

Q1 晴天時應放空或賣出，雨天則應融資或買進。

Q2 初一時應放空或賣出，十五時融資或買進。

Q3 略。

➡ 歷史回顧-1

問題❶

此案之判決見仁見智，銀行可能有些許疏失。不過讀者可以想見，在那個兵荒馬亂的時代，若對方當時收到這筆錢，生活可能會有很大的轉變。同一筆錢在不同的情況下，有不同的邊際效用。當時可能發生龐大邊際效益的一筆錢，現在卻只值 2.25 元，實在叫人不敢想像。如果法官學過經濟學的話，或許會有不同的判決。

➡ 歷史回顧-2

問題❶

政治腐敗、人力充足、土地面積廣大、自然資源豐富、通貨膨脹嚴重。

問題❷

最重要因素是對教育的重視。其次，施行民主政治，讓政策比較能反映全民的利益。另外，要有能夠抵擋政治人物壓力的中央銀行，避免無止境的通貨膨脹危機。制度和合宜的政策是國家經濟發展的必要條件。

Chapter 02　國民所得會計帳

➡ 問題與討論

2-1. GDP 的計算是以地域為基準，GNP 則是以國籍為基準。

2-2. (i)附加價值法。(ii)所得法。(iii)支出法。

2-3. (i)工資、地租、利息、企業利潤。(ii)間接稅和折舊。

2-4. GDP 平減指數、Paasche 指數、Laspeyres 指數。另外，Adam Smith 主張可以用銀、穀物或勞動來衡量物價變化，薩孟武則主張以當時的生活水準來觀察。

2-5. 參照本章的相關討論。

2-6. 通貨膨脹代表錢的價值下降，每一單位貨幣所能買到的貨物減少。以金為本位，則貨幣價值和金的價格連動。一旦金價下跌的時候，貨幣的價值也會下跌，同樣會發生通貨膨脹的情形。回復金本位並沒有辦法根本解決通貨膨脹的問題。

2-7. （×）奇尼係數越高，則所得分配越不平均。

2-8. 折舊。

2-9. 以最終產品市場價值計算，GDP 為\$ 700 萬。若以所得法計算，則工資共有\$ 550 萬，利息支出零配件成本\$ 200 萬，故此一交易有\$ 50 萬的損失，故 GDP = \$ 450 萬 ＋\$ 200 萬 ＋\$ 100 萬 －\$ 50 萬 = \$ 700 萬。

2-10. 參閱本章的相關討論。

2-11. (i)存貨變動 = \$200 萬 － \$500 萬 = –\$300 萬。(ii)存貨變動 = \$120 萬 ＋ \$100 萬 = \$220 萬。

2-12. (i)　屬於 GNP 及 GDP。

(ii)　若演唱會在國內辦，則為 GDP 但不是 GNP。若演唱會在國外辦，則既不是 GDP 也不是 GNP。

(iii)　屬於 GDP 但不是 GNP。

(iv)　GDP 及 GNP。

(v)　證券交易不涉及生產，不是 GDP 也不是 GNP。但是佣金的部分則二者皆是。

(vi)　這是進口的財貨，屬於 GDP 及 GNP 中淨輸出的減項。

(vii)　移轉性支出不涉及生產，不是 GDP 也不是 GNP。

(viii)老婆為先生理髮沒有市場交易，不是 GDP 也不是 GNP。

(ix)　有市場交易，列入 GDP 及 GNP。

(x) 政府的補助為移轉性支出，不列入 GDP 或 GNP，醫療費用則二者都是。

(xi) $3 萬屬於 GDP 及 GNP。

(xii) 市場交易為 $5 萬，故列入 GDP 及 GNP。

(xiii) 偷竊為犯罪行為，不列入 GDP 或 GNP。

(xiv) 銷贓是犯罪行為，不列入 GDP 或 GNP。

2-13. $\pi_t = \dfrac{145.4 - 148.2}{148.2} = -0.0189 = -1.89\%$。

2-14. 成長率 $= \dfrac{10.5 - 10.2}{10.2} = 0.02941 = 2.941\%$。

2-15. 這個問題可以分成二個層面來看。股市交易只是所有權的移轉，對 GDP 的影響有限。股市大跌使投資人進場的意願下降，當年度的交易佣金會減少，GDP 隨之減少。從另一個角度看，在現代社會裡，許多人將積蓄投入股市，股市行情的高低，代表社會大眾財富及消費能力的多寡。所以，股市大跌會使社會大眾的財富減少，消費能力隨之下降，對 GDP 有負面的影響。

2-16. 3017 名目 GDP 30×15 + 25×12 = 750

3018 名目 GDP 25×18 + 22×10 = 670

3019 名目 GDP 40×20 + 30×16 = 1,280

3017~3018 名目 成長率 (670 − 750)/750 = −10.67%

3018~3019 名目 成長率 (1,280 − 670)/670 = 91.04%

3017 實質 GDP 30×15 + 25×12 = 750

3018 實質 GDP 30×18 + 25×10 = 790

3019 實質 GDP 30×20 + 25×16 = 1,000

3017~3018 實質成長率 (790 − 750)/750 = 5.33%

3018~3019 實質成長率 (1,000 − 790)/790 = 26.58%

3018 年的 GDP 平減指數 100 × 670/790 = 84.81

3019 年的 GDP 平減指數 100 × 1,280/1,000 = 128

➡ 經濟現象探索-1

Q1 經濟問題確實是中國歷代興衰的關鍵，蘇聯的瓦解也是如此。通貨膨脹幾乎都伴隨著衰敗的政權，給予致命的一擊。

Q2 除了本文所提到的中國、德國之外，1940 年代的臺灣，南北戰爭中的美國、紅俄革命之後的俄國等，都是著名的例子。其他古代的歐洲各國，也有嚴重的通貨膨脹發生，不勝枚舉。

➡ 經濟現象探索-2

Q1 裝卸貨安全、省時、省事，還可以利用 RFID 追蹤貨物動向。

➡ 歷史回顧-1

問題 ①

英國的煤礦業經營效率有限，加上石油、天然氣運輸便利、價格便宜又更環保，不只英國的煤礦業面臨生存危機，美國、印度的煤礦業者一樣得接受嚴酷的挑戰。投資更新設備恐怕也難以改變命運。對英國的煤礦工人而言，他們的命運似乎已經被市場決定了。

問題 ②

每個時代都有必須面對的難題，煤礦工人及公司的困境必須顧慮，但是煤礦對英國而言已是夕陽產業，投入再多的資金也無法挽回競爭劣勢，不如將之關閉，讓寶貴的資源投入英國具有優勢的產業。

問題 ③

如果英國政府對進口煤炭課徵關稅，英國國內能源的價格必定上漲，大大影響全民生活及所有產業。此舉不但無法挽回煤礦業的命運，可能來會引起全民公憤及經濟衰退。

➡ 歷史回顧-2

問題 ①

英國的鋼鐵業經營效率有限，加上新興國家的競爭，設備更新、經營更有效率，花大筆錢投資更新設備，未必能夠趕上新鋼廠的水準。對英國的鋼鐵業工人而言，他們的命運似乎已經被市場決定了。

問題 ②

如果英國政府對鋼鐵課徵關稅，英國國內鋼鐵的價格必定上漲，反而會重創以鋼鐵為原料的產業，對英國而言是弊大於利。美國川普總統的鋼鋁關稅政策，弄巧成拙重創美國的工業前景，是另一個例子。

Chapter 03　凱因斯基本模型

➡ 問題與討論

3-1. 支出乘數變小。

3-2. (i)　依均衡條件　$Y = 80 + 0.8 (Y - 80) + 100 + 100$

$Y = 0.8 Y + 280 - 64$

$\Rightarrow 0.2 Y = 216 \quad \Rightarrow Y = 1,080$

(ii)　預算赤字 $= 100 - 80 = 20$

(iii)　支出乘數 $= 1/0.2 = 5$

(iv)　此為定額稅之模型，故賦稅乘數 $= -0.8/0.2 = -4$

3-3. (i)總支出超過充分就業水準之下的支出的部分。(ii)總支出少於充分就業水準之下的支出的部分。

3-4. $MPC = dC/dY^d$，$MPS = dS/dY^d$，$MPC + MPS = 1$。

3-5. （×）只有在定額稅的情況下，平衡預算乘數才等於 1。

3-6. 請參照本章 **五** 之說明。

3-7. 價格僵固性及需求有多少供給就有多少。

3-8. 無窮大。

3-9. 對個人而言，節儉似乎是累積財富的妙方，但是如果每個人都儲蓄的話，其結果是消費量大減，市場交易量萎縮，每個人的所得反而因此下降。

3-10. 在不同的儲蓄水準之下，金融市場的利率水準會有不同的均衡，投資會因而改變。在凱因斯基本模型中，投資水準是固定不變的，與事實有差距。儲蓄和投資的關係，在凱因斯模型中無法充分呈現。儲蓄有助於資本累積並促進投資。換言之，儲蓄事實上可以增加投資及 GDP。

3-11. 最重要的理由是李嘉圖對等原理所說的，政府現在增加預算支出，以後必然會減少。另一方面，若刺激政策可以增加所得，但是因為累進稅的關係，可以增加的消費會因而減少。再者，增加的消費未必都用在本國產品。若買進口貨或出國觀光，對國內的所得增加，助益有限。政府的執行效率不高，也是重要原因之一。此外，凱因斯模型沒有考慮利率及物價的影響，使乘數效果比預期的高，而李嘉圖對等原理明顯指出，政府現在增加支出，人民未來的消費會減少，或者稅收必須增加，都會影響乘數效果。

3-12. 根據式(3.18)

$$Y = \frac{C_0 + I + G}{1 - MPC(1-t)}$$

$$T = t \times Y$$

$$\frac{dY}{dt} = \frac{-(C_0 + I + G) \times MPC}{[1 - MPC(1-t)]^2}$$

$$\frac{dY}{dT} = \frac{dY}{dt} \times \frac{dt}{dT} = \frac{-(C_0 + I + G) \times MPC}{[1 - MPC(1-t)]^2} \times \frac{1}{Y}$$

$$= -Y \times \frac{MPC}{1 - MPC(1-t)} \times \frac{1}{Y}$$

$$= -\frac{MPC}{1 - MPC(1-t)}$$

故得證。

3-13. 直接退稅比較有效率，節省作業成本。不過，退稅等同給現金，有可能被拿去儲蓄，刺激經濟的效果可能因此打折。2020 年的振興券，則比較能夠刺激經濟，因為要花 1,000 元才能拿到 3,000 元，申請到的人一定會把它花掉，撈回花掉的成本。至於發現金，因為可能被拿來儲蓄、買股票、甚至匯到國外，刺激經濟的效果可能打折。2008 年的消費券，發放的行政成本最高，浪費人力、物力。

➡ 經濟現象探索

Q1 疾病的傳染、謠言的散播、對明星或玩偶的瘋狂等。其次，電子商務的推展、使用或登錄網站的人數、網路商店、拍賣網站、搜尋網站等，對營業的發展也有相同的效應。

Q2 高所得的人，大概會傾向買奢侈品。一般而言，對刺激經濟成長的貢獻，可能不如低所得的消費者。

➡ **歷史回顧**

問題 ❶

　　現在流行的快速回應碼(QR Code)，讓手機可以快速連結資訊，增進取得資訊的效率。有部分博物館的展覽資訊，透過 QR Code 就可以閱覽，不需要另外租用設備。此外，RFID 增加物流業者對貨物運輸的掌控，讓生活更有效率。LED 燈的發明，除了照明之外，也能夠透過光波傳遞訊息，訊息傳遞效率因此加倍。

Chapter 04　總合供給／總合需求(AS/AD)模型

➡ **問題與討論**

4-1. 請見本章 ╚ 。

4-2. 請見本章 ╚ 。

4-3. 總合供給下降，則 AS 曲線向左移。總合需求上升，AD 向右移，此時 P 上升，但是 Y 的變化不確定。

4-4. 因為生產已到產能極限，故實質國民所得不會改變，但是物價水準會上升，引發通貨膨脹。

4-5. 價格變動會造成 AE 整條線的移動，但是只會在 AD 線上移動。因為價格對 AE 而言是外生變數，對 AD 則是內生變數。

4-6. 價格水準不變，但是生產上升。

4-7. 價格水準上升，生產也上升。

4-8. 請參照本章的說明。

4-9. 請參照本章的說明。

4-10. 投資、消費或政府支出下降，任何使總支出下降的因素，都會使 AD 曲線向左移。

➡ **經濟現象探索**

Q1 提升生產力才有可能讓經濟好轉，光靠加薪是辦不到的。

➡ 歷史回顧-1

問題 ❶

　　臺灣各地有不少蚊子館，若能找到更有利的使用途徑，GDP 當可增加不少，就業機會也會隨之大增。

問題 ❷

　　少子化之後，有很多荒廢的校舍，可以改建為長照機構，或者恢復為綠地或耕地，都值得嘗試。

➡ 歷史回顧-2

問題 ❶

　　美國的越戰引發嬉皮風潮；美國的南北戰爭解放黑奴；中日甲午戰爭及八國聯軍，列強更進一步瓜分中國的經濟。為了拯救民族生機，孫逸仙領導的革命軍因而日益茁壯，終至徹底摧毀清朝的最後命脈。

問題 ❷

　　參照本節討論，不均衡的經濟、社會、政治發展，會造成社會動盪及政治紛擾。

➡ 綜合測驗解答

1. b　　2. c　　3. a　　4. c　　5. b　　6. b　　7. d　　8. e　　9. c　　10. b

11. d　12. b　13. c　14. d　15. b　16. e　17. e　18. a　19. d　20. a

21. d　22. c　23. a　24. e

➡ 解析

3.

而奇尼係數 ＝ A／(A+B)，故當所得分配越不均等時，圖中曲線就會越接近橫軸，A 區塊越大，奇尼係數就會越接近 1。

4. 凱因斯基本模型為 Y＝C＋I＋G，由題意得知 C＝50＋0.5 (Y－T)；I＝60，G＝100；T＝0.4Y，則代入模型中：

Y＝50＋0.5 (Y－T)＋60＋100

Y＝50＋0.5 (Y－0.4Y)＋60＋100

Y＝210＋0.5Y－0.2Y

Y＝210＋0.3Y

0.7Y＝210

Y＝300

5. 第 4 題經濟體系的實際支出水準 Y＝300，而 Y_f＝500，Y_f＞Y，故此經濟體系具有緊縮缺口。

6. 因為政府支出乘數 ＝ $\dfrac{1}{1-MPC(1-t)}$ ＝ $\dfrac{1}{1-0.5(1-0.4)}$ ＝ 10/7，故當政府支出多 100 時，所得會增加 100 × (10/7) ＝ 1,000/7。

7. 因為此凱因斯基本模型的稅賦為比例稅，則此稅賦乘數為 $\dfrac{-MPC}{1-MPC(1-t)}$ ＝ $\dfrac{-0.5}{1-0.5(1-0.4)}$ ＝ $\dfrac{-0.5}{0.7}$ ＝－5/7。

9. 李嘉圖對等原理是在說明當政府現在增加支出或減稅，代表著未來所得與消費的減少。

10. 凱因斯基本模型為 Y＝C＋I＋G，由題意得知 C＝80＋0.2 (Y－T)；I＝90，G＝150；T＝40，則代入模型中：

Y＝80＋0.2 (Y－40)＋90＋150

Y＝320＋0.2Y－8

Y＝312＋0.2Y

0.8Y＝312

Y＝390

11. 因為此凱因斯基本模型的稅賦為定額稅，則此稅賦乘數 ＝ $\dfrac{-MPC}{1-MPC}$ ＝ $\dfrac{-0.2}{1-0.2}$ ＝－0.25，故當政府增加稅收至 100 時，所得會減少(100－40) × －0.25 ＝－15。

12. 此凱因斯基本模型的政府支出乘數 $= \dfrac{1}{1-\text{MPC}} = \dfrac{1}{1-0.2} = 1.25$。

13. 此案例是以最終市場價值法來計算對該年 GNP 的貢獻，故其中過程無須計算，只須計算最後一個交易所產生的價值即可，也就是 150,000 元。

14. 若以附加價值法來計算，則計算每個交易所增加的價值
$30,000 + (100,000 - 30,000) + (150,000 - 100,000)$
$= 30,000 + 70,000 + 50,000 = 150,000$ 元

15. 由於此石雕屬於古董，無論其價值如何，皆不計入該年的 GNP，故對該年 GNP 的貢獻為 0 元。

17. $0 < \text{MPC} < 1$。

18. 凱因斯基本模型的平衡預算乘數為政府支出乘數加上稅賦乘數，當稅賦為定額稅時，則平衡預算乘數 $= \dfrac{1}{1-\text{MPC}} + \dfrac{-\text{MPC}}{1-\text{MPC}} = \dfrac{1-\text{MPC}}{1-\text{MPC}} = 1$。

21. 凱因斯相信解決經濟問題的重點在於創造需求，需求有多少，供給就有多少，於是需求不足是造成失業的主要因素。

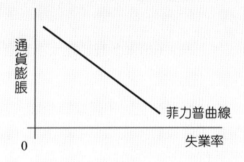

22. (a)當總合需求超過了整個經濟體系的生產極限，增加需求，對供給不會造成任何影響，只會造成價格水準不斷地上升，此時，總合供給線為垂直狀態 (b)需求增加，產量增加，相對的，價格水準也會隨之上升，此時，總合供給線為正斜率 　(d)、(e)凱因斯所提出的總合供給線分為三種狀態，水平、正斜率與垂直。

23. (b)投資增加會造成總合需求線右移 　(c)技術退步會造成總合供給線左移 　(d)稅賦減少會造成總合需求線右移 　(e)技術進步會造成總合供給線右移。

24. (a)技術進步會造成總合供給線右移 　(b)物價上升只是總合需求線上點的移動 (c)原料價格上漲會使得總合供給線左移 　(d)技術進步會造成總合供給線右移。

Chapter 05　通貨膨脹、失業、景氣循環

➡ 問題與討論

5-1. 每一塊錢用來從事交易的次數。

5-2. MV = PQ，並請參照本章之相關說明。

5-3. 投資及消費的變動、戰爭、政治循環、貨幣供給。

5-4. 痛苦指數等於失業率加上通貨膨脹率，但是此一指數忽略通貨緊縮可能帶來的痛苦。

5-5. 有能力立即工作，但是目前沒有工作並積極在找工作。

5-6. 失業率 $= \dfrac{\text{失業人口}}{\text{勞動力}} \times 100\%$ ；勞動參與率 $= \dfrac{\text{勞動力}}{\text{適齡工作人口}} \times 100\%$ 。

5-7. 摩擦性失業、結構性失業、循環性失業。

5-8. 短期菲力普曲線為負斜率曲線，長期菲力普曲線則為垂直線。

5-9. （×）自然失業率代表經濟體系的失業，仍有摩擦性失業及循環性失業。失業率不是 0。

5-10. (i)需求太高。(ii)成本上升。(iii)太多錢追逐太少財貨。

5-11. 請參照本章說明。

5-12. （×）景氣的好壞和物價未必是正相關或負相關。完全看造成景氣狀況的原因，若景氣好是需求促成的，則物價水準上升，反之，若是供給增加造成的，則物價水準下跌。

5-13. （×）景氣不好若是需求太少造成的，則物價水準下跌。反之，若景氣不好是供給減少造成的，則物價水準上升。

5-14. 資本與產出之間成固定比率，資本可以無限供應，負投資的可能存在。

➡ 經濟現象探索-1

Q1 依據交易公式，通貨膨脹率應為 10%。不過，實際的通貨膨脹率應會超過 10%。

Q2 交易公式只能作為通貨膨脹率預估的參考，實際情況為何，仍然要參考經濟體系的其他變數，以及民眾的預期心理。

➡ 經濟現象探索-2

Q1 新的痛苦指數比舊的多了預算及經常帳,並減去 GDP 的成長率。

Q2 通貨緊縮不論在新的或舊的痛苦指數中,都是減項,代表痛苦的減少。這是新舊痛苦指數共同的缺點,沒有辦法反應通貨緊縮所帶來的痛苦。

➡ 經濟現象探索-3

Q1 債券。

Q2 在景氣到達谷底之前。

Q3 景氣復甦的時候,景氣漸漸好轉,股票投資可以帶來更高的獲利。但是,若有景氣過熱的憂慮時,政府可能採取緊縮的政策,此時應出脫債券,以免在調升利率的時候造成損失。

➡ 歷史回顧-1

問題 ❶

通貨膨脹稅。

問題 ❷

通貨膨脹稅會讓每一塊錢的負擔變輕,政府的負擔就會減輕。

➡ 歷史回顧-2

問題 ❶

21 世紀的辛巴威和委內瑞拉、清朝末年的中國、新臺幣換舊臺幣、第一次世界大戰後的德國、第二次世界大戰後的中國。

Chapter 06　貨幣市場

➡ 問題與討論

6-1. 資產的變現能力,越容易轉換成現金的資產,其流動性越高。

6-2. 價值儲存、計價單位、交易媒介、延遲支付。

6-3. M_{1A} = 通貨 + 活期存款;$M_{1B} = M_{1A}$+ 活期儲蓄存款。

6-4. 交易需求、預防需求、投機需求。

6-5. 貨幣乘數 $= \dfrac{1}{\text{法定準備率}}$ 。

6-6. （O）若法定準備率為 100%，則銀行無法借出任何貨幣，失去創造貨幣的功能。

6-7. （O）

6-8. 貨幣沒有辦法影響實質變數，只會影響物價水準。

6-9. 所得增加使貨幣需求增加，利率將因此上升。

6-10. 物價水準下降，相當於實質貨幣供給增加，利率將因此下跌。

6-11. 參照本章 五 的說明。

6-12. 當貨幣需求對利率的彈性為無窮大時，經濟體系即處於流動性陷阱。此時貨幣需求線有一段為水平線，眾人預期利率不會再下降，故 M^S 增加，利率不會改變。

6-13. (i)維持經濟體系的穩定；(ii)促進經濟成長；(iii)監督銀行體系的運作。

6-14. (i)調升重貼現率；(ii)調高法定準備率；(iii)進場賣債券。

6-15. 對此一議題有興趣的讀者，可以參考 Milton Friedman 的相關著作。

6-16. $\dfrac{1}{\text{法定準備率}} = \dfrac{1}{\dfrac{RR}{D} + \dfrac{ER}{D}}$ 。

二個貨幣乘數相減

$$\Rightarrow \frac{1}{\dfrac{RR}{D}+\dfrac{ER}{D}} - \frac{1+\dfrac{C}{D}}{\dfrac{C}{D}+\dfrac{RR}{D}+\dfrac{ER}{D}}$$

$$= \frac{\dfrac{C}{D}+\dfrac{RR}{D}+\dfrac{ER}{D}-\dfrac{RR}{D}-\dfrac{ER}{D}-\dfrac{C}{D}\cdot\dfrac{RR}{D}-\dfrac{C}{D}\cdot\dfrac{ER}{D}}{(\dfrac{RR}{D}+\dfrac{ER}{D})\cdot(\dfrac{C}{D}+\dfrac{RR}{D}+\dfrac{ER}{D})}$$

$$= \frac{\dfrac{C}{D}(1-\dfrac{RR}{D}-\dfrac{ER}{D})}{(\dfrac{RR}{D}+\dfrac{ER}{D})\cdot(\dfrac{C}{D}+\dfrac{RR}{D}+\dfrac{ER}{D})} = \frac{\dfrac{C}{D}(1-\text{法定準備率}-\text{超額準備率})}{(\dfrac{RR}{D}+\dfrac{ER}{D})\cdot(\dfrac{C}{D}+\dfrac{RR}{D}+\dfrac{ER}{D})} > 0$$

故得證。

比較簡單的證明方法是，因為二個都是假分數，假分數在分子、分母同加一數之後，其值變小。

6-17. 現代的支付工具很多，似乎都可以滿足部分貨幣的功能，但是並不是每個人或商店都願意接受。信用卡其實是賒帳用的，最後必須以現金清償，所以不能算是貨幣。此外，有不少商店不接受特定信用卡，例如：美國運通卡(America Express)。禮券、戲院或演唱會門票等則有時效限制，不是永遠有效。手機通話時間、香菸，健身房會員、游泳券、高爾夫球俱樂部會員、好市多會員等的價值，只適用於有需要的人。消費券或振興券等，也是有其限制，時間一到完全沒有價值。火車票、高鐵票、機票等，也是限制特定班次，價值有限。機票是採實名制登機，因為無法轉讓而沒有交換價值。

6-18. 當配給品即將到達時，戰俘營會發生通貨膨脹，因為香菸的供給即將增加，如同貨幣供給增加，因此發生通貨膨脹。如果有一段時間配給品還沒有到，戰俘營就會發生通貨緊縮。因為香菸是一般的消費品，隨著時間消逝，香菸的消耗量增加，等於是貨幣供給減少增加，因此發生通貨緊縮。

6-19. 黃金價格上漲，對使用金本位的國家，會發生物輕錢重的現象，也就是通貨緊縮。因為同一單位的黃金可以買到更多東西，經濟可能因此變得蕭條。相較之下，使用銀本位的國家會發生通貨膨脹。因為同一單位的白銀能購買到的東西變少了，經濟可能因此變得比較熱絡。

6-20. 由於香菸配給即將抵達，代表貨幣（香菸）供給即將增加，等同於實施刺激的貨幣政策，並因此而發生通貨膨脹。換言之，物價因為這個消息而立刻上漲。然而在證實這是假消息之後，代表貨幣（香菸）供給增加不可能實現，等同於戰俘營仍須忍受通貨緊縮的困境，而且因為香菸（貨幣）一直在被消費而減少。所以，在聽到配給即將抵達時，香菸變便宜了、蜜糖變貴了，蜜糖可以換到更多香菸。相反的，確認消息為假之後，通貨緊縮的結果，香菸（貨幣）變得更有價值，能夠換到的蜜糖變多了，也就是所謂的物輕錢重。

6-21. 貨幣的四大功能：交易媒介、計價單位、儲存價值及延遲支付，比特幣沒有一樣做得到。很難說比特幣是貨幣。

6-22. 穀物和鱈魚乾都是吃的東西，會因為人或動物的食用而損耗，會造成貨幣供給減少。另外，穀物和鱈魚乾的保存不易，會因為腐敗而損毀。因此，雖然曾經有人將穀物和鱈魚乾當作貨幣使用，此一現象並不普遍，也不持久。Grierson 以此為根據，論證貨幣的價值儲存功能不重要，證據略嫌不足。

6-23. 鑽石的價值太高,用來買日常用品或小東西不方便。更大的問題是辨識不容易。沒有專業能力,一般人很難分辨真假鑽石。Grierson 因此認為鑽石有很高的價值儲存,但是沒有拿來當作貨幣,論證貨幣的價值儲存功能不重要。Grierson 的說法可能太過簡化,因為有能力辨識鑽石的人應該很有限,而且可能價值也太過昂貴,不適合拿來作一般交易。

➡ 經濟現象探索-1

Q1 純粹是信任問題。但是,為何會有此一信任,實在難以解答。

➡ 經濟現象探索-2

Q1 這是所有臺灣人都要認真思考的議題。

➡ 經濟現象探索-3

Q1 面值(principal)、到期日(maturity)、付息(interest)。

➡ 經濟現象探索-4

Q1 CD 是 certificate of deposit 定存,IRA 則是 individual retirement account 個人退休帳戶。

➡ 經濟現象探索-5

Q1 錢的價值是,相信它有價值,它才有價值。

Q2 信任是唯一解釋。但是,此一信任如何得之,實在難以理解。

➡ 歷史回顧-1

問題 ①

GDP 減少之外,還可能發生通貨緊縮。

問題 ②

根據交易公式 MV = PQ,M 減少會造成物價下跌。印度回收舊鈔的過程中確實發生物價下跌的現象。

歷史回顧-2

問題❶

　　家裡有些地方會藏錢，例如：牛奶罐、床底下、枕頭下、衣櫃裡等都有可能挖出不少錢。據悉，王永慶曾經買大量黃金放在家中。

歷史回顧-3

問題❶

　　國力強大、經濟活力旺盛、貨幣發行量大、溫和的通貨膨脹、自由的市場等。

Chapter 07　IS/LM 模型

➡ 問題與討論

7-1. (i)以貨物市場均衡求 IS 曲線

$Y = C + I + G + X - M$

$Y = 140 + 0.8 (Y - 200) + 200 - 500r + 120 + 100 - 150 + 0.1Y$

$Y = 0.9 Y - 500r + 250$

$0.1 Y + 500r = 250$

若 $r = 0.25$，則 $0.1Y = 125$，故 $Y = 1250$

(ii)　由貨幣市場的均衡推導 LM 曲線

　　　$100 = 50 + 0.3Y - 500r$

　　　LM 為　　$0.3Y - 500r = 50$

　　　配合 IS　$0.1Y + 500r = 250$

　　　$Y = 750$　　$r = 0.35$

(iii)　若 X 增加 30，則新的 IS/LM 如下

　　　$0.1Y + 500r = 280$

　　　$0.3Y - 500r = 50$

　　　$Y = 825$　　$r = 0.395$

　　　$\Delta I = -500 (0.395 - 0.35) = -22.5$

(iv) IS: $0.1Y + 500r = 250$

LM: $\dfrac{100}{P} = 50 + 0.3Y - 500r$

將 LM 代入 IS，以 P 來取代 r 即可得到 AD

$0.1Y + 50 + 0.3Y - \dfrac{100}{P} = 250$

$0.4Y - \dfrac{100}{P} = 200$

7-2. 參照本章說明。

7-3. 參照本章說明。

7-4. IS/LM 模型考慮了利率，凱因斯基本模型則否。因此，IS/LM 模型之下的乘數效果，比凱因斯基本模型之下的要來得小。

7-5. 向左、向下，也就是向西南方。

7-6. 投資 > 儲蓄。

7-7. 貨幣需求 > 貨幣供給。

7-8. IS 曲線受到影響，向右移。

7-9. LM 曲線受到影響，向左移。

7-10. (×) 景氣不好的原因，可能是貨幣供給不足，則此時 LM 曲線向左移，利率會高漲。如果是需求不足，則 IS 曲線左移，利率水準會低。

7-11. (i) 先求 IS 曲線 $\Rightarrow Y = C + I = 850 + 0.75Y + 950 - 50r$

$\Rightarrow 0.25Y + 50r = 1,800$

LM 曲線則為 $600 = 150 - 50r + 0.2Y$

$\Rightarrow 0.2Y - 50r = 450$

$0.45Y = 2,250 \Rightarrow Y^* = 5,000$ 　　　　　　　　　　　$r^* = 11$

(ii) 自發性投資減少之後，新的 IS 曲線為 $0.25Y + 50r = 1,350$，LM 曲線不變，故 $Y^* = 4,000$，$r^* = 7$。

(iii) 均衡所得為 5,000，IS 曲線為 $0.25Y + 50r = 1,350$，LM 曲線則為

$0.2Y - 50r = X{-}150$。

0.45Y = X + 1,200 ⇒ 0.45×5,000 = X + 1,200 ⇒ 2,250 = X + 1,200 ⇒ X = 1,050

故貨幣供給要增加 1,050 – 600 = 450，才能使均衡所得回到原來的水準。

7-12.（×）物價水準在 IS/LM 模型中，是一個外生變數。

7-13. 主要原因是，凱因斯模型沒有考慮物價水準及利率。在 IS/LM 模型中，支出增加雖然會使所得增加，但是也可能造成利率上升而引發排擠效果，使乘數效果變小。另外，凱因斯模型沒有考慮物價水準。支出增加雖然會使所得增加，但是也可能造成物價上漲，使乘數效果變小。消費者可能購買進口貨，對本國的 GDP 幫助不大。李嘉圖對等原理明確指出，現在增加支出，以後的稅賦會上升，所以乘數效果沒有預期的大。

➡ 經濟現象探索-1

Q1 略請複習第四章。利用 P 為外生變數及不同價格水準對 AE 的影響，找出兩個 Y 和 P 的組合，兩個點就可以決定 AD 曲線。

➡ 經濟現象探索-2

Q1 略。

Q2 銀鞋影射農民對銀價的憧憬，認為銀可以巧妙解決當時的經濟問題。

➡ 歷史回顧

問題 ❶

美國的買銀政策刺激銀價上漲，會引發使用銀本位國家的通貨緊縮危機，並造成經濟衰退。

問題 ❷

好處是羅斯福總統得以收買產銀州國會議員的支持，俾能推行新政。缺點是美國人民必須犧牲龐大經濟利益，結果還造成東亞政治局勢惡化，導致中國共產黨興起，並引發亞洲赤化危機。事後看來是得不償失。

Chapter 08　財政政策與貨幣政策

➡ 問題與討論

8-1. 中央銀行藉由借貸成本及貨幣數量的改變，以影響貨幣市場的一切政策，其主要工具為重貼現率、法定準備率、及公開市場操作。

8-2. 政府藉由支出及賦稅影響經濟體系之措施，其主要工具則為支出及賦稅。

8-3. 認知落差、決策落差、執行落差、成效落差。

8-4. 加稅、減少政府支出。

8-5. 減稅、增加政府支出。

8-6. 增加借貸成本及任何減少貨幣供給的措施。

8-7. 減少借貸成本及任何增加貨幣供給的措施。

8-8. 通貨膨脹是東西變貴了，通貨緊縮則是東西變便宜了。從表面上看，前者對消費者不利，等於是所得減少；後者對廠商不利，等於是獲利減少。通貨膨脹之下，消費者會搶著買東西，經濟至少不缺動能。通貨緊縮的話，消費者期待物價下跌，會觀望而減少消費，廠商因此而損失商機也沒有意願投資。因此，通貨緊縮對經濟的衝擊，遠遠超過通貨膨脹。

➡ 經濟現象探索-1

Q1 大家都知道，貨幣供給增加以後，錢的價值會減少。如果眾人已經猜測到貨幣供給會增加。所有人都會預先消費或投資，以避免貨幣貶值的損失，使價格水準受到壓力，到最後只看到物價上漲，實質生產沒有改變。在此情況下，如果中央銀行還想以增加貨幣供給來刺激經濟，必然失效。

➡ 經濟現象探索-2

Q1 美國政府的預算，都要經過參議院及眾議院審查通過。其中政治因素糾纏不清。獨立的財政政策很難維持。

Q2 臺灣的政治比起美國的，黨派因素更為強烈，追求獨立的財政政策是緣木求魚。

➡ 經濟現象探索-3

Q1 減少支出最佳。若選增稅,則可能引起額外的負面效果,影響工作及投資意願。

Q2 實證研究並未發現完全的排擠效果。

Q3 在景氣好的時候,投資機會多,縱使政府增加支出,可能影響民間的投資及支出,相對有限。實際看到的民間支出,仍有可能增加,所排擠的民間投資支出難以顯現。相反的,在景氣不好時,民間的支出本來就會減少。因此,若政府支出增加,其所引發之民間投資減少的額度,也難以顯現。主因在景氣循環的干擾。

Q4 政府短期支出增加,可能帶來長期的負面效果,排擠民間支出更大。

Q5 以減少支出的方式來減少赤字,但是沒有因加稅而引發額外的扭曲工作誘因的效果。

➡ 歷史回顧-1

問題 ➊

　　略。

問題 ➋

　　1929 年美國股市的規範不足,所得分配不均,加上國際金融市場失衡,新的商業機會及分期付款的盛行等。

問題 ➌

　　1934 年。

➡ 歷史回顧-2

問題 ➊

　　二國經濟狀況不同,適用於美國的,未必適用於臺灣。

問題 ➋

　　臺灣和其他國家的經濟狀況未必相同。在決定是否仿效之前,應該審慎評估所面對的經濟問題或狀況是否相同。

問題 ③

　　如本文所指出的，臺灣若採取 QE 政策，會造成股市、房地產市場過熱，也會有通貨膨脹危機。

➡ 綜合測驗解答

1. e　　2. e　　3. b　　4. d　　5. a　　6. b　　7. a　　8. c　　9. c　　10. b

11. a　　12. c　　13. a　　14. d　　15. e　　16. d　　17. a　　18. a　　19. b　　20. e

21. b　　22. c

➡ 解析

1. (e)凡是國民所得注入項(G、I、X)外生的增加或流出項(S、T、M)外生的減少，均會使 IS 曲線右移，反之則左移。

2. (e)實質貨幣供給的增加，會使 LM 曲線右移；實質貨幣需求的增加，會使 LM 曲線左移。

3. (b)所謂的投機動機，就是想利用所持有的貨幣從事投資行為以獲得報酬。

4. (d)當 A、B、C 三點在同一利率水準之上時，在 A 點，貨幣需求 < 貨幣供給，則利率會下降，趨向均衡的方向是向下；在 B 點，為貨幣需求＝貨幣供給的均衡狀態；在 C 點，貨幣需求 > 貨幣供給，則利率會上升，趨向均衡的方向是向上。

5. (a)就財政政策與貨幣政策作比較，財政政策的執行落差最大，因為不論是減稅或是增加支出，都必須要經過國會同意，這是一道相當繁雜且耗時的程序。

6. (b)就貨幣市場均衡求 LM 曲線：$M^D = 310 - 10r + 0.5Y$，$M^S/P = 500$，均衡時，$M^D = M^S/P$，則 $310 - 10r + 0.5Y = 500 \Rightarrow 0.5Y - 10r = 190$ 為 LM 曲線的方程式。

7. (a)再就財貨市場均衡求 IS 曲線：$C = 92 + 0.8\ Y^d$，$T = 0.2Y$，$I = 18 - 40r$，$G = 50$，出口 $= 50$，進口 $= 10 + 0.14Y$，均衡時，$Y = C + I + G + X$（出口）－ M（進口）$\Rightarrow Y = 92 + 0.8\ (Y - 0.2Y) + 18 - 40r + 50 + 50 - (10 + 0.14Y) \Rightarrow Y = 200 + 0.5Y - 40r \Rightarrow 0.5Y + 40r = 200$ 為 IS 曲線的方程式，然後配合 LM 曲線

IS: $0.5Y + 40r = 200$

LM: $0.5Y - 10r = 190$

$\Rightarrow Y = 384$；$r = 0.2$

8. (c)若稅收 T = 0.2Y 變成 T = 0.4Y，則 Y = 92 + 0.8 (Y − 0.4Y) + 18 − 40r + 50 + 50 − (10 + 0.14Y) ⇒Y = 200 + 0.34Y − 40r ⇒ 0.66Y + 40r = 200 為新的 IS 曲線方程式。

9. (c)當 A、B、C 三點在同一所得水準之上時，在 A 點，投資水準因利率較高而減少，投資 < 儲蓄，則趨向均衡的方向是向下；在 B 點，為投資＝儲蓄均衡狀態；在 C 點，投資水準因利率較低而增加，投資 > 儲蓄，則趨向均衡的方向是向上。

10. (b)所謂投資陷阱，表示 IS 曲線呈垂直狀態，此時貨幣政策無法改變所得而只能改變利率，但財政政策可以改變所得和利率。

11. (a)LM 曲線越平坦，財政政策越有效，貨幣政策不一定有效；IS 曲線越平坦，貨幣政政策越有效，財政政策不一定有效。

12. (c)在假設民眾不保有任何現金在身上，一有錢便立即存入他的銀行存款戶頭中，且所有銀行均不保有超額準備，僅按照中央銀行所規定的法定準備率來提列準備金。題目中的貨幣乘數為 1／法定準備率 = 1/0.2 = 5，則在銀行體系創造貨幣的過程可無限延伸的情況之下，貨幣供給將會增加至 3,000 × 5 = \$15,000。

13. (a)所謂的排擠效果，即指政府支出會造成民間投資減少的情形。

14. (d)所謂流動性陷阱，即指 LM 曲線呈現水平狀態，此時貨幣政策無法改變所得或利率，但財政政策可以改變所得。

16. (d)圖中的 A 點位於 LM 曲線的左方，表示貨幣市場有超額供給；位於 IS 曲線的右方，表示財貨市場有超額供給，故為 24。

17. (b)當物價水準上升時，用於交易的貨幣數量增加，貨幣需求也會增加，故貨幣需求與物價為正相關　(c)貨幣需求與所得為正相關，與利率為負相關。(d)利率越高時，持有貨幣的成本就越高，持有貨幣可能會有損失，則會減少貨幣需求，故貨幣需求與利率為負相關。

18. (a)就財貨市場均衡求 IS 曲線：$C = 100 + 0.8 Y^d$，$T = 200$，$I = 240 − 500r$，$G = 150$，出口 = 70，進口 = 150 − 0.1Y，均衡時，Y = C + I + G + X（出口）− M（進口）　⇒Y = 100 + 0.8 (Y − 200) + 240 − 500r + 150 + 70 − (150 − 0.1Y) ⇒0.1Y + 500r = 250 為 IS 曲線方程式。

19. (b)就貨幣市場均衡求 LM 曲線：$M^D = 50 - 500r + 0.3Y$，$M^S/P = 100$，均衡時，$M^D = M^S/P$，則 $50 - 500r + 0.3Y = 100 \Rightarrow 0.3Y - 500r = 50$ 為 LM 曲線方程式，然後配合 IS 曲線

IS: $0.1Y + 500r = 250$

LM: $0.3Y - 500r = 50$

$\Rightarrow Y = 750$；$r = 0.35$

20. (e)若 M^S/P 增加至 300，均衡時，$M^D = M^S/P$，

$\Rightarrow 50 - 500r + 0.3Y = 300 \Rightarrow 0.3Y - 500r = 250$ 為新的 LM 曲線方程式，然後配合原先的 IS 曲線 $\Rightarrow$ IS: $0.1Y + 500r = 250$　LM: $0.3Y - 500r = 250$

$\Rightarrow Y = 1250$；$r = 0.25$

21. (b)菲力普曲線主要是在說明通貨膨脹率與失業率之間的負向關係。

Chapter 09　成長模型

➡ 問題與討論

9-1. 馬爾薩斯認為糧食的成長，永遠追不上人口成長，故人類的前景是悲觀的，必須時時面對糧食不足、疾病及戰爭的摧殘。

9-2. 成長因素無法由勞動、資本解釋的部分：$E_A \dfrac{\dot{A}}{A}$。

9-3. 平均每人資本及所得上升。

9-4. 平均每人資本及所得下降。

9-5. 使消費者消費量最大的穩定狀態下的均衡，此時資本的邊際產量等於折舊率。

9-6. $MP_k = \delta + n$。

9-7. 凱因斯基本模型從需求、總合支出著手，強調市場均衡由需求決定，投資只有需求的角色而沒有機會在供給上發揮功能，儲蓄再多也沒有用，因此有所謂的「節儉的矛盾」。反觀 Solow 模型，則是由生產函數著手，投資增加可以增加邊際產量及產能，儲蓄的功能就有十足的展現機會，不但可以增加邊際產量，也可以增加財富。

9-8. 平均每人所得及資本下降。

9-9. 平均每人所得及資本下降。

9-10. (i)生產函數為 Leontiff 生產函數；(ii)資本投入和生產存在某一固定關係；(iii) 長期的消費函數為 C = MPC × Y；(iv)Y = C + I。

9-11. 因為在此模型中，一旦脫離均衡，經濟體系將無法再回到均衡。因此，在制訂政策時，必須十分謹慎，稍有疏失就很難挽回經濟大勢。

➡ 經濟現象探索

Q1 次級房貸為問題的爆發點，其問題的癥結點為代理問題。

Q2 次級房貸所指的是，信用不好的人所借貸的房屋貸款。

Q3 代理問題也叫作主雇問題，只要有授權，或事情不是親自處理，就會產生代理問題。最主要的原因是資訊不對稱。主(principal)對雇(agent)的任何要求或命令，只能看到最後結果，任務是否完成。其中的過程及各項運作，皆無法掌握。故必須用適當控管，才能確保任務達成。

Q4 銀行必須面對負債，絕大多數是短期的，資產則皆為長期的。二者之存續期間無法配合，造成極大的經營風險。金融資產證券化使銀行資產的變現能力增加，解決資產存續期間過長的缺點，而且有資產證券化後的上市收益，加上可能衍生的代收款項的服務費用收入，使許多銀行非常熱衷資產證券化，

Q5 信評公司主要在評比公司或金融商品之信用評等，許多投資人或法人機構皆以此為投資之依據，目前世界三大信評公司為 S&P、Moody's 及 Fitch。

Q6 不朽之花。

Q7 大量殺傷的金融武器(financial weapons of mass destruction)。

Q8 這些有毒資產(toxic assets)中，最毒的是信用違約交換(CDS)，因為 CDS 的出現，投資人可以完全不顧投資風險，即使投資失利，也有保險可以獲得理賠。

➡ 歷史回顧

問題 ❶

需要雇用水手的人數減少、造船成本降低、海盜減少使保費降低、載貨時間增加、蒸氣機的使用增加船速、1960 年代引進貨櫃輪大幅增加裝卸貨速度等。

問題 ❷

電腦的應用是最明顯的。另外，再生能源的效率勝過傳統的石化燃料，為人類生活及經濟運作帶來新面貌。

Chapter 10　國際貿易及國際金融

➡ 問題與討論

10-1. 絕對利益說及相對利益說。

10-2. (i)固定匯率；(ii)浮動匯率；(iii)管理的浮動。

10-3. 如果有完全的自由貿易及沒有任何交易成本，則任何一種商品應該只有一個價格。根據這個原理，可以算出各國貨幣合理的匯率。

10-4. 課徵關稅之後，國內生產量增加，就業隨之上升，失業率下降。市場價格因關稅課徵而上漲，進口量下降。社會整體福利下降，犧牲消費者福利，換取就業機會增加。

10-5. 課徵關稅及實施輸入限額，都會使國內生產量增加，就業隨之上升，失業率下降。市場價格因而上漲，進口量下降。國內生產者因而獲利，消費者的情況則正好相反。若實施輸入限額，政府不會得到任何收入；若課徵關稅，政府則可增加收入。社會整體福利下降，犧牲消費者福利，換取就業機會增加。實施輸入限額，還可能發生分配限額的問題。

10-6. 對出口國而言，若進口國實施關稅或輸入限額，將使其產品的國際市場需求下降。因此，其產品的國際價格及銷售量，皆下降。進口國的市場，則因上述限制措施，產品的供給下降，使國內的市場價格上升，銷售量下降。

10-7. 相對購買力平價說考慮了利率，購買力平價說則無。

10-8. NAFTA, CAFTA, WTO, ASEAN, Mercosur。

10-9. (i)越南；(ii)臺灣。

10-10. 對臺灣而言，1 單位稻米 = 10 單位晶片，對越南則是 1 單位稻米 = 0.4 單位晶片。以上的成本結構顯示，臺灣有生產晶片的相對利益，越南則有生產稻米的相對利益。兩國的貿易模式為，臺灣出口晶片交換越南生產的稻米。

10-11. 因為以上的生產力衡量方法，是以每小時的產量來算。美國工人的成本，若加計退休金及其他間接成本，要比中國、印度的工人至少產出十數倍，所以美國還是會從中國、印度進口紡織品。

10-12. 如果中央銀行要阻止新臺幣升值，那麼中央銀行必須進場購買美元，支撐美元價格，同時也會釋出新臺幣，使貨幣供給數量增加。若要去除支撐美元價格所引發的貨幣供給增加，則中央銀行必須同時出售債券或可轉讓定期存單。

10-13. 短期而言，對稻米出口國的農民而言，因為需求減少，生產獲利下降，會減少生產意願；不過國內的米價會因供給增加而下跌，國際米價則因供給減少而上升。長期來看，農民會因獲利減少而減少耕種面積，反而使未來的米價有可能大漲，總而言之，這些國家是弄巧成拙；目的在保障低價的糧食供給，實際上是無法達到目的，對市場的不當干預使市場秩序更亂。

10-14. 固定匯率有利市場的穩定及減少風險。但是有外來衝擊時，可能難以因應，對物價水準和 GDP 的衝擊比較大。相較之下，採用浮動匯率的風險比較大，但是比較能夠因應外來衝擊，藉由匯率的調整，降低物價水準和 GDP 的衝擊。

10-15. 英國的國力比較強，但是貶值的是英鎊。

➡ **經濟現象探索-1**

Q1 固定匯率沒有匯率變動的風險，但是無法反應市場的外匯供需。

Q2 浮動匯率可以適時反應外匯市場的供需狀況，但是匯率的波動會帶來相當的風險。

Q3 國家的某一部門極為繁榮，可能而傷害到其他產業。通常是因為貨幣升值導致國家其他產業的競爭力因此受到影響。

➡ **經濟現象探索-2**

Q1 大麥克的生產包括不可以貿易的商品，在此情況下一價律不適用，所以未必能真實反應一國貨幣應有的價值。

➡ **經濟現象探索-3**

Q1 由美國的經驗來看，關稅保護反而傷害美國的利益。由臺灣的經驗看，也是如此。

➡ **歷史回顧-1**

問題❶

　　很可能會有許多消費者，自己直接向國外訂購物品。在網購發達的時代，進口商剝削消費者的情形，比較難以得逞。

問題❷

　　芬蘭的 Nokia、瑞典的 Erickson、塞普路斯的金融業等，都是某些產業或公司占國家 GDP 比重很高的案例。規避相應風險的方法是多元化發展國家經濟，以避免過度依賴某一產業或公司。從過去經驗來看，說的容易做的難。臺灣的經濟從某個角度看，似乎也太依賴臺積電。應該積極培育其他具有潛力的公司或產業。

➡ **歷史回顧-2**

問題❶

　　減少匯率波動的風險及貨幣兌換的成本。

問題❷

　　採用歐元的國家，失去了貨幣政策的主導權。另外，歐元區的財政穩定政策，要求各國的財政紀律，讓這些國家同時失去財政政策的主導權。

問題❸

　　歐元採用至今，成效有限，甚至還有希臘、義大利兩國，提出回歸原有貨幣的要求。其主要關鍵在於各國仍有國界之限，而且各國金融法規不盡相同、許多市場結構僵化，尚待改革，其中以勞動市場最為明顯。

國家圖書館出版品預行編目資料

總體經濟學：理論與實務/楊德源編著. -- 初版. --
新北市：新文京開發出版股份有限公司, 2021.07
面；　公分

ISBN　978-986-430-747-0（平裝）

1.總體經濟學

550　　　　　　　　　　　　　　　110011155

總體經濟學－理論與實務　　　（書號：H210）

作　　　者	楊德源
出　版　者	新文京開發出版股份有限公司
地　　　址	新北市中和區中山路二段 362 號 9 樓
電　　　話	(02) 2244-8188（代表號）
F　A　X	(02) 2244-8189
郵　　　撥	1958730-2
初　　　版	西元 2021 年 08 月 05 日

法律顧問：蕭雄淋律師
ISBN　978-986-430-747-0

New Wun Ching Developmental Publishing Co., Ltd.

New Age · New Choice · The Best Selected Educational Publications — NEW WCDP

新文京開發出版股份有限公司

NEW
WCDP

新世紀・新視野・新文京 — 精選教科書・考試用書・專業參考書